箱根駅伝
襷がつなぐ挑戦

読売新聞運動部

中央公論新社

序

ドナウの真珠と呼ばれるブダペストで２０２３年夏、陸上の世界選手権が開かれた。日本長距離界で唯一、現役大学生として出場したのが男子３０００メートル障害の三浦龍司（順大）だった。

三浦は2年生だった21年、地元東京五輪で7位入賞。ケニアやエチオピア、モロッコなど、アフリカ勢が席巻し続けるこの種目で、19歳にして日本勢初の入賞という快挙を成し遂げた。しかし、3年生だった22年の世界選手権オレゴン大会では一転、まさかの予選落ち。雪辱の舞台として臨んだのが、ブダペスト大会だった。

結果は胸のすくようなリベンジとなった。「一番の難所」と話していた注目の予選は、上位5人が決勝に進める条件下、余裕を残して4位で通過した。そして、スローペースで始まった決勝では、世界で重ねてきた経験から「接触せずに自分の場所を確保する」と、冷静に後方でじっと構えた。中盤でレースが動き始めると、着実に順位を上げて入賞圏内に入り、ラストスパートでも世界の強豪に食い下がって8分13秒70で6位入賞。東京五輪から、また一つ順位を上げ、3位のメダルラインまで、わずか1秒72差に迫ることになった。

「ラスト1000メートルもある程度レースをすることができた。入賞して悔しいと思えるのは幸せ。1、2番に食い込むのはまだまだと思うが、3番は現実味がある」

大学4年間、三浦は「箱根から世界へ」を体現してきた。3000メートル障害という中距離に近いスピードが求められるトラック種目で世界に挑みながら、ハーフマラソンのスタミナが必要な箱根駅伝にも全力で挑戦。「駅伝の練習は、最終的にトラックにつながるものが間違いなくある。脚作りの土台になり、レースでの急激な変化に対応するタフさが増した実感がある」と、トラックと駅伝の「二刀流」の効能を力説していた。その言葉通り、着実に成長曲線を描き、2度目の五輪として見据えるパリ五輪の前年、学生生活の集大成と言える世界選手権で、世界の表彰台を「現実味」を持って語れるまで、鮮やかな飛躍を遂げた。

箱根駅伝は2024年正月、いよいよ第100回の節目を迎える。日本初のオリンピアン金栗四三《かなくりしそう》が、1912年ストックホルム五輪での自らの挫折を踏まえ、世界と戦える選手育成のために箱根駅伝を創設したのが1920年だった。それから、1世紀以上の時が流れ、五輪代表となった箱根駅伝経験者は、東京五輪での10人を含め延べ100人を超えた。83年にスタートした世界選手権にも、延べ80人を超えるランナーを送り込んできた。

そして、世界選手権では、91年東京大会で日体大出身の谷口浩美が男子マラソンで金メダルに輝き、99年セビリア大会と2005年ヘルシンキ大会の男子マラソンでは、中大出身の佐藤信之と山梨学院大出身の尾方剛が、いずれも銅メダルを獲得するという成果を挙げてきた。ところが、箱根出身の五輪メダリストは、朝鮮半島出身で1936年ベルリン五輪男子マラソンの銅メダルを獲得した、明大出身の南昇竜《ナムスンニョン》1人のみで、日本生まれのメダリスト育成は、2021年東京五輪でも実現することはできなかった。

金栗はストックホルム五輪で途中棄権の屈辱を味わった翌日、痛恨の思いを日記に記した。

「大敗後の朝を迎う。終生の遺憾のことで心うずく。余の一生の最も重大なる記念すべき日なりしに。しかれども失敗は成功の基にして、また他日その恥をすすぐの時あるべく、雨降って地固まるの日を待つのみ。人笑わば笑え。これ日本人の体力の不足を示し、技の未熟を示すものなり。この重圧を全うすることあたわざりしは、死してなお足らざれども、死は易く、生は難く、その恥をすすぐために、粉骨砕身してマラソンを技を磨き、もって皇国の威をあげん」

この日記の1ページが、箱根駅伝の「原点」そのものだ。初の五輪日本代表として、途中棄権に終わった悔しさ。世界から大きく遅れを取っていた日本スポーツ界への嘆き。そして、自身の恥を噛みしめ、日本長距離界の発展に尽くしていくという強烈な覚悟が、生々しく伝わってくる。

しかし、金栗がこれほどの熱い思いで箱根駅伝を創設し、後輩たちに託したリベンジの願いは、五輪の舞台では果たされていない。そんな事実もあり、時に日本長距離界には「箱根駅伝有害論」が語られることもあった。太平洋戦争の前後には「硬いロードを走る駅伝はトラック競技には有害」と、早大や慶大などが箱根駅伝をボイコットしたことがあった。テレビ中継が始まり、注目度が高まると「有力選手が箱根で燃え尽きたり、そこで満足してしまったりしている」といった批判もしばしば聞かれた。

それでも、野球やサッカー、バスケットボールなどプロスポーツが注目を集め、アーバンスポーツ、eスポーツといった魅力的な新スポーツが生まれる時代となっても、金栗が発案した箱根駅伝が1世紀を超える歳月を重ね、見るものに新鮮な感動を与え続け、長距離走という単純で苦痛を伴うスポーツに若者たちをつなぎとめる礎となっていることは、紛れもない事実だ。それは、各大学の指導者、選手たちが、金栗が箱根駅伝を作った原点「箱根から世界へ」の思いを忘れることなく、ひたむきに世界を目指し、走り続けてきた証でもあるだろう。

そんな、壮大な歴史を抱える学生駅伝から、まさに世界へ挑み、大きな成果を挙げ、日本長距離界に大きな影響を及ぼしてきたランナーたちを、第1章では紹介する。第2章では、他校のライバルとの切磋琢磨から、飛躍を遂げた選手たちの足跡を描く。第3章では、若い学生たちを世界へと導こうと、熱い情熱で創意工夫を重ね、一時代を築いた名伯楽たちの理念、哲学などを記した。第4章では、長い歴史の中で、颯爽と旋風を巻き起こした選手、チームの記憶を追った。第5章では、箱根駅伝を象徴する「山の神」こと5区のスペシャリストたちの矜持に触れた。第6章では、史上最多の6連覇を果たした中大を始め、黄金期を築いた大学の躍進の理由を改めて振り返った。第7章では、4年連続区間賞という偉業を遂げた、希有なランナーたちの歩みをたどった。そして、最終章では、戦前戦後の激動の時代、箱根駅伝に関わったランナーや関係者の貴重な証言を書き留めた。

第100回を迎える長い歴史の中、多くの人々の手によってつながれてきた、箱根駅伝という1本の「襷」。その「襷」に込められた、選手、指導者、関係者の、諦めることなく世界に挑み続ける不屈の思いと夢、絆を、わずかでも伝えることができたなら、この上ない喜びである。

目　次

箱根駅伝　襷がつなぐ挑戦

第1章　世界へ挑む

1　瀬古利彦（早稲田大学）――駅伝とマラソンの両立極めた

【1977〜80年出場】

瀬古利彦とマラソンとの出会いは、唐突にやってきた。

三重・四日市工業高で高校総体800、1500メートルで2年連続2冠の中距離ランナーだった瀬古は、1浪を経て早大に進んだ。そして、入学目前の1976年春、千葉県館山市での早大競走部の合宿に参加した。そこに現れたのが、その年に監督に就任する中村清だった。

「瀬古、お前は優秀な中距離ランナーだが世界に通じるか。でもマラソンなら世界一になれる。この中村も命がけでやるから、ついてきなさい」

初対面での、いきなりのマラソン転向通告。瀬古も間髪を入れず「お願いします」と返答していた。この前年、早大入試に失敗した瀬古は、アメリカの南カリフォルニア大に留学した。しかし、現地の練習になじめず、英語の勉強と並行して受験勉強も進めなければならない環境にストレスをため、走力は落ち、体重はベストから10キロオーバーまで増えてしまった。

「アメリカで誰かに教えてもらいたいと本当に飢えていた。そこで中村先生に会って、この人だと。砂漠の砂が水を吸い込むように、全てを受け入れられた」

そこから、二人三脚のマラソン挑戦が始まった。まず描いたプランが、大学4年で迎えることになる79年福岡国際で、翌年のモスクワ五輪代表を勝ち取ることだった。そこから逆算すると、大学1年でマラソンを経験する必要があるとの結論に至った。初出場の箱根駅伝で2区を区間11位で走り、その約1か月後に開催された京都マラソンが舞台となった。しかし、終盤の30キロから「景色が黄色くなった」ほどフラフラになり、2時間26分0秒で何とかゴールにたどりついた。惨憺《さんたん》たる初マラソン。しかし、この惨敗こそが飛躍の糧となったという。「マラソンは素質じゃなく、練習しないとダメだと思い知った。強い覚悟を持って長い距離も走れるようになった」

この結果を踏まえ、師弟は2年目のターゲットを「5000メートル13分50秒、1万メートル28分30秒、マラソン2時間15分」に据えた。瀬古自身のマラソンランナーとしての自覚も高まり、陸上雑誌で知った宗《そう》茂《しげる》・猛《たけし》兄弟の練習に刺激を受け、普段のジョグの距離を増やすようになった。普段の生活でも、鉄工所を経営していた実家から、靴底などに鉄の入った重い安全靴を送ってもらい、それを履いた上で手には大きな石を持ってウォーキングを重ねた。その結果、基礎体力も走力も着実にアップ。10月の日本選手権1万メートルで28分34秒8で4位に入ると、5000メートルでは13分49秒3で2位入賞。そして、12月の福岡国際マラソンでは2時間15分0秒で日本人トップの5位に入り、年間目標を次々とクリアしていった。

さらに約1か月後の箱根駅伝では、2年連続となる2区を任された。「OBなどの周囲が全て、箱根駅伝直前のマラソン出場を理解していたわけじゃない。中村先生に恥をかかせるような走りだけはできない」。強い思いを胸にエース区間に挑むと、今度は区間2位の好走でチーム12年ぶりの1桁順位となる総合6位、シード権獲得に大きく貢献した。

「福岡国際マラソンで結果を出して、箱根もしっかり走れて、次はもっといけると確信した」

その3年目は初の欧州遠征にも挑んだ。世界のトラックでどれだけ戦えるか確認し、マラソンの自信、強化へつなげる狙いだった。結果は初戦のドイツ・ケルンでの5000メートルで13分35秒8の自己新で優勝すると、スウェーデンのDNガラン1万メートルでも初の27分台となる27分51秒61で優勝した。初の海外遠征で欧州の強豪をねじ伏せ、自信は揺るぎないものとなった。

そして、「宗兄弟の一人に勝つ」を合言葉に臨んだ12月の福岡国際マラソンでは、宗兄弟、喜多秀喜ら強豪たちを抑え、2時間10分21秒で初優勝を果たした。そして、約4週間後の箱根駅伝は2区（当時は24・4キロ）で区間2位に3分以上の差をつける1時間12分18秒の区間新記録を作り、1位で3区につないだ。早大が箱根路をトップでたすきリレーするのは25年ぶりだった。

現役早大生の驚異的な快進撃に、メディア、国民の関心もヒートアップするようになった。

「正直、この年の福岡は勝たなきゃ良かったと思ったこともあった。ものすごいプレッシャーがのしかかってきたから」

　4年目の目標は当然、福岡国際での連覇を果たしてのモスクワ五輪代表の座だった。総決算の福岡国際は宗兄弟との三つどもえの争いに。40キロで2人に引き離されたが、「五輪代表は3枠。とにかく3番と粘ろう」と二人を追うと、兄弟が相次いで振り返った。「宗兄弟もきついんだと感じた」。相手の弱気にパワーを得て再び追いつくと、残り230メートルほどで渾身のスパート。世界のトラックで磨いたスピードで二人を振り切り、連覇で五輪切符をつかんだ。約4週間後の最後の箱根も、2区で自身の記録を41秒更新する1時間11分37秒の区間新記録で締めた。

79年、福岡国際マラソンで、宗茂（右）・猛（中）兄弟を制して優勝

　4年計画は完璧にやりきった。しかし、モスクワ五輪を日本がボイコットして、初の代表は幻となってしまった。「全ては中村先生の筋書き通りだったのに、最後で脚本を書き換えられてしまった。次は絶対の自信があったし、当時の宗兄弟と

なら表彰台独占だって十分にあったと思う」。自身ではどうにもならない不運で五輪を奪われた瀬古は、84年ロサンゼルス五輪に出るも直前に調整ミスがあり14位。88年のソウル五輪も故障の影響で体調不十分の中、9位に終わった。

それでも、ボストン、ロンドン、シカゴという海外のメジャーマラソンで優勝し、マラソン通算15戦10勝という国際舞台での戦績は、今でも国内では誰も及ばない卓抜した存在だ。特に大学1年で初マラソンに挑み、3年目に日本の頂点に立った歩みは、当時も今も「常識外れ」と言われるようなチャレンジだが、それに迷わず挑んだからこそ、「世界の瀬古」は

瀬古利彦の箱根駅伝成績（◎は区間新）

年	区間	時.分.秒	区間順位
1977	2区（24.4キロ）	1.16.58	11位
78	2区（24.4キロ）	1.13.54	2位
79	2区（24.4キロ）	1.12.18◎	1位
80	2区（24.4キロ）	1.11.37◎	1位

瀬古利彦のマラソン戦績（★は日本新）

年	大会	時.分.秒	順位
1977	京都	2.26.00	10位
	福岡国際	2.15.00	5位
78	福岡国際	2.10.21	優勝
79	ボストン	2.10.12	2位
	福岡国際	2.10.35	優勝
80	福岡国際	2.09.45	優勝
81	ボストン	2.09.26	優勝
83	東京国際	2.08.38★	優勝
	福岡国際	2.08.52	優勝
84	ロサンゼルス五輪	2.14.13	14位
86	ロンドン	2.10.02	優勝
	シカゴ	2.08.27	優勝
87	ボストン	2.11.50	優勝
88	びわ湖毎日	2.12.41	優勝
	ソウル五輪	2.13.41	9位

生まれた。

「マラソンは経験が何より大事。自分も初挑戦で失敗したから成長できたし、みんながやらない、当たり前じゃないことをできたから、当たり前じゃない選手になれたのかなと思う。今の学生も恐れずどんどんチャレンジしてほしい。マラソンを走って4週間もあれば24キロの箱根も、何てことはなかった。目指すのはあくまで世界なんだから」。マラソンと箱根駅伝を両立した大学時代を振り返り、そう学生たちを鼓舞する。

今は日本陸連ロードランニングコミッションのリーダーとして長距離界を引っ張る。「これだけの国民的行事になった箱根があるからこそ、長距離走を目指す子供たちが出てくる。金栗さんの功績は計り知れない。学生、指導者には、常に世界を目指す金栗さんの原点を忘れないでほしい」。自ら箱根駅伝の理念を体現してきたマラソン界のレジェンドは、自身を超えるタフで強いランナーの出現を待っている。

2　**重松森雄**（福岡大学）――打倒関東の気概が導いた世界新

【1964年出場】

第100回箱根駅伝の予選会は、史上初めて全国の大学に開かれたが、過去にも関東以外から参加した例は幾つかあった。中でも、関東の学生に衝撃を残して世界へ大きく飛躍したのが、１９６４年に招待参加した福岡大の重松森雄だった。

アジア初となる東京五輪を目前に控え、華やぐ正月の都心へ福岡からやってきた。第40回の節目の大会には、関東以外からは福岡大と立命館大が招かれていた。

「本当にうれしかった。関東の選手に絶対勝つぞと、心の底から負けん気が湧いていた」

福岡工業高から九電工に進み、61年には30キロで1時間36分29秒の日本記録を出した実力者。しかし、実業団で実感したのは「こんなにも学歴社会ってあるんだなということ」だった。「給料が高卒と大卒だと倍ほども違う。何とか大学は出たい」と、21歳で福岡大に入学。2年目に箱根出場のチャンスは訪れた。

既に国内トップクラスの力を持っていたものの、自身のスピード不足は自覚していた。大学の練習では強度が足りず、「マラソンで世界を狙っていたので、週に半分は練習をフリーにしてもらい、一人で走った」。どうしたら国内の強豪と戦えるか思案した結果、鍛錬の場に選んだのが地元の脊振山《せふりさん》（１０５５メートル）だった。

「ある程度のスピードを、長く保つ筋力と心肺能力をつけるには、山しかないと思った」。その走り方が独特だった。山に入ったら4〜5時間は走り続ける。道なき道を分け入って、足が傷だらけになることは日常茶飯事。登ったり、下ったり、岩場を走ったり、ジグザグにコースを取ってみたり。一つだけ、絶対にやり抜くと決めていたのが、「いくらきつくても、とにかく歩かないこと」。スピードで劣る選手がマラソンで勝つ方法を考え抜いた上の、長時間で、泥臭い、忍耐力が問われる我流の練習法で自らを鍛えた。近年、書籍でエチオピアのランナーの練習に触れ、「エチオピアの選手たちも、私が60年前にやっていたのと同じように森を駆け巡っている。自分のやり方は間違ってなかった」と驚き、我が意を得たという。

そんな練習を積んでいただけに「本当は山登りの５区を走りたかったが、監督には２区で勢いをつけろと言われ」、晴れの箱根では花の２区に登場した。たすきを８位で受けると、「絶対に関東の選手には負けない」と一気に加速。５キロをトラックのベストより約20秒も速い14分11秒で通過したが「まったくきつくないし、調子いいんだと自信が湧いてきた」と、ひるむことはなかった。後半の難所、権太坂に差し掛かっても「坂があったかなというくらい気にならなかった」と快調に飛ばし続けた。最後の戸塚の上り坂だけは「さすがにきつくて、こたえた」というが、１時間13分52秒（当時は24・７キロ）の６人抜きで区間賞を獲得。翌日の読売新聞は「重タンクのように突進した。関東の名門も顔色がなかった」と、その快走をたたえた。

従来の区間記録を４分以上も塗り替える爆発的な走りで花の２区を制し、「日本トップレベルの関東の学生に勝って、これでマラソンでも戦っていけるぞと大きな自信になった」。

同年４月の東京五輪代表最終選考会の毎日マラソンは５位となり、惜しくも地元五輪の代表入りは逃したが、箱根でつかんだ自信は、その翌年に大きな花を咲かせた。

まずは大学4年の65年4月、伝統のボストンマラソンに挑むと2時間16分33秒の大会新記録で初優勝を果たした。すると、それから2か月足らずの6月に行われる英ウィンザーマラソンから、招待の連絡があった。この強行日程には、監督から強く出場を反対された。しかし、重松にはやり抜く自信があった。部を離れ、大分県の久住高原で単独合宿を張り、毎日40キロ以上の練習を重ねた。仲裁に入ったコーチにも「どんなことがあっても絶対行きます」と譲らなかった。

「わがままを通して行くのだから、もし成績が悪ければ退学する覚悟を決めて行った」

悲壮な思いを秘めて臨んだレースは、途中で霧雨に降られたものの、風のない絶好のコンディション。米、英、日本勢がトップ集団を作る展開の中、30キロ過ぎで抜け出し、トップでゴールを駆け抜けた。途中、距離がマイル表示のため、どのくらいのペースで走っていたか想像もつかなかった。「2時間15分か14分台くらいかな」と思っていたら、慌てて駆けつけた日本関係者から「世界記録が出たぞ」と言われ、驚いた。2時間12分0秒の世界新記録。「予想より3分も速く、その時は信じられなかったが、挑戦して良かったとほっとした」

スタート時刻だった日本時間の深夜、監督が神棚の前で手を合わせて祈っていたと、後に人づてに聞いた。「監督は私がボストン優勝でテングになっていないか、ウィンザーで失敗すれば周りから叩かれると心配してくれていた。それで反対しただけで、自分はおかげで覚悟を決められた。今振り返れば、本当に感謝の言葉しか浮かばない」

東京五輪での円谷幸吉の銅メダル獲得に続き、男子マラソン史に刻まれた快挙は、世界の頂点を目指していた日本マラソン界をさらに活気づけた。「箱根が自分を変えてくれた。あの区間賞が自分のメンタル面を強くしてくれた」。不退転の決意を持って成し遂げた偉業は、箱根での快走があってこそと強調する。卒業後は実業団に進んで世界を目指したが、坐骨神経痛に悩まされ、68年メキシコシティ五輪代表の最終選考レースは4位で、わずかに五輪代表の座を逃した。

わずか1度の箱根出場を、世界へのステップに結びつけた重松は、第100回箱根駅伝の

65年、ウィンザーマラソンで優勝（写真提供：毎日新聞社）

重松森雄の箱根駅伝成績（◎は区間新）

年	区間	時.分.秒	区間順位
1964	2区（24.7キロ）	1.13.52◎	1位

重松森雄の主なマラソン戦績
（★は世界記録）

年	大会	時.分.秒	順位
1963	毎日	2.22.05	2位
64	毎日	2.20.32	5位
	福岡国際	2.17.56	5位
65	ボストン	2.16.33	優勝
	ウィンザー	2.12.00★	優勝
66	別府大分毎日	2.16.16	9位
	アジア大会（バンコク）	2.35.04	2位
68	びわ湖毎日	2.17.15	4位

予選会の門戸が全国に開かれたことを心から喜んだ。

「実は私も元々、関東の大学へ行きたかったが、家庭の事情で地元に残った。今もそんな学生がいるはず。地方のレベルアップ、選手発掘につながる全国化は今後もできるよう考えてもらいたいし、全国の選手たちには常に関東の学生に負けない気概で挑んでほしい」

日本男子マラソン界最後の世界記録保持者は、関東と全国の学生たちの磨き合いから、世界へとはばたくランナーが生まれることを期待している。

3　谷口浩美（日本体育大学）――完璧なシナリオで「金」

【1981～83年出場】


1991年9月1日。東京・国立競技場のセンターポールに日の丸が掲げられた。五輪、世界選手権を通じて日本男子マラソン界唯一の金メダリスト。それが谷口浩美だ。91年世界選手権東京大会は気温30度を超して途中棄権が相次ぐ中、2時間14分57秒で優勝。日体大時代に3大会連続6区で区間賞を獲得した「山下りのスペシャリスト」は、その経験を礎とし、世界の頂点に駆け上がる偉業を成し遂げた。

谷口は宮崎県南郷町（現日南市）に生まれ育った。100メートルを速く走るために自転車のゴムチューブを腰に巻いてスタートダッシュを磨いたり、テニスアニメ「エースをねらえ！」を見て、右だけでなく左でボールを打ったりと、何事も工夫して練習することが好きだったという。「とにかく周りの影響をすぐに受けた子供時代だった。普通にやっていても上達しないと思っていたのかもしれないね」と笑って振り返る。

宮崎・小林高時代に全国高校駅伝2連覇に貢献し、79年に体育教員を目指して日体大に入学した。初めての寮生活で炊事や洗濯と上級生のサポートに追われ、土のグラウンドを柔らかくするために掘り返す日々。面食らったと同時にしんどかったのが「誰も指示してくれないこと」だ。練習メニューを渡され、ペース走で設定より遅れても助言してくれる人も、叱ってくれる人もいない。左膝の故障にも見舞われた。「このままでは駄目だ」と高校3年間の練習日誌を引っ張り出した。「当時の顧問の先生に添削された赤字を書き出してね。練習の意図や内容を見直して。これで頭が整理されたんだと思う」

最初の箱根は2年時の81年だった。当時の体重は53キロ程度。「体重が軽いから下りは速く走れるのでは」と適性を見込まれ、試走を経て抜擢が決まった。本番を前に、76年、77年と2大会連続で区間1位となったOBの塩塚秀夫のラップ表をにらみ、20・8キロをイメージした。事前に部員に箱根山中を巻き尺で計測してもらっており、1キロごとのラップタイムとの誤差を沿道から教えてもらいながら快調に山を下り、59分33秒で区間賞を獲得した。コツは「蝶が舞うようにスーッと走る」ことと、急なカーブで距離ロスのないように「アウトインアウト」を徹底すること。首を少し右に傾けながらも軸がぶれない高速回転のピッチ走法で、最初の4キロを上ってから急な下りが続く過酷なコースを攻略した。

82年は58分4秒の区間新記録をマークして手応えはさらに深まった。そして今も鮮烈な印象を残すのが83年。残り3キロでギアを入れてピッチを上げ、57分47秒。その後のコース変更で区間記録としては残っていないが、驚異的な走りでチームを総合優勝に導いた。「まずは強い人のまねっていうのが大切。箱根っていうのは過去の記録という最高の事例集と参考書があるから、それを生かせばいい。1キロを21本走るつもりでデータを頭にたたき込んで、体調や他の選手の状況に合わせて変化させていけばいい訳。これは社会人になってからも大事になるなと思ったよね」

この先人やデータに学ぶ経験は実業団の強豪・旭化成に進んでマラソンに挑戦するようになってから生きた。本番100日前からはマッサージが必要な箇所、ビタミンをどう摂取するかなど細かなチェックリストを作り、次回以降に生かせるようにした。宗茂、猛兄弟の食事を観察。「自分の体が今何を求めているか」を確認するために夕食を抜く「プチ断食」も実施して研究熱心さは磨かれていった。「マラソンは出場数が限られるから。先輩のしていることを疑似体験したり、自分の体を使って実験したりしないと駄目。そうするとバイオリズムがわかってくる。本番でなぜここに疲れが残っているのかと違和感を覚えたら、次回は本番前に余分にマッサージをしてもらう。やっぱり観察、勉強、創意工夫」

突出したスピードはなくとも凡走は少ない選手だった。「切り札になるようなラストスパート、最初から飛ばす力はない。でも、１００％を常に出せる選手は少ない。相手が80％の時に自分は１００％を出せば勝てるだけの力を備え、我慢の走りをしていればチャンスはある」と自身を分析する冷静さがあった。85年の別府大分で初マラソン初優勝を飾ると、87年ロンドンでは2時間9分50秒で優勝、88年北京国際は2時間7分40秒で2位に入った。「1年の3分の1をかけて準備をしているから外す訳にはいかない」と好走を続け、高いレベルでの競争に慣れると見えてくるものもあった。「そのうち全体像が見える人が勝ち抜いているなと気づいた。先頭集団が10人いたら誰が主導権を握っているかを見る。その人が動かない限りは何も考えない。頭を使うと力を使ってしまうからね」。無駄にエネルギーを消費せず要所で力を入れる安定した走りはこうして磨かれていった。

91年、世界選手権東京大会・男子マラソンで優勝

それが14回目のマラソンで花開く。「自分自身のデータも蓄積してきて練習、食事も本番も完璧。朝起きてからゴールしてインタビューを受けるまでの台本ができていた」。高温、高湿度で脱落者が

谷口浩美の箱根駅伝成績（◎は区間新）

年	区間	分.秒	区間順位
1981	6区（20.5キロ）	59.33	1位
82	6区（20.5キロ）	58.04◎	1位
83	6区（20.5キロ）	57.47◎	1位

谷口浩美の主なマラソン戦績

年	大会	時.分.秒	順位
1985	別府大分	2.13.16	優勝
86	アジア大会（ソウル）	2.10.08	2位
87	東京国際	2.10.06	優勝
	ロンドン	2.09.50	優勝
88	北京国際	2.07.40	2位
89	東京国際	2.09.34	優勝
	北海道	2.13.16	優勝
90	ロッテルダム	2.10.56	優勝
91	世界選手権（東京）	2.14.57	優勝
92	バルセロナ五輪	2.14.42	8位
96	アトランタ五輪	2.17.26	19位
97	東京国際	2.11.26	4位

続出する中、30キロから仕掛けて先頭集団をふるい落とした。38キロ過ぎからの上りでは、道路沿いの街路樹でできた日陰を走る選手が出ることを見こして、自身はセンターライン沿いの最短距離を通ってスパートして後続を引き離した。「弱い選手は作戦で勝たなきゃいけない。それが全てはまった」。競技場での日の丸を掲げてのウィニングランは、84年ロサンゼルス五輪、88年ソウル五輪でメダルを逃した日本男子マラソン界の閉塞感が、晴れた瞬間だった。

メダルが期待された92年バルセロナ五輪は給水所で後続選手に左かかとを踏まれて転倒。脱げた靴を履き直し、猛追して8位。「こけちゃいました」と朗らかな印象を残し、注目を浴びた。「競技では運も不運もあるから」。これも準備を尽くしていたからこそ残せた悲壮感のないコメントでもあった。

96年アトランタ五輪で2大会連続五輪出場を果たし、翌97年に現役引退。以降は東京電力長距離・駅伝チーム監督、東京農業大陸上部長距離駅伝助監督などを経て、現在は各地のゲストランナーを務めながら箱根駅伝やマラソン解説を行う。「箱根から世界を目指すためにはとにかく努力を努力と思わないくらいの我慢と工夫を練習で積んでほしい。それが個人での成長にもつながる。マラソンではやはりレースの序盤から主導権を握って我慢して終盤に勝負できる強い人、『明るい忍耐』ができる選手が見てみたいね」。伝説の金メダリストは故郷の宮崎に戻って長距離界を見つめ、自身のようなひょうひょうとしつつも華のあるスター誕生を楽しみにしている。

４　佐藤信之（中央大学）――マラソンの系譜をつないだ「銅」

【１９９２～95年出場】

佐藤信之は、２０２３年で亜大の監督となって8年目を迎えた。1月10日、年明け初めて全員が集まったミーティングで、選手に覚悟を決めて語りかけた。「今年の一番小さい目標は、箱根駅伝で総合優勝。最大の目標は、世界選手権に出場して優勝。そうじゃなきゃ、面白くない」

06年に総合優勝した亜大は近年、低迷にあえぎ、10年を最後に本大会から遠ざかっている。

佐藤は中大で箱根を4度走り、実業団の名門の旭化成で活躍。1999年世界選手権セビリア大会男子マラソンで銅メダルを獲得し、シドニー五輪にも出場した。その経験を買われて再建を託されたが、多くの大学が強化に乗り出している中で本大会は遠く、2022年の予選会も24位に終わった。

「箱根出場も優勝もあくまで通過点で、その先を目指してほしい。常に上を狙う姿勢がないとチームとしても個人としても成長はない」。箱根駅伝を知らない選手たちにとって、本大会出場は確かに難しい目標に見えるかもしれない。でも、その先にはもっと広くて目指すべき世界がある――。ミーティングでの言葉にはそんな意味を込めている。

愛知県出身で、中学ではサッカー部。「いつか海外リーグでプレーする」と夢を抱く少年だった。それが、体育祭の1500メートルで全校1位となったことをきっかけに、周囲から「陸上にも取り組んでみては」と勧められた。だが、学校には陸上部がない。サッカー部に所属しながら陸上大会に出場すると、3年の全日本中学選手権3000メートルで3位に入る活躍を見せた。「走る機会に恵まれて、全国で表彰台に立つ喜びを覚えた。この経験がなかったら陸上の道には進まなかったかもしれない」。縁も手伝って本格的に走ることを決意する。

「世界志向」は、愛知・中京高（現中京大中京高）でも変わらなかった。この当時から「いつかはマラソンに挑戦したい」という思いで練習に取り組み、2、3年で全国高校駅伝に出場。五輪や世界選手権での活躍を目標に掲げ、中大を選んだのも、学生中心で練習を考え、自主性を重んじる雰囲気が「将来の土台作りにつながる」と考えたからだった。「もちろん結果に対する責任は求められる中で、どんな練習をするか、何を優先して鍛えるかは学生に任せる雰囲気があった。自分の身を律する厳しい環境でやりたいという思いがありました」

入学後、「世界で勝負するにはスタミナと同時に速さが必要になる」と将来を見据え、トラックでスピードを磨いた。その成果は92年、デビューを果たした1区でさっそく現れた。積極果敢に仕掛けて区間2位。この快走で練習スタイルに自信を深め、中大のエース級に成長を遂げた。2年では「花の2区」に配置され、実力を示す。早大の渡辺康幸、山梨学院大のマヤカの「スーパー1年生対決」が注目される中で2人に次ぐ区間3位。「世間では康幸とマヤカが騒がれていたけど、自分も学生トップのレベルにひけをとっていないと思えた。このまま続けていればトップレベルの選手になれると。後々につながる自信になるレースだった」と振り返る。

持ち味は常に成長を求める向上心。だが、それゆえの苦しみも味わった。3年の全日本大学駅伝で膝を痛め、箱根でも9区10位に沈んだ。4年の夏まで調子が上がらず、厳しい練習に取り組みながら結果が伴わない焦りから円形脱毛症になった。精神的に追い詰められたが、「この苦しみも先につながる」と信じて走り続けた。最後の箱根も直前まで「どこが痛いのかわからない」というほど様々な部位のけがに苦しんだが、ぎりぎりの調整でメンバー入り。

佐藤信之の箱根駅伝成績

年	区間	時.分.秒	区間順位
1992	1区（21.3キロ）	1.04.09	2位
93	2区（23.0キロ）	1.09.31	3位
94	9区（23.0キロ）	1.12.56	10位
95	10区（21.3キロ）	1.05.33	1位

※2、9区は現在の距離表示

佐藤信之の主なマラソン戦績

年	大会	時.分.秒	順位
1998	福岡国際	2.08.48	2位
99	世界選手権（セビリア）	2.14.07	3位
2000	シドニー五輪	2.20.52	41位
01	北京国際	2.10.32	4位

意地の走りで10区区間賞の勲章を手にした。卒業後の未来を常に見据えていたからこそ、苦境を乗り越えられた。

旭化成に入社したのは、指導に当たる宗茂、猛兄弟の厳しさと世界を目指す姿勢に魅力を感じたからだった。高校、大学と名門でキャリアを重ねてきたとはいえ、「それまでとは比較にならない練習の量と質。覚悟を持って門をたたいた」という。自らメニューを考えていた経験を生かして練習の意味を理解し、必死で食らいついた。

マラソンで少しずつ力をつけ、「これでダメならクビ」と覚悟を持って挑んだのが98年福岡国際だった。途中で転倒、股関節を痛めるアクシデントで集団から離れたが、徐々に集団に追いついた。当時日本歴代9位の2時間8分48秒の好タイムで日本人トップの2位。「やっとマラソンが自分のものになった」。このレースで翌年の世界選手権代表切符をつかんだ。

世界選手権が行われた夏のスペインは猛暑だった。厳しい条件の中、綿密な調整による良好な体調、何よりぶれることなく世界の表彰台を見据えてきた陸上人生が力になった。「海外勢に勝つために何が必要かを考えた時、自分が上回るものは練習量しかない。早めに勝負を仕掛け、粘って逃げ切る」と果敢に前半から攻めた。狙い通りにレースを進め、日本男子マラソンの系譜をつなぐ銅メダルに輝いた。「それまでの経験を全て凝縮できた」という会心のレースだった。

このメダルで翌年のシドニー五輪に出場。スタート地点で周囲を見渡すと名だたるランナーがそろい、「スタートしてからその場その場で判断するしかない。五輪はまったく別物だった」と振り返る。スタートからゴールまで苦手の向かい風にさいなまれ、41位と不本意な成績に終わった。「やっぱり五輪は甘くなかった。できるならもう一度やり直したい」。当時は体幹を鍛えるように助言を受けていたが、そこまで熱心に取り組まなかったことも今は後悔として残る。

99年、世界選手権セビリア大会・男子マラソンで銅メダル

そんな現役時代の悔しさは、指導者となった今に生きている。教員を志した時期もあるほど「教えるのが好き」で、引退後は実業団の監督やコーチとして経験を積んだ。再び箱根の舞台へ戻り、学生に教える中で大切にしているのは「大学でしか経験できないことがあり、それは実業団や社会生活で必

ず生きる」という信念だ。自身、箱根での経験が選手として、指導者として活躍する土台となった。今度は学生たちが貴重な時間を過ごすサポートをしたいと願っている。

年明けのミーティング後、選手の目の色が変わった気がしている。その目を見ていて浮かんだのは、「僕自身、長く指導者をしている中でマンネリというか、惰性で続けていた部分があったのかな」という反省だった。大学を卒業して実業団で活躍するOBが増え、その背中を追いたいと考える学生も現れてきた。常に高い目標を追い求め、実現した喜びは何物にも代えられない。それがスポーツの魅力であり、自分が世界に羽ばたく原動力だった。そのことを思い出した。

「指導者も道半ば。選手を世界に連れて行く気持ちで練習に臨む」。柔和な表情を引き締めた。

5　尾方剛（山梨学院大）――脱毛症と闘い、復活メダル

【1994年出場】

ラジオの解説者として毎年、箱根駅伝を現場で見守り続けている。回を重ねるごとに盛り上がりを増す大舞台。大声援を浴びる後輩たちの姿に尾方剛は思う。「学生たちには注目と

期待に惑うことなく、足元を見つめて走ってほしい。そうすればより高い目標が見える」。栄光と挫折の両極端を味わった自身の経験に基づく言葉でもある。

山梨学院大が総合優勝した1994年。2年生だった尾方がアンカーとして10区区間賞をマークし、大手町のフィニッシュテープを切った。入学直後から故障に苦しみ、大学入学後ではトラック種目を含めてこの箱根駅伝が初めてといっていい公式戦だった。「つながれてきたたすきを手に、都心の大観衆の中をトップで走る。楽しくて仕方がなかった」と振り返る。

広島・熊野高を出て山梨の大学に進んだのは、同学年のスター、早大の渡辺康幸と箱根で競うためだった。尾方がその存在を陸上界に知られるようになったきっかけは高校3年の国体1万メートル。「超高校級」と呼ばれた千葉・市立船橋高の渡辺に対抗心むき出しで食らいついた。激闘を繰り広げ、渡辺に次ぐ2位。高い潜在能力を認められると、その後、全国高校駅伝の1区でも渡辺に勝負を挑んだ。そして早大に進んだ渡辺に対し、尾方は優勝争いのライバルとして台頭していた山梨学院大を選んだ。「関東の大学に入って、次は康幸に勝つ」。意欲に燃えていた。

ところが、入学直後から故障に悩まされた。高校時代から痛めていた右足底のけがが悪化し、満足な練習を積めない状態が続く。「もうやめて広島に帰ろうかなと考えるほどつらかった。お山の大将で、普通に走れば勝てるのにと悶々として過ごしていた」。その頃、渡辺は前評判にたがわぬスーパールーキーぶりを発揮していた。「負けられない。このまま終わったら俺には何も残らない」。この一念が尾方をつなぎ止めた。

故障から復帰すると、本来の輝きを取り戻すのは早かった。箱根駅伝に向けた準備期間は3か月ほどだったが、上田誠仁《うえだまさひと》監督は尾方を最終10区に配置する。早大との総合優勝を賭けた戦いは「アンカー勝負になる」という想定通り。尾方がトップでたすきを受け取った時、2位早大との差はわずか22秒だった。高校3年の全国高校駅伝以来の実戦に、尾方は奮い立った。「とにかくレースに出られるのがうれしい」という喜びを推進力に変え、その差を一気に広げた。

「康幸との勝負はここから始まる」。尾方自身、周囲もまた、そう信じていた。だが、尾方は歓喜を再び追い求めるあまり、長く暗い迷路に足を踏み入れていった。優勝後に山梨に戻ると、地元ファンは熱烈な歓迎ぶりでチームを迎えた。大学にテレビなどの取材が相次ぎ、街を歩けば声をかけられた。「まだ20歳そこそこの学生。芸能人みたいにちやほやされて、勘違いして天狗になってしまった」と苦笑いする。期待が重圧に変わり、常に100％を追い求め、焦りと不安で歯車が狂い、練習で狙ったタイムが出せないと自分が許せなくなった。「康幸のような活躍を期待されていると勝手に思い込んでいた。今思えば、周りは重圧になるほどの期待はしていなかった。結局は自分のせいです」。完全なスランプに陥った。

頭髪が少しずつ抜け始めた。シャワーを浴びていると髪の毛がごっそりと落ち、枕が真っ黒に見えるほど抜けている時もあった。眉毛、まつ毛、腕や脚、体中のあらゆる毛が抜け落ちていった。病院で受診した結果はストレスによる全身脱毛症。自分では「何が原因かもわからなかった」。授業には帽子をかぶって出席したが、人相が変わり、人前に出られなくなった。さらに周囲を取り巻いていたファンや関係者が去って行ったことは、若い尾方にはこたえた。「潮が引くみたいにみんないなくなった。多感な時期で、すごく人生の厳しさを学ばせてもらいました」

競技人生のどん底だったこの時期、退部は一度も考えなかった。上田監督や両親ら、身近で支えてくれた人たちが「もうやめていい」と言わなかったことは、励みであり支えであり、救いだった。全身の毛が抜け、３年での箱根出場はならなかった。それでも、走ることはやめなかった。「陸上で味わった悔しさは陸上でしか晴らせない」。自分自身が一番わかっていた。迎えた最終学年。上田監督が読み上げた箱根メンバーに自身の名前はなかった。「正直、ほっとしました」。この日を境に少しずつ毛が生え始めた。ようやく、箱根駅伝にとらわれていた

尾方剛の箱根駅伝成績

年	区間	時.分.秒	区間順位
1994	10区（21.3キロ）	1.04.58	1位

尾方剛の主なマラソン戦績

年	大会	時.分.秒	順位
2002	福岡国際	2.09.15	2位
03	世界選手権（パリ）	2.10.39	12位
	福岡国際	2.08.37	6位
04	福岡国際	2.09.10	優勝
05	世界選手権（ヘルシンキ）	2.11.16	銅メダル
06	福岡国際	2.10.48	6位
07	世界選手権（大阪）	2.17.42	5位
08	北京五輪	2.13.26	13位

05年、世界選手権ヘルシンキ大会・男子マラソンで銅メダル

自分に気づいた。

「このままでは終われない」。その思いだけを胸に実業団の中国電力へ進んだ。間違いなく茨の道だった。大学2年の箱根以来、実戦から遠ざかっていたブランクは大きかった。練習をこなすことができない尾方に、坂口泰監督は「いつだってやめていいんだぞ」と厳しく接した。1年目の秋、故郷の近くで行われた記録会で高校生に負ける屈辱を味わう。「悔しいというより情けなかった。この力が自分の現在地で、もう認めなきゃいけない。プライドも一切捨てて、一から始めようと。これがスタート地点だった」。明確な目標があったわけではない。「尾方剛は終わっていない」という意地だけがあった。

2年目。「これで自己ベストが出なかったらクビだ」と宣告されて臨んだ5000メートルのレースで、高校時代の自己記録をコンマ数秒塗り替えた。ようやく「昨日の自分を超える」という陸上選手の喜びを取り戻した。日本選手権にも出場。駅伝でも活躍を始め、新しい競技人生が始まった。初挑戦だった1999年福岡国際を機にマラソンに魅力を感じ、ついに潜在能力が開花していく。チームにはアテネ五輪5位の油谷繁ら伸び盛りの選手がひしめき、レベルの高い競争ができたことも大きかった。負けず嫌いで強気な性格も原動力となり、歯車が回り始めた。

日本代表に上り詰め、２００５年世界選手権ヘルシンキ大会の代表の座をつかんだ。緻密な調整、期待を静かに受け止める精神力、冷静な判断力と、ヘルシンキで見せた走りは、積み上げてきた強さが凝縮されていた。30キロから動いた海外勢の動きにも慌てず、終盤の競り合いを制して表彰台を勝ち取った。低迷にあえいでいた日本男子に光をもたらす銅メダルは高く評価された。箱根のゴールテープを切ってから長い長い苦しみを経て、苦労人がつかんだ歓喜の瞬間だった。

「自分のメダルで日本人もできると世界に示せた」。北京五輪にも出て、38歳で引退するまで走り抜いた。広島経済大の監督を務め、准教授として教鞭を執る今、改めて思う。「大学時代の経験が自分を育ててくれた」。箱根で見た人生の光と影を糧にした、反骨のランナーだった。

6　中本健太郎（拓殖大学）――区間16位から五輪入賞へ

【2005年出場】

たった1度の出場ながら、後に飛躍するための礎になった。2012年ロンドン五輪のマラソンで6位に入賞した中本健太郎は、拓大時代までは目立つ選手ではなかった。それでも、箱根駅伝を目指して地道に根を伸ばし、社会人になってから一気に花を咲かせた。

当時の監督、米重修一の指導が実を結んだ。米重は5000メートルの元日本記録保持者で、1988年ソウル五輪でトラック種目に出場した往年の名選手。中本は「トラックで活躍されたイメージが強かったので、スピード練習をメインでやるのかな」と想像して拓大に入った。

ところが、スピードは控えめで、じっくりと距離を踏む練習が多かった。「実業団に行ってから活躍できるように、まずは土台作りをしよう」と言われたことが印象に残っている。貧血に悩んでいた時期には昆布を買ってきて、「しっかりミネラルを取りなさい。走るだけでなく、コンディショニングにも気をつけなさい」と助言された。走り方に合うシューズの選び方を教えてもらったこともあった。

その米重は、中本のシューズについて強烈な印象を受けた記憶がある。「ある日、中本のシューズの裏を見た時にドキッとした。かかとから爪先まで、きれいなすれ方をしていて、地面を捉える能力が高い、こいつは伸びるなと思った」と振り返る。

　米重が中本という粗削りの原石を発掘したきっかけは、中国電力監督だった坂口泰からの推薦だった。仲が良かった坂口から「面白い選手がいる」との情報を受けた米重は、山口・西市高へ中本を見に行った。高校時代の実績はなく、タイムも平凡だったが、上下にも左右にも動きにぶれがない走りに魅力を感じた。

　それまで関東の大学から勧誘はなく、中本は地元か関西の大学に進むつもりだった。父が長距離、母が短距離の元陸上選手で、幼い頃から正月には家族で箱根駅伝をテレビ観戦して憧れを抱いていた。その夢は半ば諦めかけていたが、米重との出会いで道が開けた。「やっぱり箱根駅伝を走りたい。関東の大学に行きたい」と拓大入りを決めた。

　大学では、もう一つの運命的な出会いがあった。後にロンドン五輪で共にマラソン代表となる藤原新《あらた》だ。1学年上の先輩で、1年生の時には後期の半年間、寮の同じ部屋で生活した。

　呼吸を制限する器具を口にくわえて練習するなど、貪欲に強くなろうとする藤原の姿に「こういう人がチームのエースになるんだな」と刺激を受けた。勉強熱心な藤原からトレーニング方法や栄養学について教えてもらうこともあった。「フランクに接してくれる人なので、上級生だからといって緊張することもなく話をすることができた。本当にいい先輩だった」と感謝する。

ゆっくり、着実に成長したが、念願の箱根出場はなかなか実現しなかった。1、3年は予選会で敗退。メンバー入りした2年目は出番無し。4年目の2005年、ついに初出場を果たした。

起用されたのは7区。関東学連選抜を除く19チーム中、19位でたすきを受けた。「序盤から動きも良くなく、走り自体に関して言えることはほとんどない」。それでも、沿道から途切れることなく続いた声援が今も耳に残る。21・3キロを1時間7分24秒で走り切り区間16位。それでも「憧れの舞台に行けたことは、陸上人生の中でも大きな転機になった」。

実業団の安川電機に進むと、マラソンで徐々に手応えをつかんだ。「米重さんの下で4年間やれたことが、その後のマラソンにつながった」。成長曲線はやはり緩やかだったが、初の42・195キロに挑んだ08年の延岡西日本マラソンで、2時間13分54秒で3位に入り、「もっといい記録で走りたい、2時間10分を切りたいという気持ちが湧いてきた」。

10分切りを果たしたのは、11年のびわ湖毎日マラソン。2時間9分31秒で4位に入り、その年の世界選手権代表に選ばれた。韓国の大邱《テグ》で開かれた世界選手権では、2時間13分10秒で9位に入り、入賞まであと一歩の力走を見せた。

12年のびわ湖毎日で前年から記録を30秒以上更新し、2時間8分53秒で4位に入った。その年の東京マラソンで2時間7分48秒で2位に入った藤原と共に、ロンドン五輪代表に選出された。同じ釜の飯を食った先輩と「一緒に行けたのはすごくうれしかった」と懐かしむ。

五輪前は、日本のエース格だった藤原に比べて目立つ存在ではなかった。しかし、本番では中間点で20位につけると、後半にぐんぐん順位を上げた。「前半も動きは悪くなかったが、あえてついて行かずに、終盤しっかり粘ろうと思っていた」。その戦略が見事はまり、入賞ラインを争う集団を引っ張ると、最後に抜け出し２時間11分16秒の６位でゴール。「入賞が一つの目標だった。この結果は陸上人生の財産」。遅咲きランナーらしい終盤の巻き返しに、胸を張った。

12年、ロンドン五輪・男子マラソンで６位入賞。右は藤原新（45位）

13年の別府大分毎日マラソンで、自己ベストの２時間８分35秒をマーク。同年の世界選手権モスクワ大会でも２時間10分50秒で５位入賞を果たし、国際舞台での強さを再現した。「ロンドン五輪より成績を一つ上げられたのは、すごく大きな自信になった」と語る。

なかなか表彰台の真ん中に立つ機会はなかったが、17年の別府大分毎日で２時間９分32秒で初優勝。同年の世界選手権ロンドン大会では、思

中本健太郎の箱根駅伝成績

年	区間	時.分.秒	区間順位
2005	7区（21.3キロ）	1.07.24	16位

中本健太郎の主なマラソン成績

年	大会	時.分.秒	順位
2011	びわ湖毎日	2.09.31	4位
	世界選手権（大邱）	2.13.10	9位
12	びわ湖毎日	2.08.53	4位
	ロンドン五輪	2.11.16	6位
13	別府大分毎日	2.08.35	2位
	世界選手権（モスクワ）	2.10.50	5位
17	別府大分毎日	2.09.32	優勝
	世界選手権（ロンドン）	2.12.41	10位

い出の地を再び疾走し、2時間12分41秒で10位となった。ベテランと呼ばれる年齢になっても、いぶし銀の存在感を発揮するランナーだった。

「陸上を始めた当初は全然力もなかったが、すごく高いところまで行かせてもらえた。幸せな現役生活だった」。21年に引退。米重さんに報告すると「走りが柔らかいからマラソンを走れると思っていた。指導者でもやっていける。しっかり頑張れ」と、労いと激励の言葉を受けた。

安川電機のコーチを経て、23年3月から監督として後進の指導に当たっている。「私のように日が当たらない選手でも、こつこつ努力を積み上げることで花開くことがある。箱根駅伝に出るのはスター選手ばかりではない。出られなかった選手も含め、将来を見据えて頑張ってほしい」。箱根7区の16位から、世界の5位まで這い上がった雑草魂は、全箱根選手の鑑《かがみ》だ。

7　大迫傑（早稲田大学）――米国修業、プロ契約、五輪入賞

【２０１１～14年出場】

華々しいデビューだった。大迫傑《すぐる》は早大のルーキーだった２０１１年の箱根駅伝で１区に登場。序盤で集団から抜け出し、他を寄せつけない圧巻の走りで区間賞を獲得した。これで勢いづいたチームは往路で２位につけ、復路で逆転して総合優勝と大学駅伝３冠を達成した。

長野・佐久長聖高時代は、２年だった08年の全国高校駅伝でアンカーの７区を任され、区間賞の快走で初優勝のゴールテープを切った。09年にはエース区間の１区で区間賞を獲得した。

期待されて入学した早大では、出雲全日本大学選抜駅伝で２区３位の滑り出し。続く全日本大学駅伝でも２区を任され、区間記録は３位だったものの、１区が９位と失速した出遅れを挽回し、チームを２位に引き上げた。いずれもチームの優勝に貢献する働きだったが、その後の活躍に比べると、前哨戦では突出した走りというわけでもなかった。

それだけに箱根デビューの印象は鮮烈だ。「スタートから自分のペースで行こうと思っていた」という通り序盤から飛ばし、10キロ過ぎまでは佐久長聖高の先輩でもある日大の堂本尚寛とのマッチレースとなった。15キロ過ぎから引き離し、「監督からは、自分のペースで

走れば区間賞を取れると言われていた。自信はあったし、良い形で後ろにつなげた」と満足げに振り返る。

2年目も「最初から自分のペースで行くと決め、その通りのレースができた」と、再び1区区間賞。3年目は3区を任されて区間2位。12位でたすきを受けると、「とにかく前を追うことだけを考えた」と前半からハイペースに挑み、チームを3位へ浮上させた。区間賞を獲得した東洋大の設楽悠太には8秒及ばなかったものの、猛烈な向かい風の中、9人抜きの力走を見せた。

主将を務めた最終学年では、再び1区を走った。やはり序盤から先頭集団を引っ張ったが、終盤に失速して5位に終わった。ただし、チームは後続の仲間が巻き返して往路を3位で終えた。「自分が駄目でも、みんなが力を出し切ってくれた」と感謝し、団体種目の醍醐味を味わった。

総合優勝を果たしたのは1年目だけで、翌年からは4、5、4位。それでも、駅伝ファンの記憶に残る4度の箱根路だった。「あれだけ沿道の方に応援してもらえるというのは普通のロードレースではない。お祭りのような雰囲気は楽しめた」と、力を出し切った4年間を思い返す。

ただ、大迫にとって、主戦場はトラックだった。2年だった11年に中国・深圳《シンセン》でのユニバーシアード（現ワールドユニバーシティゲームズ）1万メートルで優勝。12年ロンドン五輪に向けては、代表選考会の日本選手権１万メートルで佐久長聖高の先輩でもある佐藤悠基に０秒38差で敗れ、代表入りを逃した。この時、ゴール後に拳をトラックにたたきつけて悔しがる大迫の姿は、陸上ファンの脳裏に焼き付いている。

13年の日本選手権１万メートルでも佐藤に０秒90差で敗れたが、同年の世界選手権モスクワ大会の代表に選ばれた。大学４年で出場した世界選手権では、28分19秒50で21位に終わった。優勝したモハメド・ファラ（英）に１分近くも離され、決意を新たにした。「スピードをアメリカで磨き、ファラとの距離を一年一年、必ず縮めてやる」

卒業後は実業団の日清食品グループに入りつつ、米国のナイキ・オレゴン・プロジェクトに加わった。ファラも参加する世界最高レベルのチームで力を付けようと海を渡った。15年４月には日清食品グループ陸上部を退部し、ナイキと契約するプロとなった。

同年７月にベルギーで行われたナイト・オブ・アスレティックスの５０００メートルで13分８秒40の日本新記録を樹立。16年の日本選手権は５０００メートルと１万メートルの２冠を達成し、両種目でリオデジャネイロ五輪に出場した。

トラックでスピードを磨いた上で、17年からはマラソンに挑戦。それから２度にわたって日本記録を更新した。まずは18年10月のシカゴマラソンで、設楽悠太が同年２月に作っていた日本記録を21秒縮める２時間５分50秒をマーク。さらに20年東京マラソンでは、自らの記録をさらに21秒短縮する２時間５分29秒をたたき出した。前年秋の東京五輪代表選考会マラ

21年、東京五輪・男子マラソンで6位入賞

ソングランドチャンピオンシップ（MGC）では3位にとどまっていたが、この日本記録の快走で、東京五輪出場権の最後の1枠を鮮やかにつかみ取って見せた。

21年に延期された東京五輪前には、「ラストレース」と位置づけて臨むことを明らかにし、ファンを驚かせた。酷暑の札幌で行われたレースでは、終盤に順位を上げる粘りの走りで6位入賞。「次の世代が頑張れば、この6番から絶対メダル争いに絡める。マラソン王国としてのプライドを持って戦ってほしい」と後進の選手たちにエールを送り、一度は現役生活に終止符を打った。

足跡を振り返れば、「箱根から世界へ」を体現した一人といえるだろう。ただし、本人はその考え方に違和感を隠さない。「競技的な話でいうと、箱根から世界につながるものはないと思っている。駅伝は世界的な競技ではないし、20キロという距離がみんなに必要かというと、そうでもない」と言い切る。学生時代はトラックで世界を目指していただけに、駅伝に過度の注目が集まることには、常に疑問を呈してきた。

その一方で、「プロになって活動しやすかったのは、箱根駅伝を走った影響も大きい。箱根駅伝は名前を売る場としてプラスになるのは間違いない。アスリートはそれをうまく活用していかないといけない」と、独自の箱根駅伝の価値観も披露する。

学生時代、世界の強豪が集まるナイキ・オレゴン・プロジェクトについて、「見に行きたい。チャンスがあれば入りたい」との思いを募らせた。その希望を受け止めたナイキジャパンが、米国のナイキ本社と交渉し、夢を実現してくれた。それは確かに、箱根駅伝での活躍で得られた知名度に対し、スポーツメーカーが価値を認めたという側面もあるだろう。

自らの感性に従い、強くなるための道を、常に迷い無く切り開いてきた。一度引退した後も、22年には電撃復帰。「指導や普及活動だけでなく、プレーヤーとして走りで引っ張っていけたら。シックス・メジャーズ（世界6大マラソン）や世界大会で、しっかり結果を残すことに集中していきたい」と宣言し、唯一無二の存在感を発揮し続けている。その言動は、多くの後輩たちにも刺激を与えている。長距離界のオピニ

大迫傑の箱根駅伝成績

年	区間	時.分.秒	順位
2011	1区（21.4キロ）	1.02.22	1位
12	1区（21.4キロ）	1.02.03	1位
13	3区（21.5キロ）	1.04.44	2位
14	1区（21.4キロ）	1.02.14	5位

大迫傑の主なマラソン成績（★は日本新）

年	大会	時.分.秒	順位
2017	ボストン	2.10.28	3位
17	福岡国際	2.07.19	3位
18	シカゴ	2.05.50★	3位
19	マラソングランドチャンピオンシップ	2.11.41	3位
20	東京	2.05.29★	4位
21	東京五輪	2.10.41	6位
22	ニューヨークシティー	2.11.31	5位

オンリーダーは、信念に満ちた走りと言葉で、まだまだ日本の長距離界を力強く引っ張り続ける。

8　三浦龍司（順天堂大学）――3000メートル障害で日本新更新、パリへの助走

【2021年〜出場】

金栗四三が掲げた「箱根から世界へ」の命題を、大学在学中から体現する令和のランナーがいる。順大4年の三浦龍司だ。主戦場は3000メートル障害。2021年の東京五輪では7位入賞という日本勢初の快挙を成し遂げ、22年には世界最高峰のダイヤモンドリーグ（DL）ファイナルで4位に入った。「アスリートとして人生をかけるのはやっぱりサンショーになる」。箱根で力を磨いてチームを押し上げながら、24年パリ五輪での上位入賞という二兎を追っている。

三浦は小学1年で地元の島根県浜田市の陸上クラブに入った。指導者からハードル練習を勧められるうちに興味を持ち、強豪の京都・洛南高に進んでから本格的に3000メートル障害に取り組んだ。「自分の持ち味でもあるバネの強さにピッタリという感覚で、どんどん記録が伸びていくのも楽しかった」。高校3年では、櫛部静二の高校記録を30年ぶりに塗り

替える８分39秒台をマーク。いよいよ世界を意識するようになると、迷わず順大を進学先に選んだ。リオデジャネイロ五輪３０００メートル障害に、順大の現役学生として出場した塩尻和也に憧れたからだった。

大学生になっても快進撃は続いた。入学３か月後の20年７月には、いきなり３０００メートル障害で日本歴代２位の８分19秒37をマーク。自身初のハーフマラソンとなった10月の箱根予選会では、１時間１分41秒をマークして日本勢トップの５位と力走し、ルーキーながら先頭に立ってチームを引っ張った。さらに、約２週間後の全日本大学駅伝１区でも新記録の区間賞と鮮烈な走りを披露した。箱根デビューとなった21年大会は、直前にケガをした影響もあって１区10位にとどまったが、この１年を経て、三浦はさらに成長のスピードを高めることになる。

コロナ禍で１年延期となった東京五輪イヤーの21年。５月に３０００メートル障害で18年ぶりに日本記録を更新すると、６月の日本選手権ではレース途中で転倒もありながら、再び日本新記録で優勝。そして、五輪本番では、予選でこの年３度目の日本新となる８分９秒92をたたき出し、決勝で７位入賞。大舞台での勝負強さを見せて、一気に世界へ飛躍していった。

「大きな目標とした場所で、やり切ったなという思いはすごくある。かつては世界から一番遠い種目と言われ、注目度も低かったが、自分がもっと頑張って耳目を集められるようにし

21年、東京五輪・男子3000メートル障害で7位入賞

て、いずれは人気種目になってほしい」。種目をリードする存在として、自負も、愛着も高まった。

ただ、その本職と20キロ超を走る箱根駅伝は、別物と表現してもいいほど距離のギャップがある。しかも、トラックに力を注ぐ三浦が本格的な駅伝準備に入るのは秋以降だ。それでも三浦は、箱根を目指しつつ、トラックで世界へと駆け上った道筋を振り返り、「駅伝の練習は、最終的にトラックにつながるものが間違いなくある」との確信を得た。3000メートル障害はハードル技術、瞬発力、スタミナなど複合的な力が求められるが、箱根に向けた走り込みが「スタミナ強化や、息の長い選手になる上で必要な練習であり、脚作りの土台になっている」と断言する。東京五輪後には「レースの急激な変化に対応するタフさが増した」とも語った。駅伝を目指した走り込みが、トラックレース終盤の余裕を生み出し、スパートの威力をより高めると考えている。

オリンピアンとして挑んだ22年の箱根では、最長区間の花の2区を任され1時間7分44秒で区間11位。他の学生に比べ、駅伝への準備期間が限られる中、23キロのタフな最長区間への対応力を示した。その年の4月には、中距離の1500メートルで3分36秒59をマーク。スピードを国内トップレベルへと引き上げ、夏の世界選手権オレゴン大会に乗り込んだ。しかし、東京五輪以上を目指した大舞台で、まさかの予選落ち。「ラストで自分が攻めなきゃいけなかった部分で、行き切れなかった」と、今度は世界の厳しさを存分に味わった。ただし、その悔しさをすぐに晴らすのが、三浦の非凡さだ。直後の9月、スイスでのDLファイナルで4位入賞。世界の表彰台をうかがう力があることを、改めて証明して見せた。

3年目の箱根駅伝でも再び2区に登場。留学生2人のハイペースに食らいつく積極性を見

三浦龍司の箱根駅伝成績

年	区間	時.分.秒	区間順位
2021	1区（21.3キロ）	1.03.31	10位
22	2区（23.1キロ）	1.07.44	11位
23	2区（23.1キロ）	1.08.11	12位

三浦龍司の主な3000メートル障害成績

（★は日本新、◎は学生新、○は高校新）

年	大会	時.分.秒	順位
2019	日本選手権予選	8.39.37○	1組5着
	日本選手権決勝	8.40.30	5位
20	ホクレンDC千歳	8.19.37◎	1位
21	五輪テスト大会	8.17.46★	1位
	日本選手権	8.15.99★	1位
	東京五輪予選	8.09.92★	1組2着
	東京五輪決勝	8.16.90	7位
22	日本選手権	8.14.47	1位
	世界選手権（オレゴン）予選	8.21.80	2組5着
	DLファイナル（チューリヒ）	8.12.65	4位
23	日本選手権	8.21.41	1位
	DL（パリ）	8.09.91★	2位
	世界選手権（ブダペスト）決勝	8.13.70	6位

せ、１時間8分11秒の区間12位で総合5位に貢献した。「僕が得る満足感と、みんなの思う満足感には差がある。そこが埋まらないと納得できるシーズンにはならない」と、周囲の期待がもっと高いところにあることは強く自覚している。その一方、長門俊介監督は「いつもは守るような走りになるところ、課題だった攻めの走りをしてくれた」と殻を破りつつあることを高く評価した。

４年目の23年は主将に立候補。同じく最終学年の藤原優希と共に共同主将を託されることとなった。「全然引っ張っていくタイプではない」と自覚しながら手を挙げたのは、箱根への熱い思いの裏返し。「まずは個で輝き、しっかり団結して第１００回大会で総合優勝を狙う。最高学年として下級生の成長を促していけるリーダーになりたい」。第99回大会でも5人の４年生がいずれも区間7位以内と安定感を見せたように、最終学年が活躍する順大の伝統を引き継ぎ、チームの底上げをはかるよう心を砕く。新入生合宿などにも同行し、周囲とコミュニケーションをとる頻度も増えた。夏場は海外転戦をしながら、自らの走る姿で手本を示し続けた。

競技面では、春先は１５００、５０００メートルでスピードを再強化。6月の日本選手権では風雨の中、１８００メートル付近から独走して8分21秒41で3連覇を果たした。「意識的に脚を回すことができた。２０００メートル以降、自分の力でぐいっと推進力を上げて走れた」。レース後半のギアチェンジに大きな手応えをつかむと、わずか１週間後のＤＬパリ大会に出場し、ラメチャ・ギルマ（エチオピア）が7分52秒11の世界記録をマークする中、終盤に順位を上げてラスト1周で2位に浮上。磨いてきた終盤力を確かに発揮し、8分9秒91と4度目の日本記録を樹立。世界の強豪を相手に、2位で表彰台に乗ってみせた。

「自分はまだまだの存在。世界で活躍する機会を自分でつかみに行き、何とか食らいつきたい。その先に世界での上位入賞も見えてくる。世界の壁はグッと高くなっているが、前向きに挑戦できるのが自分の大きな武器。ひるまずに行きたい」。チームの先頭に立って箱根に向かいつつ、トラックで世界の強豪たちに挑戦する。ロードとトラック、チームと個の両立という難題に、真正面から立ち向かう先にこそ、世界と箱根の頂点があると信じ、走り続ける。

第2章　ライバルたちの熱闘

1　渡辺康幸（早稲田大学）VSステファン・マヤカ（山梨学院大学）
――2区1時間6分台の扉開く

【1993～96年】

テレビ中継によって、箱根駅伝の人気がお茶の間に浸透していった1990年代。最大のスターは早大の渡辺康幸だった。長髪を弾ませ、異次元のスピードで他校のランナーたちを抜き去る姿は、箱根路を走るたびに世間の注目を集めた。そんな渡辺の箱根デビューは93年大会。高校総体2冠、国体1万メートル王者の超新星として注目され、前評判通りの走りを見せた。「花の2区」に登場し、区間2位の力走でチームを8年ぶりの総合優勝に導いた。

しかし、2区で渡辺を上回ったのも1年生だった。ケニア出身で山梨学院大のステファン・マヤカ（現在は日本国籍を取得し真也加ステファン）。二人は高校3年時、名古屋で出会っていた。その頃から、渡辺が「大学でライバルになる」と見込んだ相手だった。

当時の渡辺は向かうところ敵なし。自ら「高校ナンバーワンでやってきて、かなり抜けた存在だった。ライバルはいなかった」と振り返るほどの実力だった。高校3年の春、マヤカとの初レース。ジュニア世代の大会で、二人は5000メートルに出場した。

レースでは、当時山梨学院大付高生だったマヤカが、終盤まで先頭を引っ張った。最後は渡辺が逆転して勝ったものの、そのスピードには衝撃を受けた。この頃、山梨学院大では初の留学生ランナー、ジョセフ・オツオリが箱根路を沸かせていた。渡辺は「すごい選手がいるな、と思った。彼がオツオリさんのように箱根を走れば、大学でライバルになる」と直感した。

そして、大学１年目の駅伝シーズン。マヤカは山梨学院大のエースとして、出雲駅伝のアンカーを務めてチームを優勝に導いた。箱根でも、二人のゴールデンルーキーは２区に登録された。渡辺の胸中には、「来たな」というワクワク感と、不安感が入り混じっていたという。

本番で早大は１区の櫛部静二が区間賞の好スタートを切り、渡辺は終始独走した。マヤカは１区４位だった飯島理彰《まさあき》からたすきを受けて渡辺を追ったが、届かなかった。ただ、区間賞は１時間８分26秒でマヤカ。渡辺は22秒遅れの２位だった。早大は総合優勝したものの、渡辺は個人で負けたことが何より悔しかった。早大の先輩でもある瀬古利彦の指導の下、世界を目指していた渡辺の魂に火がついた瞬間だった。

瀬古によく言われたのが、「マヤカ君より速い選手はケニアに山ほどいる。マヤカ君に勝てなければその上はない」ということだった。１年生の頃から夏は瀬古に海外での試合に連れて行かれた。レースで負けるたび、「どれだけ日本のレベルが低いか、徹底的にたたき込まれた」という。そんな中、日本に現れた「世界基準」のライバルがマヤカだった。日本人の同世代では得られない高揚感が、渡辺にはあったのかもしれない。渡辺は「マヤカ君を

『世界の物差し』と見ていた」と振り返る。

指導者としての瀬古は、常に世界を見ていた。「国内の小さいレースで型にはまるな。世界に出ていくためにあなたたちは早稲田に来たんだ。エースになりなさい。箱根だけの選手になっちゃダメだ」と、渡辺らに説き続けた。渡辺も、箱根駅伝が終わった2日後に40キロを走ったこともあった。そして、めざましく進化した。

大学1年目の世界ジュニア選手権は、1万メートルで銅メダル。ただ、渡辺は決して満足しなかった。ラスト2キロ付近で先頭に置いていかれ、最後は優勝した選手にトラック半周近い差をつけられた。この時の優勝者は、男子マラソンの元世界記録保持者ハイレ・ゲブレシラシエだった。2年時のユニバーシアードは、事前に約1か月間欧州のレースで武者修業をしてから会場の米国入り。その後もコロラド州ボルダーの高地合宿で体をいじめ抜いた後に、本番の1万メートルで銀メダルに輝いた。

3年時の箱根で、二人は再び直接対決に臨んだ。大学のレースなどでたびたび顔を合わせ、日本語でやり取りする中、渡辺自身は「ライバルであり、友人」という感覚が強くなっていったが、世間はライバル対決の構図を期待した。二人が2区を走ることが決まると、「区間新記録」を公言する渡辺に対し、マヤカも「口で言うのは簡単」と応じた。渡辺も「マヤカ君は1時間6分台で来るだろう」と踏んでいた。その上で、当時の鈴木重晴監督に「1区は誰でもいい。区間賞で来られるより、後ろから追いかける方が走りやすい」と伝えたという。

本番では山梨学院大が1区からトップに立った。9位でたすきを受けた渡辺は、必死に前を追った。1年時の走りを振り返り、2年間の実力の上積みを考慮し、6分台のイメージは頭に入っていた。

左：96年の２区で区間賞を獲得した渡辺。右：95年の２区を力走するマヤカ

「最初の5キロを14分20秒ほどで入り、10キロの通過は28分30～40秒で行く。次の5キロは15分切りで権太坂を上って、15キロからは休まずにリズムよく14分30くらいで下っていくイメージ。最後の3キロのノルマはもうない。あとは頑張るだけで、7分は切れる」

途中ほぼ誰とも競ることなく、単独走で史上初めて1時間7分の壁を破り、1時間6分48秒の区間新を樹立。チームを9位から2位に押し上げる激走だった。しかし、マヤカの背中は遠かった。マヤカも区間2位の1時間7分20秒で走り、さほど差は縮まらず、総合成績では山梨学院大が連覇、

渡辺とマヤカの箱根駅伝成績（◎は区間新、●は区間タイ記録）

渡辺康幸（早大）				
年	区間	時.分.秒	区間順位	チーム
1993	2区	1.08.48	2位	優勝
94	1区	1.01.13◎	1位	2位
95	2区	1.06.48◎	1位	2位
96	2区	1.06.54	1位	2位

ステファン・マヤカ（山梨学院大）			
区間	時.分.秒	区間順位	チーム
2区	1.08.26	1位	2位
2区	1.07.34●	1位	優勝
2区	1.07.20	2位	優勝
2区	1.09.26	3位	棄権

※96年の山梨学院大は4区で途中棄権

早大が2年連続2位となった。

4年目は、渡辺が世界選手権男子1万メートル予選で27分48秒55をマークして瀬古の学生記録を更新。福岡ユニバーシアード1万メートルではケニア代表のマヤカを破って金に輝いた。箱根でも再び二人は2区を走り、渡辺が再び1時間6分台の好走を見せた一方、マヤカは1時間9分台の区間3位と不調に終わり、2人の韋駄天《いだてん》はついに肩を並べて走ることなく箱根路を卒業した。

渡辺は卒業後、96年のアトランタ五輪1万メートル代表に選ばれた。しかし、ケガで出場はできず、その後も故障に苦しみ2002年に引退した。エンジとプルシアンブルーのユニホームが覇を競った時代を振り返り、「マヤカ君には絶対負けないと思い、強くなれた。（2区を）並んで走ればもっといいタイムが出たかな」と話す。

マヤカにとっても、渡辺とのつばぜり合いは忘れられない思い出になった。「渡辺君ら、メンバーがそろっている早稲田には負けたくないという気持ちは強かった。箱根で頑張ってテレビにもたくさん出て、皆に名前を覚えてもらえた」と笑う。

二人は当時から良き友でもあった。最後の箱根を終えた後。渡辺が山梨学院大の寮に電話して飲み会に呼び出すと、「特急で来たよ！」と人懐っこい笑顔でマヤカは東京へやってきたそうだ。「お前には負けたくなかったとか、そういう話には不思議となららない」。渡辺が早大監督を経て住友電工監督に、マヤカが桜美林大監督になった今も、時折一杯酌み交わしながら、選手育成の夢を語り合う。

2　藤田敦史（駒澤大学）VS三代直樹（順天堂大学）
——区間新 負けじと応酬

【1996〜99年】

生粋のエリートと根っからの雑草。1995年の入学時にはまったく立場の違った二人は、箱根駅伝での不思議な巡り合わせを通じ、互いを高め合い、ライバル関係を深めていった。

順大の三代直樹は、島根・松江商業高時代に国体5000メートルを制したスーパールーキーだった。一方、駒大の藤田敦史は、福島・清陵情報高では全国高校総体にも、全国高校駅伝にも出場したことがないランナーだった。

そんな二人が96年、初めての箱根駅伝で共に1区を任された。区間賞を奪ったのは亜細亜大の留学生ビズネ・ヤエ・トゥーラで、藤田が6秒差の2位、さらに三代が1秒差の3位で続いた。実はこの時、二人は互いのことを「知らなかった」。三代が、全国的に無名だった藤田に気付いていなかったのは仕方がない。一方、藤田の方は「全国大会に出たこともなく、そんなすごい選手がいることもわからなかった」という。レース後、三代は1秒前の選手が同じ1年生と聞いて「こんなやつがいるのか」と驚き、藤田は国体王者に勝ったと言われて「すごいことだな」と自信を深め、互いを意識するようになった。

二人は、ランナーとしての持ち味がまったく違った。スピード型の三代は澤木啓祐監督の英才教育の下、トラックで次々実績を残した。2年目の96年には世界ジュニア1万メートル7位、日本学生対校5000、1万メートルでいずれも2位に入るなど、すぐに大学トップレベルで活躍し、4年目には日本学生対校で5000、1万メートルの2冠に輝いた。

藤田は、三代にトラックでは歯が立たなかった。しかし、大八木弘明コーチ（当時）の熱血指導の下、徹底して走り込み、ロードで力を発揮するようになる。2年目から藤田も三代も、箱根駅伝では共に花の2区を担うことになるが、藤田は「高校時代からロードは得意。そこだけは三代に負ける気はしなかった」。その言葉通り、2年では藤田が区間7位だったのに対し、三代は17秒差の8位。3年は藤田が区間2位で、三代は6秒差の3位だった。

そして、互いにチームの大黒柱に成長した4年目。周囲からは「最終対決」が注目されたが、藤田が直前に貧血となり、2区を回避することになった。三代としては「3年間、わずかな差で負けてきたので、直接対決で絶対に勝ちたかった」が、その機会は失われてしまった。

ただ、そのことで、三代は自分の思いに集中した。実はこの年、どうしても勝ちたい理由があった。1年の箱根駅伝直前、同期の森川競二さんが練習中に交通事故で亡くなっていた。三代たちの学年は有力選手の集まった、いわゆる黄金世代。「澤木監督も僕たちの代が卒業するまでに優勝したいと言っていた」。亡き同期の無念も胸に秘め、8位でたすきを受けると、快調に順位を上げた。難所の権太坂も軽快に上り切ると、事前に考えた、あるプランを実行した。

左：99年、４区で区間新を出した藤田。右：同年、２区で区間新を出した三代

それが、「坂の上で5秒間休むこと」。心の中で五つ数えると、「ここからもう1回スタートだという気持ちになれた」。スムーズに加速して下り切ると、競り合っていた駒大の佐藤裕之が離れていった。「ここだ」とペースを上げ、残り3キロからの〈戸塚の壁〉も「死ぬ気で走った」。トップでたすきをつなぐと、タイムは1時間6分46秒の区間新記録。早大の渡辺康幸が持っ

藤田と三代の箱根駅伝成績（◎は区間新）

藤田敦史（駒大）				
年	区間	時.分.秒	区間順位	チーム
1996	1区	1.03.32	2位	12位
97	2区	1.13.06	7位	6位
98	2区	1.08.12	2位	2位
99	4区	1.00.56◎	1位	2位

三代直樹（順大）			
区間	時.分.秒	区間順位	チーム
1区	1.03.33	3位	3位
2区	1.13.23	8位	9位
2区	1.08.18	3位	5位
2区	1.06.46◎	1位	優勝

ていた、10年は破られないと言われた区間記録を、4年ぶりに2秒更新する快記録をたたき出した。

その頃、4区でウォーミングアップをしていた藤田は、付き添いの選手のうわずった声に、耳を疑った。「三代さんが区間新を出したそうです」

藤田は激しく動揺した。「当時の康幸さんの記録は神の領域。自分は前年に1時間8分12秒で走って、どうやれば6分台なんて出るのかと感じていたので。正直マジかと」。その瞬間は、自身なら到底無理だと思っていた、「渡辺越え」のニュースに、我を失いそうになった。

しかし、駒大のエースは、すぐにこの衝撃を、持ち前の負けん気へと変換した。

「このまま順大が往路を取れば、スポーツ紙の1面は三代に持っていかれる。絶対、自分が区間新を出して往路優勝もして、1面を飾るぞと。よし、やってやるかと。スタートラインでは、もうワクワクするような気持ちになっていた」

4区を走ることが決まってから、狙っていたのは早大の小林雅幸が95年にマークしていた1時間1分35秒の区間記録。何度も何度も小林の走りをビデオで見て、どの地点を何分何秒で通過したのか、詳細に書き出した。そして、そのタイムを、全て頭にたたき込んだ。

たすきをもらったのは、トップ順大から2分20秒差の2位。さすがに逆転は「無理かと思った」が、「少しでも前が見える位置まで持って行こう」と走り出した。そこからは「見えない小林」との勝負に徹した。各チェックポイントで暗記した小林の記録と自身のタイムを比較。小林がタイムを落としていた15キロ以降での勝負を意識し、レースを進めた。そして迎えた15キロ地点。

「小林さんにたった1秒の負けだった。これなら絶対、区間新を出せると思った」

目前に迫っていた順大を一瞬にして抜き去ると、ギアを緩めず突っ走った。小田原市内に入ると、冷たい風に吹かれて腹痛に襲われたが、スピードは落とさない。5区へたすきを渡すと、1時間0分56秒の区間新。順大との差を逆に1分6秒まで広げ、狙い通りに往路優勝の立役者となり、見事スポーツ紙の1面を飾ってみせた。

翌日の復路では、順大が逆転優勝を遂げた。三代は「森川君のこともあったので、本当に結果を出せて良かった」と、こちらも念願を果たした充実感を胸に、最後の箱根を終えた。大会後には、メンバーで事故現場のお地蔵さんに優勝を報告したという。

大学を卒業すると、三代と藤田は共に富士通に入社。社会人1年目に三代が、ユニバーシアードの1万メートルで銀、5000メートルで銅メダルに輝くと、藤田は世界選手権のマラソンで6位入賞。藤田が2000年の福岡国際マラソンで2時間6分51秒の日本記録を樹立すれば、三代は01年の世界選手権に1万メートルで出場と、得意のフィールドで力を発揮していった。

現在、三代は富士通で、藤田は駒大で選手育成に当たる。「お互い育てた選手が世界を目指してぶつかりあったら感慨深いですね」と藤田。指導者として、しのぎを削る関係はまだ続く。

3 竹澤健介（早稲田大学）VS佐藤悠基（東海大学）
――名門の心意気、力走支え
【2006〜09年】

早大のエースとして活躍した竹澤健介は、同学年に多くの実力者がいた。兵庫・報徳学園高の同級生だった中央学院大の木原真佐人、順大の佐藤秀和、山梨学院大のメクボ・ジョブ・モグス。中でも屈指のスピードを比較されたのは、東海大の佐藤悠基（SGホールディングス）だった。

箱根の同区間で走ったのは2009年の一度だけ。08年北京五輪代表の竹澤と、異なる区間で3年連続区間新の佐藤が3区で激突し、竹澤が佐藤の区間記録を32秒更新する区間新をマークした。「悠基の記録だったんですか。知らなかった」。竹澤はしかし、今回の取材で記者から聞くまでの14年間、自分が佐藤の区間記録を塗り替えた事実を認識していなかった。理由をこう明かす。「悠基は刺激をくれる存在で、周囲からライバルと見られていることは知っていた。でも僕は、誰のこともライバルだと意識したことはないので」。自身初の区間新は当時から知っていた。だが、それよりも「後続に差をつけたことの方がうれしかった」と語る。

左：09年、３区で区間新を出した竹澤。右：同年、３区区間２位の佐藤

　当時、ファンや陸上関係者、メディアの間でも「竹澤VS佐藤」の構図は注目の的だった。箱根で直接対決したらどちらが速いのか。盛り上がる周囲の声をよそに、自身の走りに集中していたという事実は、竹澤の個性を如実に物語る。「試合や練習で誰かの記録を事前に調べて、それを抜こうと考えたことはほとんどなかった」。竹澤はそもそも腕時計をつけて走らなかった。

竹澤と佐藤の箱根駅伝成績（◎は区間新）

竹澤健介（早大）				
年	区間	時.分.秒	区間順位	チーム
2006	2区	1.09.55	11位	13位
07	2区	1.07.46	1位	6位
08	3区	1.03.32	1位	2位
09	3区	1.01.40◎	1位	2位

佐藤悠基（東海大）			
区間	時.分.秒	区間順位	チーム
3区	1.02.12◎	1位	6位
1区	1.01.06◎	1位	3位
7区	1.02.35◎	1位	棄権
3区	1.02.18	2位	18位

※2008年の東海大は10区で途中棄権

そんな竹澤が唯一、強烈に意識したことがある。それは「早大のエース」の称号だった。小学時代、早大の渡辺康幸と山梨学院大のマヤカが2区で繰り広げた「スーパー1年生対決」をテレビで見た。これが陸上を始めるきっかけだ。「えんじ色のユニホームに『W』の文字。とにかくかっこ良かった。僕もこのユニホームを着て、2区を走りたい。まさに原点」。報徳学園高3年時に全国高校駅伝で4位入賞に貢献。早大に入学し、その渡辺監督の指導を受けることになった。

夢が叶う日は思いのほか早く訪れた。1年で2区デビューが決まった。渡辺監督が運転する車の助手席に乗り、2区のコースを下見した。中盤15キロ過ぎの権太坂、ラストのアップダウン。憧れの監督と2区の戦略を練る、夢のような時間だった。戸塚中継所の手前に差し掛かり、「戸塚の壁」の前で渡辺監督がこう言ったのを覚えている。「ここ、きついよ」。先入観を植え付けないための心遣いから、渡辺監督はここで車の方向を変え、最後の坂を上らずに帰った。

本番では、気持ちがはやってペースが上がり過ぎた。記憶にあるのはJR横浜駅前の人だかり。「横浜駅前の観衆にすごい人だと思いながら、次は息を吸うのか、吐くのか、呼吸の順番すらわからなくなった」という。戸塚の壁は想像を超える難所で、消耗した体を容赦なく痛めつけた。区間11位に沈む苦いデビュー戦。新神戸までの帰省の新幹線で約3時間、悔しくて泣き通した。

だが、この悔しさは、ランナーとして成長する礎となる。それまでの練習を見直し、スピードだけでなくパワーをつけるために2倍、3倍の走り込みの量を自分に課した。世代屈指のスピードを持ちながら、力強いキックを持ち味とする走りが磨き抜かれた。

2年で2区に再挑戦。ここでも同学年で「最強の留学生」と言われた山梨学院大のモグスとの対決が注目されたが、自身の走りに集中する姿勢にぶれはなかった。「とにかく1年の悔しさを晴らしたい、2区で貢献するんだと。それだけを考えていた」。6人抜きで見事に区間賞に輝き、リベンジを果たした。「世界で戦える自信をつかんだ」と振り返る、会心のレースだった。

この2区での区間賞を弾みに、学生界を飛び越して日本を代表するランナーへと飛躍していく。この年の7月、ベルギーで行われたナイト・オブ・アスレティックス5000メートルに出場し、13分19秒00の日本学生新記録をマークした。高岡寿成の記録を15年ぶりに更新する快挙で、「この時は高岡さんの記録を意識して走りました。これが誰かの記録を抜こうと明確に考えて走った唯一のレースかもしれない」と語る。その夏の世界選手権大阪大会1万メートル代表へと駆け上がり、「箱根から世界へ」を体現した。

だが、国際舞台での活躍は体にダメージを残した。08年の箱根では股関節の痛みから2区を回避し、3区にエントリー。痛み止めの注射を打っての出場で、区間賞を獲得した。最上級生となると主将の重責を担い、夏には北京五輪に出場する。現役箱根ランナーの五輪代表は1964年東京五輪の猿渡武嗣《さるわたりたけつぐ》（中大）以来44年ぶりの快挙だった。

五輪を終えると股関節の故障が悪化した。4年でも3区に回ることになり、再び2区を走ることはなかった。佐藤の区間記録を塗り替えて2年連続の区間賞を獲得したが、「2区を後輩に譲ってしまい、申し訳ない気持ちの方が大きかった」と語る。

一方、竹澤に記録を抜かれた佐藤はどう感じていたのか。佐藤は「竹澤は力をつけていたので記録を抜かれたことは想定内。駅伝は展開が走りを大きく左右するので、この時は前をとにかく追って順位を一つでもあげることが目的だったから、仕方がないと思っている」。そう冷静に総括しつつ、「でも、1年生の時の自分を超えられなかったことが純粋に悔しかった」と付け加えた。竹澤も「悠基のような素晴らしい選手と刺激し合って成長したことは事実。同じ時代に走れたことを誇りに思う」と語る。

竹澤は大学時代の自身をこう自己分析する。「僕は目の前に目標という『杭』を打ってもらうと、それに向かって進むことができた。渡辺監督は『世界選手権で代表に』『今度は五輪を目指そう』と、上手に杭を打ってくれた。中でも、箱根駅伝は明確に全力を尽くして目指せる大きな目標でした」。瀬古利彦、渡辺の系譜を継いで世界に挑む早大のエース。華やかな存在はライバルと比べられ、佐藤とはトラックでも名勝負を繰り広げたが、「挑んでいたのは常に昨日の自分」だった。卒業後は名門のエスビー食品などで活躍。住友電工で再び渡辺監督の指導を受け、16年度シーズンを最後に引退した。

大学時代には寡黙な選手として知られた。「僕は話すと不安が表に出る。マイナスの感情を知られないよう、できるだけ無表情で話さないようにしていた」。摂南大で指導者となり、教壇にも立つ今は学生と積極的にコミュニケーションを取り、各自がどんな青写真を描いているか、注意深く聞き取るようにしている。よく話し、よく笑顔を見せる指導者だ。箱根路に鮮やかな記憶を残した竹澤は「今度は僕が学生に目標を示せる指導者になりたい」と力強く語った。

4　設楽悠太（東洋大学）VS 大迫傑（早稲田大学）【2011〜14年】
――卒業後はマラソンでしのぎを削る

卒業後に共にマラソンで日本記録を作ることになる同学年の2人が、箱根駅伝で1度だけ直接対決した。3年生だった2013年の3区。東洋大の設楽悠太は、双子の兄・啓太から2位でたすきを受けると、すぐにトップに立った。

左：13年、３区で区間賞を獲得した設楽悠（代表撮影）。右：同年、３区で９人抜きの力走を見せた大迫（写真提供：共同通信社）

後ろから早大の大迫傑が追ってくるのはわかっていた。設楽悠は「彼が3区に来たのは意識していたけど、チームとして優勝を目指していたので、まずはトップでたすきを渡すことを意識しながら走っていた。個人タイムは意識していなかった」と振り返る。

強い向かい風が吹き荒れる悪条件だった。「前にテレビ中継車がいて、風よけに使いながら走れたので助かった」。先頭を走るアドバンテージを最大限に利用した。単独走にもひるまず、大きなストライドでハイペースを刻み、1時間4分36秒で区間賞。9人抜きで3位まで追い上げてきた大迫を8秒上回った。「多分、自分が後ろを走っていたら、彼に負けていた」と謙遜するが、「勝ったと聞かされて、やっぱりうれしかった。あの勝ちが今の競技生活につながっている。強い選手に勝てたことで自信がついた」と語る。

設楽と大迫の箱根駅伝成績（◎は区間新）

設楽悠太（東洋大）				
年	区間	時.分.秒	区間順位	チーム
2011	3区	1.04.00	8位	2位
12	7区	1.02.32◎	1位	優勝
13	3区	1.04.36	1位	2位
14	3区	1.02.13	1位	優勝

大迫傑（早大）			
区間	時.分.秒	区間順位	チーム
1区	1.02.22	1位	優勝
1区	1.02.03	1位	4位
3区	1.04.44	2位	5位
1区	1.02.14	5位	4位

この年は5区で日体大に逆転され、さらには早大にも抜かれて、チームは往路3位。復路でも苦戦し、東洋大は総合2位に終わった。その翌日、酒井俊幸監督から新チームでは啓太が主将、悠太が副主将に指名された。「あの負けが選手一人一人の心に火をつけた。次は絶対に勝つという気持ちが一人一人から伝わってきた」と設楽悠。どちらも言葉で仲間を鼓舞するタイプではないが、「走りで引っ張って行くしかない」と、雪辱のための牙を研ぎ続けた。

14年、設楽悠は再び3区に配置された。自信を持って中継点に立てたのは、1年前の勝利があったからだ。「あれから注目される大会でも、しっかりと走れて結果を残せた。あの勝ちがなければ、自信を持ってスタートラインに立てていなかった」。後に東京五輪マラソン代表になる2区の服部勇馬から2位でたすきを受け取った。前を行く駒大を猛然と追い、中盤で先頭に立った。前回から2分以上タイムを縮める1時間2分13秒で区間賞を獲得した。東洋大はその後も5区で啓太が区間賞を獲得し、往路優勝。復路でもリードを広げて、総合優勝を奪還した。

設楽兄弟は東洋大時代、箱根駅伝で優勝2度、2位2度という戦績を残した。その始まりは悔しい敗戦からだった。

2人のデビュー戦は11年。1年生ながら啓太が2区、悠太は3区の重要区間を任された。啓太は区間7位、悠太は区間8位と健闘し、5区で柏原竜二が逆転して、東洋大は往路を制した。しかし、復路で早大に逆転され、21秒差で総合2位に終わった。

一方、大迫は1区で区間賞に輝き、早大の大学駅伝3冠への流れを作った。当時のスターだった大迫に対し、設楽悠は「最初は比べものにならないほどレベルの差があったので、まったく意識していなかった」が、雪辱を期す中で徐々にライバル意識が芽生えた。

敗戦の翌日から早大との21秒差を埋める戦いが始まった。1人当たりに割れば、わずかに約2秒の差。「その1秒をけずりだせ」のスローガンが生まれ、一人一人が1秒を大切にする隙のないチーム作りが進められた。

12年の東洋大は圧倒的に強かった。往路を制し、6区の市川孝徳が区間賞の快走でリードを広げても、7区の設楽悠は攻める姿勢を貫いた。後続との差を1秒でも広げるために、最後まで全力を振り絞った。08年に東海大の佐藤悠基がマークした区間記録を3秒更新する1時間2分32秒の新記録で自身初の区間賞を獲得。東洋大は21秒の借りを返すために臨んだ大会で、終わってみれば2位の駒大に5分42秒差をつける圧勝で王座を奪還した。

ライバルの存在が設楽悠を成長させた。その大迫とは学生時代から、ほとんど会話を交わしたことがなく、社会人になって共に16年リオデジャネイロ五輪にトラック種目で出場した際も同様だった。

初マラソン挑戦は同じ17年。2月の東京マラソンで設楽悠は2時間9分27秒で11位に入り、大迫は4月のボストンマラソンで2時間10分28秒の3位に入った。

同年9月のベルリンマラソンで設楽悠が2時間9分3秒と自己記録を更新すると、大迫は12月の福岡国際マラソンで2時間7分19秒と大幅にジャンプアップした。

それぞれ経験を積み重ねて迎えた18年、設楽悠が2月の東京マラソンで2時間6分11秒の日本新記録を樹立した。高岡寿成が02年にマークした2時間6分16秒を5秒更新。日本男子マラソン界の長らく止まっていた時計の針が再び動き始めた瞬間だった。

陸上競技では、長い間破られなかった記録を誰かが突破すると、すぐさま次の誰かがさらに更新する現象がしばしば見受けられる。同年10月のシカゴマラソンで大迫が日本記録を2時間5分50秒に更新した。設楽悠は「先に出しておいて良かった」と笑いながら、「悔しさはなかった。彼なら抜いて当たり前だと思っていたから」と振り返る。

19年に行われた東京五輪代表選考会マラソングランドチャンピオンシップ（MGC）で直接対決が実現した。当日、設楽悠がスタート地点に向かうバスに乗り込むと、大迫の隣しか席が空いていなかった。そこへ座ると「最初から行くの？」と聞かれ、「もちろん行くよ」と返した。言葉通りスタート直後から飛び出した設楽悠は終盤失速し、大迫も3位にとどまってこの時点では代表権をつかめなかった。

その数日後、大迫からSNSを通じて食事の誘いを受けた。酒も交えて話してみると、大迫は高校時代の設楽悠のことを知っていて、昔話に花が咲いた。言葉は交わさなくても、互いに強く意識し合い、高め合ってきた存在だったのだ。

何度も食事をする仲になり、時には陸上界について熱く語り合った。設楽悠が「日本のマラソンを強くするためには、僕ら2人が切磋琢磨《せっさたくま》しながら、引っ張って行かなければいけない」と力を込めるように、2人に共通しているのは競技に対する情熱だ。

設楽悠との交流で決意を新たにした大迫は21年の東京マラソンで、自身の日本記録をさらに21秒更新する2時間5分29秒をマークし、東京五輪代表の最後の1枠を勝ち取った。五輪では6位に入賞し、一度は引退したが、22年に復帰した。

23年の東京マラソンで共に出場し、大迫が2時間6分13秒で9位に入った一方、設楽悠は序盤こそ先頭集団に姿を見せたものの、途中棄権に終わった。「今は彼の方が実績も上だけど、いつかはマラソンで勝ちたいという気持ちはずっと持っている」と、設楽悠は語る。3月末でホンダを退社したが、引退はしなかった。三十路《みそじ》になっても、世界を見据えたライバル関係は変わらない。

5　相澤晃（東洋大学）VS伊藤達彦（東京国際大学）【2018〜20年】
――世界の頂目指し、つばぜり合い続ける

2020年、最上級生となって2年ぶりに2区を走る東洋大の相澤晃と、3年連続エース区間を走る東京国際大の伊藤達彦は5キロ過ぎからそろって前を追った。互いに後ろについて風よけにするでもなく、肩をぶつけるように走り続けるさまは、「死闘」とも「ランニングデート」とも評された。

相澤は福島・学校法人石川高時代には貧血に悩まされた影響などで飛び抜けた成績こそなかったものの素質は高く評価されており、東洋大で飛躍した。箱根デビューとなった18年は2年生ながら2区を任されて1時間7分18秒で区間3位。19年は4区で1時間0分54秒の区間新記録をマークした。19年3月の日本学生ハーフマラソンでも1時間1分45秒で優勝。最終学年となり、7月のユニバーシアードのハーフマラソンでも金メダルに輝いた。4年時の駅伝シーズンは出雲3区、全日本3区でいずれも当時の区間新記録をマークし、「学生最強ランナー」の名をほしいままにしていた。

伊藤は静岡・浜松商業高時代は5000メートルの自己ベストが14分33秒と全国的には無名の存在に過ぎなかった。自身の将来性を信じられず、高校卒業と共に陸上は一区切りとし、

就職するか、調理師免許を取るために専門学校に通うことも視野に入れていたほどだったが、新興の東京国際大の大志田秀次監督（当時）に口説かれて大学に進学。エースに成長し、日本学生ハーフ、ユニバーシアードハーフはいずれも3位となり、4年時の箱根予選会では日本人トップ、全日本大学駅伝は2区で当時の区間新を記録していた。

相澤は「2年生の頃から同じ競技会に出ることが多くなって、両ハーフを経てライバルという位置づけに変わっていたように思う。伊藤はラストスパートがかなり速いのもわかっていた。どのレースでも残り1キロまでにどれだけ離せるかを考えるようになっていた」と振り返る。一方、実績では劣る伊藤はケガもなく順調に練習を積めて充実していた。「端から見ればまだまだ差があると見られていたと思うが、まったく追いつかない存在からだいぶ力は近づいてきたと感じていた。同年代では相澤に勝てるのは自分しかいない」と対抗心を燃やしてエース区間に乗り込んできた。

20年1月2日、鶴見中継所。「一緒に走れたらいいね」と軽口をたたく両者の姿があった。言葉はすぐに現実のものとなる。東京国際大は13位、優勝候補の一角と目されていた東洋大は想定外の出遅れで、相澤は東京国際大から13秒遅れの14位でたすきを受け取った。「ちょっと体が重かったけど、2年前に走っていたので感覚はわかっている。ペースを上げずにじっくりと入ればいい」と冷静に3キロを8分28秒で入り、そこからスピードを上げて、5キロ過ぎに伊藤に追いついた。負けず嫌いの伊藤は後ろにつかずに真横に並び、一緒に順位を上げていった。「実力的についてこられるだろうけど、いずれは離れていくのかな」というのが相澤の実感だったという。

だが、10キロを過ぎても粘りが身上の伊藤は脱落しない。15キロ過ぎの権太坂の上りでペースがやや遅くなったことを見て相澤が前に出て引き離しにかかるが、逆に下りで苦しそうに首を振る伊藤に前に出られた。「すごい根性だなと。自分はほぼ思い通りに走れているのに、そこだけが予想外だった」。以降も互いに引き離そうと、細かく仕掛けながらも肩を並べた状態が続き、消耗戦となってラスト3キロ地点の上りで再び相澤が前に出て、何とか振り切った。

20年、2区で競り合う相澤（左）と伊藤

相澤は7人抜きで史上初めて1時間6分を切る1時間5分57秒で走り終え、「箱根という厳しい戦いと向き合えたからこそ成長できた。卒業してからも切磋琢磨してやっていきたい」と誓いを新たにした。21秒差で続いた伊藤も「もう脚も残っていなかった。悔いなく走れて完全燃焼

相澤と伊藤の箱根駅伝成績（◎は区間新）

相澤晃（東洋大）				
年	区間	時.分.秒	区間順位	チーム
2018	2区	1.07.18	3位	2位
19	4区	1.00.54◎	1位	3位
20	2区	1.05.57◎	1位	10位

伊藤達彦（東京国際大）			
区間	時.分.秒	区間順位	チーム
2区	1.10.16	15位	17位
2区	1.08.36	11位	15位
2区	1.06.18	2位	5位

できた」とすがすがしい表情を見せた。

　箱根から世界を目指す並走は実業団になっても続くことになる。相澤は旭化成、伊藤はホンダへ入社。実業団1年目の20年12月の日本選手権1万メートルで再びぶつかった。終盤まで競り合い、苦悶の表情を浮かべる伊藤の後ろで虎視眈々《たんたん》と走っていた相澤が8000メートル付近から抜け出し、27分18秒75の日本新記録で優勝し、東京五輪代表に内定。伊藤も27分25秒73で2位だった。伊藤はその後、両大腿骨の骨折や右太もも裏の肉離れに見舞われながらも驚異的な回復を果たし、21年5月の日本選手権1万メートルで優勝し、そろって東京五輪の切符を勝ち取った。

　自身とライバルの走りを互いにどう見ているのだろうか。相澤が「自分はシミュレーションを重ねて、目立たずにある意味計算高く走るタイプ。しんどくなっても顔には出さないようにしている。逆に伊藤はきつくてもガッツで前に出て引っ張るタイプ」と言えば、伊藤は「自分は苦しくなってからが勝負だと思っている。相澤は自分のことをすごく意識していますよ。レースだといつも後ろにいてマークしてくる」と分析する。相澤はがむしゃらなライバルを冷静に見つめてはね返すことが成長の礎になっており、本能で走る伊藤は学生時代から先を行く相手に食らいつくことで自らを鼓舞してきたと言える。互いにまねのできない持ち味を認め合い、互いに高め合ってきた。

対照的な両者がいずれも8位入賞という目標を掲げて挑んだ東京五輪１万メートルは、相澤が17位、伊藤が22位で世界の厚い壁を知ることとなった。22年にはそろってオランダ遠征に行き、協力して世界トップクラスに食らいつくために策を練った。練習メニューの共有や助言も惜しまない。相澤は故障からの復権を期し、伊藤は「たくさん本を読んで勉強熱心な相澤から聞いたメニューも取り入れている」といい、筋力トレーニングや体幹トレーニングにも積極的に取り組んで、１５００、５０００メートルのレースへの出場を増やしてスピード強化をはかっている。

箱根でのデッドヒートを経て、パリ五輪への道の途上にいる2人。自身や伊藤も含めて厳しく日本男子の長距離界を見つめている相澤は、「やっぱり日本勢全体で上がっていかないとレベルアップできないと思う。トラックで世界と戦うには1年に1回程度は、日本記録を更新するくらいでないといけない」と口にする。それは伊藤も同じ思いだ。「同年代で一緒に日本の長距離界を引っ張っていき、世界のレベルに追いつく」という共通の信念を胸に抱き、互いを高め合うつばぜり合いは、これからも続いていく。

第３章　名伯楽の采配

1　中村清（早稲田大学）——草食べてでも名門再建

【1946〜59／76〜84年、総合V3回】

箱根駅伝の歴史で、早大の中村清ほどカリスマを感じさせる指導者はいない。何と言っても、30年の時を隔てて箱根優勝を果たした監督は、唯一無二の存在だ。

1913年に日本統治下の韓国・ソウルで生まれた。貧しい家庭の9人兄弟の末っ子として育ち、龍山中学時代に東京・明治神宮外苑競技場での全国大会に参加して800メートルで優勝。この走りで才能を認められ、早大に入学することになった。箱根駅伝には35年から3年連続出場して、35年は1区区間賞。36年ベルリン五輪の1500メートル代表にもなった。

ところが、40年に予定されていた地元東京五輪が、第二次世界大戦のため中止となる。自著『心で走れ』には、「私にとってはベルリン大会の雪辱を期す、競技人生最大の晴れ舞台だったが、時代の波は一ランナーの望みなどおかまいなしに飲み込んで、日本中の若者を戦地へとかりたてていった」と無念の思いを記している。戦時中は憲兵隊長などを務め、7年間兵役に服した。

戦後は闇市でブローカーなどをして生き抜いた。間もなく母校の再建を任されると、闇市で稼いだ金を強化につぎ込み、まずは選手に腹一杯食べさせた。早大だけでなく、他校の選手もこぞってやってきたというが、分け隔てはせず、集まった皆に振る舞ったという。

52年には18年ぶりの優勝を果たし、54年も優勝。2度目の優勝の際は、アンカーの昼田哲士が終盤に大ブレーキを起こし、夢遊病者のように足元がよろめき始めたところ、伴走のサイドカーから降りた中村が、耳元で「都の西北」を歌ってゴールまで導いたという逸話が残る。

その後、64年東京五輪を目指し、実業団の東急の監督を務めた。地元五輪に9人もの代表を出すことに成功するが、メダル獲得の夢はかなわず惨敗。失意の中で指導の現場から遠ざかった。「なぜ、世界に通じる選手が育てられないのか」。自問自答の日々を過ごしつつ、聖書や道元、長距離に関する指導書、専門書などを読み込んだ。

そんな充電期を経て、請われて早大監督に再登板したのが76年。新人の瀬古利彦らを前にとった行動が、また強烈だった。70年代の早大は、箱根予選落ちが3度あった低迷期。グラウンドにタバコの吸い殻や空き缶などが転がっていたという。そんな選手たちに言った。

「これを食ったら世界一になれるなら、私は食える」。すると、おもむろに足元の土のついた草をちぎって食べた。ある時は「私は君たちに鉄拳制裁はやらない。もし、どうしても君らを殴る時には、まず自分をこう殴りつけてから殴る」と言って、自らを何発も殴り続けた。

そんな「奇行」がクローズアップされるようになるが、瀬古の同期で早大とエスビー食品で中村に仕えてマネジャーを務めた村尾慎悦《しんえつ》は「それは一面に過ぎない」と指摘する。「あれは箱根の予選も通過できなくなっていた母校を、もう一度強くしたい気持ちから、自らの体を犠牲にしてでも緩んだタガを引き締めようとしていただけ」。確かにチーム全体に規律が戻ると共に、そんな極端な行動は消えていった。

中村の指導理念の一つは、内村鑑三の「一日一生」の教えだ。人間にとっては毎日が一つの生涯。その理念をタイトルとした自著には「何万歩の中の、ただの一歩の足の運び、一回の手の振りを、決しておろそかにしてはいけない。そこに、進歩のポイントがあるのだ」と強調している。そうした言葉を通じて精神面で選手を導く一方、同書には「私自身は瀬古利彦を始め、『中村学校』の選手には、最も進んだ科学的な練習を行っていると自負している」とも訴えている。

中でも、60年ローマ五輪の長距離で3人のメダリストを育てた、ニュージーランドのアーサー・リディアードについては研究し尽くした。「中村先生は、指導者は選手の8倍努力しなければいけないと常に言って、学び、挑戦していた。そして、選手には試合でどうベストの状態にするか常に考えさせていた」と村尾は語る。東京・千駄ヶ谷の中村の自宅の壁には、教え子たちの過去2週間程の練習内容が貼り出され、中村が各個人の体調をきめ細かく把握し、次の練習を考えるための材料にしていた。また、選手たちも毎日のようにそれを眺め「過去の練習と今の状態がどう関連しているのかをつかんで、未来の自分がこれからどうなっていくのか考え抜く、思考のトレーニングをやっていた」と、村尾は振り返る。

そして、就任して3年目には瀬古が福岡国際マラソンで初優勝。瀬古は翌年も福岡国際で連覇を果たし、80年モスクワ五輪代表の座をつかむことになる。瀬古の五輪出場は日本のボイコットのために幻となったが、その頃には、中村の指導を仰ぎたいという選手たちが全国から多数集まり、その理念を共有した、戦う集団ができあがっていた。

84年、30年ぶりの優勝を果たした早大の監督車に乗る（右から）中村監督、村尾慎悦、瀬古利彦

その結果、箱根駅伝でも、瀬古が最上級生となった80年には3位まで浮上。そして、84年、坂口泰、遠藤司、木下（金）哲彦らを擁した早大は、2位日体大に15分以上の差をつける圧勝で、ついに30年ぶりの優勝を果たすことになる。

ただ、往路優勝を遂げた1月2日の夜、村尾や瀬古が肝を冷やした事件があった。宿舎で寝ていた中村が、発作を起こしてもがき苦しんでいたのだ。高血圧で心臓に持病を抱える中村は、いつもニトログリセリンを携帯していたが、村尾がそれを飲ませ、事なきを得たという。翌朝、中村は周囲の心配をよそに監督車に乗

中村清の歩み

1913年	ソウルで生まれる
36年	早大現役学生でベルリン五輪1500㍍代表
46年	商社経営のかたわら早大コーチ就任
52年	箱根駅伝18年ぶりの優勝
54年	箱根駅伝優勝
64年	東急監督で東京五輪に9人の代表を送る
76年	早大監督就任
80年	エスビー食品監督兼務
84年	箱根駅伝30年ぶりの優勝
85年	渓流釣り中に死去

中村清の箱根駅伝成績（選手時代）

年	区間	時.分.秒	区間順位	チーム
1935	1区	1.13.35	1位	2位
36	10区	1.13.19	2位	2位
37	10区	1.15.03	2位	2位

り、4年生には名物となっていた「都の西北」を歌い聞かせた。復路は5区間中、4区間が区間賞だった。

「中村先生はまさに勝負に命を懸けて、10人が完璧な芸術的な駅伝を完成させた」と村尾が言えば、瀬古は「そんな命がけの中村先生について行ったから、私もマラソンで15戦10勝のランナーになれたし、早稲田も復活できたんだよ」と語る。奇抜な行動や精神論のイメージが強かったカリスマ指導者は、全身全霊をかけた探究心で長距離走の道を究め、ランナーである選手たちの心身を研ぎ澄まさせる、たぐいまれなスペシャリストだった。

2　澤木啓祐（順天堂大学）――「陸上に科学」先駆け

【1973～2001年、総合V9回】

コーチ、監督として箱根駅伝で順大を9度の優勝に導いた澤木啓祐。卓越した調整力は「澤木マジック」と呼ばれたが、それは魔法などではなく、科学に基づく理詰めの作業だった。

大阪・春日丘高時代から国内トップレベルの選手だった澤木は1962年、強豪校だった中央大や日本大ではなく、まだ実績が少なかった順大へ入学した。その選択がゆくゆくは日本の陸上界に影響を及ぼしたと言っても過言ではない。

高校3年時に欧州へ遠征し、スポーツ先進国の実情に刺激を受けた。64年の東京五輪に向けて、日本でもスポーツ医科学の研究、応用に力が入れられ始めた頃だった。「科学的な物差しは極めて自分にとっては必要だと感じた」。他校からも勧誘を受ける中、その分野で最先端を行く順大を選んだ。

大学では競技に取り組みながら、しっかりと勉強もした。「自分の体を知るための学問というのはたくさんあったので、興味を持って出席していた」。65年にハンガリーのブダペストで行われたユニバーシアードの5000メートルで13分45秒2の日本新記録をマークして優勝。その勢いのまま66年の箱根駅伝では、2区で1時間12分2秒の区間新記録を樹立し、順大を初優勝に導いた。

卒業後は68年メキシコシティ五輪、72年ミュンヘン五輪に5000メートル、1万メートルで出場。73年に指導者に転じてから、さらに真価を発揮することになる。

陸上部でコーチ、体育学部では助手を務めながら、大学院に入った。「本当に勉強したのは、現役をやめて大学院に入ってから。勉強したことを具現化するのが、箱根の舞台だった」と振り返る。助手仲間に「こんなニュースがあるよ」と教えてもらって興味を持ったのが、海外で進んでいた血液に関する研究だった。「血液検査をして、コンディショニング（調整）する。そうして、いい状態の血液状態になった時を、試合に当てる。今はどのチームでもやっているけれど、最初にやったのは私です」と言い切る。

79年の箱根駅伝で指導者として初優勝を飾った。2区で、後に長崎・諫早高監督となる松元利弘が区間3位と粘った。5区では、後に山梨学院大監督となる上田誠仁が1時間14分40秒で区間賞を獲得し、逆転で往路優勝。復路でも6区の酒匂真次がリードを広げ、9区のエース竹島克己が突き放すなど、この頃からバランスの取れた絶妙の区間配置が光った。

実業団を経て入学して来た松元は力があり、4年連続で2区を走った。澤木が「条件の悪いところで真価を発揮する」と評する上田には3年連続で5区を任せた。81年も2区松元、5区上田、6区酒匂らの布陣で総合優勝。彼らが卒業した後の82年は、往路で26秒差の2位につけ、復路の9区で神田修が逆転して総合2連覇を果たした。

82年4月からは監督に就任した。86〜89年には、後に世界選手権マラソン代表となる倉林俊彰らを擁して4連覇を達成。「中大が6連覇をして、日体大が5連覇をしていたから、歴史に足跡を残すのであれば、4連覇は何としてもしたいと思った」。1980年代の順大は優勝６度、２位２度、３位２度の圧倒的な強さを誇った。

もちろん栄光ばかりではない。90年代に入ると、なかなか頂点に届かなくなった。95年の10区では、４位を走っていた浜野健が左脚を痛めて途中棄権した。走る前から万全ではなく、医師３人の意見を聞き、熟慮を重ねた上で、送り出していた。しかし、レース後の検査で疲労骨折が判明した。澤木は責任を感じて進退伺を出し、慰留されたというが、これもまた「生半可な気持ちではやらない」という思いの強さを物語るエピソードでもある。

88年、３連覇を達成し胴上げされる順大の澤木監督

99年に頂点を奪還する。２区の三代直樹が区間新の快走を見せ、往路は首位の駒大に１分50秒差の２位で折り返す。復路でじわじわと差を詰め、９区の高橋謙介が逆転して総合優勝。「復路の順大」「逆転の順大」と呼ばれた強さを、そのまま体現した勝利だった。

２０００年度は大学駅伝３冠を達成する。出雲全日本大学選抜駅伝、全日本大学駅伝を制して迎えた01年の箱根駅伝。往路は首位の中大に８秒差の２位。復路の６区で首位に立ち、７、８、９区で駒大に差を詰められて逆

澤木啓祐の歩み

1943年	大阪府吹田市生まれ
62年	大阪・春日丘高卒、順大入学
66年	箱根駅伝2区で区間新、順大の初優勝に貢献
68年	メキシコシティ五輪で5000メートル、1万メートルに出場
72年	ミュンヘン五輪で5000メートル、1万メートルに出場
73年	順大コーチに就任
79年	指導者として、初の箱根駅伝優勝
81～82年	箱根2連覇、82年4月から監督に就任
86～89年	史上4校目となる箱根4連覇を達成
92年	順大体育学部教授
99年	箱根優勝
2001年	箱根優勝、監督勇退、日本陸連強化委員長就任
04年	順大スポーツ健康科学部学部長
現在	日本ブラインドマラソン協会理事長

澤木啓祐の箱根駅伝成績
（選手時代、◎は区間新）

年	区間	時.分.秒	区間順位	チーム
1963	2区	1.19.39	3位	5位
64	2区	1.22.11	15位	5位
65	2区	1.18.09	6位	3位
66	2区	1.12.02◎	1位	優勝

転された。しかし、10区で宮崎展仁が再逆転し、層の厚さを際立たせた。

3冠への道のりは険しかった。11月中旬、2区の岩水嘉孝が肺気胸を患った。月末には9区の高橋、10区の宮崎、4区の野口英盛が原因不明の下痢に襲われた。6区の宮井将治は坐骨神経痛に悩み、7区の坂井隆則は膝痛と、主力が次々とチームを離脱。ベテラン監督が「過去にない」という最悪の状態のまま12月を迎えた。

しかし、この危機をこまめなアフターケアで乗り切った。不調の選手には、朝、昼、夕と電話や直接の対話で体調の変化を聞き、そのたびに修正メニューを与えた。コーチやチームドクターとも緊密に連絡を取り合い、最善を尽くした。一人一人を、根気良く復調へ導き、戦えるめどをつけたのは、12月26日の夕方だった。

「結局は調整の勝利。直前までの苦労も、宮崎の逆転も、駅伝は最後まで諦めたらいかんということを、実感させてくれた。節目の年に3冠と、歴史に名を残せて満足です」と語った。

この順大10度目の優勝を果たした後、日本陸上競技連盟の強化委員長に就任するため、順大監督を勇退した。専務理事や副会長を歴任し、科学的な指導を日本陸上界全体の強化に生かした。研究者としても実績を重ね、体育学部の教授やスポーツ健康科学部の学部長などを務めた。

指導と研究は車の両輪だった。研究の成果を指導に生かし、指導の成果を研究実績としてまとめた。それを可能にしたのは医学部がある順大という環境が大きかった。「現場に科学的なものを持ち込むためには、協力者がいなければ、これはあり得ない。だから私は順天堂を選んで良かったと思う」と、協力してくれた医学部のドクターたちに感謝する。

教え子たちの中には後に指導者となった人材が多くいるのも特徴だ。先導した科学的指導は陸上界に広く浸透し、今では他大学も取り入れている。「それぞれのチームがどれだけのことをやっているのか、ある程度の時間が経過したら、成功したチームは発表してほしいですな」。すぐには明かせない秘密もあるだろうが、陸上界が知見を共有し、さらに発展することを願っている。

3　上田誠仁（山梨学院大学）――雑草集団、7年目の初優勝

【1985～2019年、総合V3回】

まさにゼロからのスタートだった。山梨学院大陸上部の創部と同時に監督就任したのは1985年4月。チームも無名なら、選手たちも無名。そんな雑草集団を率い、わずか2年で予選会を突破し、7年で初優勝を果たしたのが上田誠仁だった。

順大時代、5区を3度走って区間賞2度、総合優勝2度。澤木啓祐監督の下、華々しい活躍を遂げた後は、郷里の香川に戻り教員をしながら走っていた。そんな上田に、箱根指導者の道を開いたのも、恩師の澤木だった。83年の秋、福島県郡山市でのロードレースに出場した帰り、共に新幹線に乗り込んだ。そこで、ビールを片手に澤木が切り出した、「実は山梨学院大が箱根を目指して監督を探している。お前を推薦しようと思うが、どうだ」。笹かまぼこをかじっていた上田は、面食らった。「山梨学院って関東ですか？」「ばかもん！」。ひとまず、答えは保留した。

ためらう理由があった。病気を患う父の存在だった。ある夜、晩酌していた父の方から話し出した。「誠仁、そろそろ澤木先生に返事をせんといかんだろう。お前の顔にはもう行く

と書いてあるぞ。澤木先生がお前ができると言ってくれたんだから、ちゃんと応えろ。俺の体は心配するな」。全てお見通しだった。さらに父は続けた。「一つ約束しろ。泥水に顔を突っ込むこともあるかもしれないが、常に夢の方向につま先を向けておけ」。普段は口べたで職人気質な父の、胸を打つような言葉に背中を押され、85年4月、上田は覚悟を決めて山梨へ向かった。

「本当に時の利、地の利、人の利に恵まれた」。上田は、感慨深く振り返る。

時の利とは、箱根駅伝は87年から、日本テレビの生中継がスタートすることだった。できたての若いチームは、「絶対箱根に出よう」と盛り上がった。関東学生対校の際には強豪校の行動を見せようと、順大の後ろに陣地をとった。86年の箱根駅伝翌日の1月4日には、午前3時に起きて、選手たちに大手町のスタートから1区を走らせた。

選手たちの気持ちを箱根に向かせ、いよいよ予選会突破を目指す2年目に突入。そこで、当然ながら厳しい練習を課すようになると、師弟関係がギクシャクし始めた。「夏合宿の途中から選手が不満を言い出して。全員に退部届を書かせ、面談して、改めて入部届を出させた」。

覚悟を決めたチームは着実に力をつけ、迎えた秋の予選会。そこでは、実績のある大学が前方に並ぶことになっていた。「普通にやったらスタートラインまでに1人10秒ロスしてしまう。それじゃ通過は到底無理」。練りに練った秘策が、「キャプテンを先頭に右端を突き抜けろ」だった。陸上のトラックは左回り。集団の選手たちは左へ寄っていく傾向がある。狙い通り、号砲で見事右端から抜け出した選手たちは、当時はギリギリの6位で突破を果たした。

「号泣しましたね」。夢のようだった。父のことや多くの苦労が思い起こされ、選手たちや関係者と共に喜びに浸った。すると、そこへ見知らぬ男性がやってきた。「地方のポッと出の大学がよくやったね。でもこれからが勝負だろ。丸い月だって欠けていくよ」。何て失礼なことを言うのかと、少しむっとしたが、すぐにハッとさせられた。確かに、ここで舞い上がってはいられない。学部長のバンザイの音頭もやめてもらった。その時から、上田が毎年手帳に書き付ける座右の銘の一つに、「おごるなよ。丸い月夜もただ一夜」が加わった。

この出来事も人の利だったかもしれないが、最も「人と地」の利をもたらしたのが、部の顧問を務めた秋山勉の存在だった。甲府市出身の秋山は、東農大で箱根駅伝を4年連続で走り、当時は長野・車山高原でホテルを経営していた。澤木に指導者探しを依頼したのも、秋山だった。そのため、山梨学院大の合宿はいつも車山。ホテルには、実業団や他大学も多数訪れ、上田は各監督と夜な夜な杯を傾け、指導方法の教えを請うことができた。

留学生の起用も、秋山の「なぜアフリカ勢が強いのか見に行こう」という言葉に後押しされたことが大きかった。86年秋、ケニアのクロスカントリー大会を見に行き、関係者に伝えたのが「強いだけじゃなく、日本の文化になじめるまじめな選手を呼びたい」ということだった。そして、出会ったのがジョセフ・オツオリ。87年には付属高に入り、88年に大学生となるオツオリは、成田空港につくやいなや「何かアドバイスをください」と言い出した。ケニアのコーチから「最初にかけてもらった言葉を胸に刻め」と、言われていた。そこで上田が伝えたのが「強くなりたければ誰より早くグラウンドに来て、誰より長く練習しよう」という助言だった。

その言葉を、オツオリは忠実に守った。誰よりも早く起き、朝練習には既に汗をかいて現れた。最初は同室の選手が倣った。すると、2人が4人、4人が8人と同じように早起きを始め、最後は誰もが競うように集合前に走るようになった。当初6時半スタートだった朝練習は、いつしか5時50分に早まったという。チームを急成長させるきっかけとなる、これも「人の利」だった。

オツオリを擁した88年の予選会はトップ通過。89年、箱根駅伝初のケニア選手として

上田誠仁の歩み

1959年	香川県善通寺市出身
77年	香川・尽誠学園高から順大
79年	箱根駅伝５区区間賞で13年ぶりの優勝に貢献
81年	順大を卒業、香川・三豊工高教員に
85年	香川・丸亀市立本島中教員から山梨学院大監督就任
92年	箱根駅伝初優勝
95年	箱根駅伝２連覇
2016年	次男健太が３区を走り箱根初の現役監督と選手の親子鷹（おやこだか）実現
19年	監督を飯島理彰コーチに託す
22年	陸上部顧問
現在	関東学生陸上競技連盟駅伝対策委員長

上田誠仁の箱根駅伝成績（選手時代は順大）

年	区間	時.分.秒	区間順位	チーム
1979	５区	1.14.40	１位	優勝
80	５区	1.12.41	１位	２位
81	５区	1.14.22	２位	優勝

92年、初優勝を果たして胴上げされる山梨学院大の上田監督

花の2区に登場したオツオリは、8位でたすきをもらうと7人をごぼう抜き。山梨学院大は、創部以来初の箱根駅伝での先頭に躍り出て、総合7位でシード権を獲得した。

留学生の衝撃の走りには、賛否が巻き起こった。批判の手紙も多数届いた。しかし、上田は揺るがなかった。「最初は選手の中にも、僕たちを信じられないのかという思いもあった。だけど、学生たちに欠落した何かを伝えてくれると、そこは確信していた」。オツオリには批判の手紙の内容も、包み隠さず伝えた。するとオツオリは「先生、そんなの気にしちょ（気にするな）」と甲州弁で答えて笑い、逆に上田を励ましたという。

そして、7年目の92年、ついに初優勝を果たした。2区を務めたオツオリは故障明けで、途中、順大の本川一美に抜かれて区間2位。エース留学生の不調を全員でカバーした初の栄冠だった。

この当時、選手たちは4人1組で自炊生活していた。そんな中で、新興大学が箱根の頂点に上り詰め、「不便はあったけど団結力は抜群だった。その集団の熱量をぐっと上げるふいごに、オツオリはなってくれた」。後ろ髪を引かれながらふるさと香川を遠く離れ、甲州での出会いをパワーに変えた、青年監督上田の情熱がもたらした、奇跡の躍進だった。

4　大八木弘明（駒澤大学）――脱ワンマンで常勝再び

【1995〜2023年、総合V8回】

2023年正月の箱根駅伝で2年ぶり8度目の総合優勝を果たし、駒大の大八木弘明監督が胴上げで宙に舞った。

出雲全日本大学選抜駅伝、全日本大学駅伝に続く大学駅伝3冠は史上5校目の快挙だった。02〜05年の4連覇で「平成の常勝軍団」と呼ばれた黄金期、13年間優勝から遠ざかって苦悩した時期を経て、監督勇退を決めて臨んだ最後の箱根路。「まさしく集大成の勝利」をこう述懐する。

「選手全員の性格や体質、暑さに強いのか、寒さに耐えられるのか。たとえば寒さが苦手な選手なら、朝早い時間に日陰が多いビル街を走る1区や2区は難しいんです。全てをここまで慎重に、繊細に見極めたのは初めてでした」

23年、箱根駅伝８度目の優勝と大学駅伝３冠を遂げ、胴上げされる駒大の大八木監督（代表撮影）

箱根の指導者の中でも屈指の情熱家だ。幼い頃から箱根駅伝に憧れた。福島・会津工業高から大学進学を志したが、家庭の事情でかなわなかった。それでも諦めなかった。実業団の小森印刷（現小森コーポレーション）に入り、早朝や昼休みに練習する日々を送った。箱根を走るために24歳で駒大夜間部に入り、昼は川崎市役所で働き、夜に勉強しながら、陸上部で鍛錬を続けた。「今とは盛り上がり方は違うかもしれないけど、やはり箱根は憧れの舞台だった。駒大を上位に引き上げるという目標を持って取り組んでいた」と振り返る。

箱根駅伝には3度出場。初出場の１９８４年に５区区間賞、85年は２区５位、86年には２区で自身２度目の区間賞に輝いた。「実業団で走っていたこともあり、学生には負けられないプライドがあった」。最終学年は年齢制限で出場できなかった。それほどまで箱根に傾けた情熱が指導者としてのベースにある。

卒業後はヤクルトで選手、指導者として活躍。95年、「母校に恩返しをしたい」という思いからコーチとなり、低迷していたチームの再建に着手した。その経歴が物語る固い意志と厳格なカリスマ性で選手を導き、駒大は2000年に初の総合優勝を果たす。02年からは史上5校目となる4連覇を達成し、その間の04年に監督就任。手腕は広く知れ渡った。だが、08年の6度目の総合優勝後、壁にぶつかった。09年には13位に沈んで予選会へ回り、全日本大学駅伝で勝てても、箱根で頂点に届かないもどかしいシーズンが続いた。

　思い当たる理由があった。55歳を迎える頃、体力の衰えを感じ、ずっと続けていた朝練習について行く日課をやめたのだ。このわずかな行動の変化によって、選手との距離が生まれ、歯車がかみ合わなくなった。「朝練習に行くと、調子の良くない選手はうつむいていたり、目を合わせなかったりする。そういう選手のわずかな異変に気づかなくなった」

　選手が発する「兆し」を見逃すことが多くなった一方で、午後の練習が始まると「やる気があるのか！」と変わらず厳しい言葉を投

大八木弘明の歩み

1958年	福島県会津若松市出身
77年	会津工高を卒業し、実業団の小森印刷へ
83年	駒大夜間部に入学。川崎市役所で働きながら通学
87年	実業団のヤクルトへ
95年	駒大コーチに就任
2000年	出場34回目で箱根駅伝初優勝
04年	駒大監督に就任
05年	史上5校目となる箱根駅伝4連覇を達成
23年	箱根駅伝8度目の優勝。大学駅伝3冠
現在	駒大陸上競技部総監督

大八木弘明の箱根駅伝成績（選手時代）

年	区間	時.分.秒	区間順位	チーム
1984	5区	1.12.41	1位	12位
85	2区	1.11.43	5位	11位
86	2区	1.10.00	1位	4位

げかけた。「選手は正直です。ちゃんと見ていない指導者の言葉は聞けなくなる」。18年には12位で2度目のシード落ち。「常勝軍団を作り上げ、自分の中に『これくらいやれば勝てる』というおごりが生まれていた。それが最大の要因」と振り返る。

「このままでいいのか」「いいはずがない」と自問自答を繰り返した。転機は19年秋、東京五輪男子マラソン代表を決めるマラソングランドチャンピオンシップ（MGC）だった。教え子の中村匠吾（富士通）が気持ちのこもった力走をみせ、五輪切符を獲得。中村と涙で抱き合いながら、決心した。そして、その場で報道陣に向けて力強く語った。「箱根でもう一度、頂点を取ります」。今の選手はワンマンな指導にはついてこない。自分が変わるために行動を起こす。腹が決まった。

まず、朝練習に自転車でついて行く日課を再開した。選手には優しい言葉遣いと態度で接するように努め、走りに不満があってもその場では指摘せず、「なぜだと思う？」と問いかけるようにした。悩む様子が見えた選手は寮のサウナに誘い、「裸のつきあい」で向こうから話すのを待った。「もう時代に合わない」と1年生が丸坊主にする規則も撤廃した。

かつては、こうした選手とのフランクな関係を理想的なものとは考えなかった。「むしろ指導者側に心の隙が生まれて選手の甘えにつながる。互いの関係性には緊張感がなければならない」と信じていた。それが行動を変えて歩み寄ると、かつては顔色をうかがって近づいてこなかった選手たちが悩みを相談してくるようになった。もちろん練習での厳しさは維持した上で、オンとオフを切り替えて接する。意見を上から押しつけるのではなく、選手に考える時間を与え、待つ。「そうして生まれた選手との関係性の変化に、また人を育てる奥深さを学び、指導が面白くなった」と言う。

「昔は自分の娘たちからも『お父さんみたいな昭和の頑固親父は今の時代に合わないよ』と言われてました。今は厳しかった自分を知るOBから別人みたいに優しくなったとからかわれてます」と苦笑いする。大きな功績を築き上げた指導者が自身のスタイルを変えるのは並大抵のことではない。「箱根駅伝で活躍を続けるチームは、大学や地域住民、OBや保護者、本当に多くの人たちの支えがなければ成り立たない。だから応援したくなるような振る舞いや基本的なルールは必要。でも、だからといってずっと同じルールを何も考えずに守り続けるのは間違っている。時代が変わるように、指導者もルールも柔軟に変わっていく必要がある」と力を込める。

運営管理車から選手を激励する「男だろ！」の名文句も、「もう時代に合わないから私は言いたくないんです」と笑って打ち明ける。それでも、選手の側から「きつくなるところで言ってほしい」という希望が後を絶たない。選手が合図をしたら力を込めて「男だろ！」と声をかけ、それに選手が手を挙げて応える。情熱家というイメージがすっかり定着したからだろう。箱根ファンおなじみのフレーズとなり、講演会などでも観客から「あの言葉をお願いします」と頼まれることが増えた。

大学駅伝3冠を機に勇退し、教え子で男子マラソン元日本記録保持者の藤田敦史さんに監督の座を譲った。「理由はいろいろあるけど、一番は嫁さんです」と明かす。妻の京子さんは長年、寮母として選手の食事を作り、悩み相談にも応じてきた。4連覇時の主将だった田中宏樹さんは「奥さんは両親に宛てて『元気にやっていますから安心してください』と手紙を送ってくれていた。そこまで配慮してくださり、本当に感謝している」と話す。内助の功に支えられた時間を振り返り、「十分に好きなことをさせてもらった。これからは恩返ししたい」と表情を緩める。

指導者として常に目標としてきたのは、箱根から世界を目指すランナーを育てることだった。22年世界選手権1万メートル代表の田澤廉を指導し、パリ五輪を目指している。『駒大から世界へ』を合言葉に、これからもより高いレベルを目指していく」。時代に合わせて変化しながら、情熱はたぎり続ける。

5 酒井俊幸（東洋大学）――「兄貴分」として対話で導く

【2009年～、総合V3回】

東洋大の酒井俊幸監督が選手たちに必ず、語って聞かせる話がある。

「私の学生時代、東洋大はシード権を取れるかどうかのチームで、自分も三流のランナーだった」。それでも、と話は続く。「実業団に進んで意識を変え、食事を変え、目標を変えた。そうするうちに、三流ランナーだった私が五輪を目指すレベルになって、見える世界が変わった。君たちも高い意識を持てば、できる」

東洋大では箱根を3度走り、全て区間2桁順位に終わった。主将を務めた最終学年は故障の影響で出られなかった。だが、実業団のコニカ（現コニカミノルタ）に進んでから駅伝の主力として活躍。五輪を目標とする選手に成長した。その歩みを包み隠さず話すのは、選手たちに高い意識を持つことの大切さ、自分自身の可能性を信じてもらいたいという願いからだ。

東洋大監督のオファーを受けたのは２００８年末。実業団を退き、母校の福島・学法石川高の教員となっていた。当時は陸上部の顧問で、指導の面白さが少しずつ実感できるようになっていた時期でもあった。悩んだ末に引き受けた理由の一つには「最終学年で箱根に出られず、不完全燃焼に終わった悔しさがあった」と振り返る。

東洋大はその直前に起きた部員の不祥事に揺れていた。出場67回目で初優勝を飾ったものの、沈んだ雰囲気のチームを立て直すことが急務で、イメージ刷新にふさわしい若き指導者として声がかかったのだ。09年4月の就任当時、32歳。若き指揮官の誕生は大きな話題となった。

就任当時のチームには、1年生でデビューした5区でチームを頂点に導く快走を見せた「2代目・山の神」、柏原竜二がいた。2年生とはいえ力は抜けており、別メニューで強化に取り組んでいた。優勝メンバーの多くが卒業し、チームとしての力を高めることが大きなテーマだった。

そこでまず手がけたのは「チームとしてどんな方針を作るのか、どんな心を作るのかを鮮明にすること」だ。掲げたテーマは「礼を正し、場を清め、時を守る」。自身を「陸上の指導者であると同時に、人間を育てる教育者」と自認する酒井監督は、そのために言葉を大切にした。選手の胸に響くわかりやすいフレーズを掲げ、チームの方向性を定めた。「大学がもともと哲学の学校ということもある。一言でチームとしてどの方向に向かって走るのか、苦しい時、挫折した時にどんな言葉や信念に立ち返るのか。それをはっきりすることが狙いでした」

優勝トロフィーや記念品が乱雑に積まれていた寮の清掃から始めた。花壇に花を植え、寮内で熱帯魚を飼った。草むしりや枯れた花を摘み取るのは学生の仕事だ。寮の姿が部のありようを示す。まずは足元を見つめることから取り組んだ。1、2年生には走りの細かな技術は教えなかった。生活習慣や練習態度といった基礎を徹底して学ぶのがこの時期だ。一人の人間としても大きな転換点を迎えた選手と向き合う上で、生きたのは高校教員としての指導経験だった。学法石川高陸上部では監督になった当初、部員の意識が低かった。朝練習を始めるのにも3年かかったが、丁寧に言葉を尽くして心の大切さを説き、強豪に育て上げた。大学でも上から考えを押しつけず、兄貴分として近い目線で対話するスタイルを貫いた。

選手には「チャンスは平等に与える」という基本方針を伝えた。10年は柏原の5区での快走もあって2連覇。指導者として大きな転機となったのは、3連覇に挑んだ11年大会だった。双子の設楽啓太、悠太という力のあるルーキーが入ったが、エースの柏原はスランプに陥っていた。焦る本人には「絶対、大丈夫だ」と言い聞かせ、どっしりと構えて復調を待った。3大駅伝初戦の出雲全日本大学選抜駅伝には柏原を出場させず、気持ちがより高まるのを待って、全日本大学駅伝で2区に配置。さらに、箱根駅伝に向けた記者会見で、柏原にあえて「絶好調です」と宣言させた。

ライバルは早大だった。早大は1区の大迫傑が飛び出し、いきなり大きなリードを奪われる展開。東洋大は1区に起用予定だった選手がけが明けで他区間に回った影響も大きかった。2区の設楽啓太、3区の設楽悠太は期待通りの走りを見せたが、5区の柏原に渡った時には早大との差は3分近くに開いていた。柏原はそれまでの不調を感じさせない力走をみせたが、早大に敗れて総合2位。追っても追っても届かなかったえんじ色のユニホーム、早大の選手たちがガッツポーズする光景は今も記憶に焼きついている。「エースを生かすチームと依存するチームはまったく違う」と痛感した瞬間だった。

ゴール直後のミーティングでほえるように選手に言った。「早大には才能のある選手が集

優勝した12年、アンカーの齋藤貴志（右）に給水ボトルを渡す東洋大の酒井監督

まっている。彼らに勝つには3倍、4倍の努力をしなくてはいけない。君たちに覚悟があるなら、私も3倍、4倍の努力をする」。今につながる原点だ。

その箱根から約10日後、柏原を主将に指名した。この年度のスローガンとなったのが、後に不変の合言葉となる「その1秒をけずりだせ」だった。11年大会での早大との差は21秒。「自分が何とかできた」と思うのではなく、マネジャーやサポートメンバーも含めた全員が「1秒を背負う」という思いを込めた。最初は「1秒をけずりだせ」だったが、冒頭に「その」を付け加えたのは、両親や高校の恩師、これまでお世話になった人たちへのそれぞれの思いを込めようという意味があった。チームカラーの「鉄紺」にふさわしい鉄の意志。柏原は言葉よりも練習から走りでそれを体現し、仲間たちもそれに負けじと力を磨いた。大学駅伝3冠を狙った12年、出雲駅伝では柏原の遅れをほかのメンバーが挽回する形で優勝。全日本大学駅伝は2位に終わったが、アンカーの柏原が悔し涙を流しながらゴールする姿に、再びチームの一体感が高まった。箱根駅伝は柏原、設楽兄弟、全メンバーの力がかみ合い、王座奪還を果たした。

14年も頂点に立ち、就任後14大会で優勝3回、準優勝5回を含めトップ3入りは実に11回を数える。その指導力は安定した強さが群を抜く組織作りにとどまらず、マラソン元日本記録保持者の設楽悠太、東京五輪マラソン代表の服部勇馬、同1万メートル代表の相澤晃ら世界に挑むトップ選手を育成した。「酒井監督の教えが原点」と感謝する選手は多い。

また、競歩のトップ選手を育成するチームとしても異彩を放つ。東京五輪20キロ競歩銀メダルの池田向希、同50キロ競歩6位の川野将虎ら、日本の顔となる選手を妻の瑞穂さんが指導してきた。「私も妻の指導から学ぶことは多い。世界の第一線で戦う競歩の選手が間近にいることは、間違いなく駅伝チームのプラスになっている」と感謝する。

就任から14年の月日を経て、「兄貴分というより父親のような年齢になり、選手の気質も変化した。最近はよりきめ細かく

酒井俊幸の歩み

1976年	福島県石川町で生まれる
93年	学法石川高2年で全国高校駅伝6区10位
96年	東洋大1年で箱根駅伝初出場
99年	コニカ入社
2001年	全日本実業団駅伝6区区間賞でコニカの初優勝に貢献
05年	母校の学法石川高の教員となり陸上部を指導
09年	東洋大監督就任
10年	監督1年目で箱根駅伝2連覇達成
12年	箱根駅伝優勝
14年	箱根駅伝チーム4度目の優勝
21年	東京五輪に服部勇馬、相澤晃ら教え子が出場

酒井俊幸の箱根駅伝成績（選手時代）

年	区間	時.分.秒	区間順位	チーム
1996	3区	1.06.03	11位	11位
97	7区	1.06.21	12位	7位
98	1区	1.06.28	13位	10位

対話するように心がけています」と感慨を込める。かつての青年監督は熟練の風格を備えつつある。

6　原晋（青山学院大学）――緻密な王者の組織作り

【2004年〜、総合V6回】

コメンテーターとしてテレビに出演し、歯切れよく世相を斬る。組織作りの経験をまとめた著書が売れ、講演会では多くの聴衆を集める。青学大の原晋監督は、箱根駅伝の指導者像を華やかなものへと変えてみせた。

100回記念大会で実現する全国の大学に予選会への参加を認める「オープン化」を早くから訴えるなど、歯に衣着せぬ発言で陸上界に議論を起こしてきた。2022年からは実業団のGMOインターネットグループが駅伝強化のために新設した「EKIDENダイレクター」に就任。大学と実業団の垣根を越えて選手の育成に乗り出したことでも注目を集めた。

前例にとらわれない言動は時に批判を浴びることもあるが、動機は常に明快だ。

「陸上界をよりよくしたいんです。箱根駅伝を通して注目されれば、若い世代に夢を与え、陸上に取り組む子供が増えるかもしれない。それが陸上界の成長につながる」。箱根の指導者では珍しく中京大出身で、自身は箱根を走った経験がない。「僕自身が箱根出身ではない『外様』だからこそ、過去のしがらみにとらわれず、新しい時代に本当に必要なものは何かが見える。箱根の発展に必要なことを発信していけるんです」と語る。

その経歴は挑戦に彩られている。広島・世羅高3年で全国高校駅伝準優勝、中京大では日本学生対校5000メートルで3位入賞と実績を残した。だが、陸上部の発足に合わせて進んだ地元の実業団・中国電力では故障がちで壁にぶつかった。思うような結果を残すことができず、27歳で退部し、営業マンとして再スタートを切った。ここで腐らずに一念発起し、緻密な計画性と行動力で社内トップの好業績を挙げた。「ビジネスの一線で経験を積んだことは、陸上界に転身した後に大いに役立った。競技だけに取り組んでいたのではわからない世界を知ることができたし、視野を広げることができた」と振り返る。

04年に監督就任を関係者から持ちかけられた当時、青学大は1976年の途中棄権を最後に本大会から遠ざかる長い低迷期にあった。広島にマイホームもあり、会社員生活を続けていれば安定した将来を約束されていた。それを投げ打ってでも、縁のない大学の監督就任、それも箱根駅伝という大舞台を目指すチャレンジを引き受けたのは、「もう一度、陸上で挑戦したい」との思いからだった。

青学大は箱根路から長く遠ざかっていたこともあり、関係者の間でも「駅伝は青学のイメージに合わない」という懐疑的な声が多かった。就任当初は高校時代に実績のある選手が入学することは少なく、挫折を繰り返しながらチーム作りを進めていった。髪を染めることや飲酒を禁止。寮を１人部屋から２人１部屋に変えて一体感を高める工夫を凝らした。力のある選手一人を中心に強化に取り組んだ結果、チームが空中分解する苦い経験も味わった。それでも、学生と地道に対話を重ね、今の時代に合った柔軟な指導法と育成ノウハウを磨いた。

「選手の勧誘でも、走るのが速い選手ではなく、自分でしっかりと考え、自分の言葉で思いを伝えられるかどうかを大切にした。いいチームは一朝一夕にはできない。時間を掛けてじっくりと取り組むことで、ようやく道が開けてきた」と振り返る。

自身はチームに先駆け、就任5年目の２００８年に関東学連選抜の監督として本大会に臨んだ。ここで青学大の選手も選抜の一員として走り、経験をチームに持ち帰った。地道な取り組みが実り、本大会切符をつかんだのはこの年の秋の予選会だった。強豪校に食らいついてレースを終え、大学名が呼ばれたのは本大会出場圏ぎりぎりの13番目。原監督は選手や朗報を待ちわびたＯＢと共に喜び合った。

09年に33年ぶりの本大会出場を果たし、今ではおなじみとなったグリーンのユニホームが箱根路を快走した。この年は完走チーム中で最下位の22位に終わるが、「大学生らしい元気の良さ」を重んじるチームの明るい雰囲気は、成功体験を経たことでさらに勢いづいた。10年には後に中国電力へ進む出岐《でき》雄大《たけひろ》を軸に8位と躍進し、実に41年ぶりにシード権を獲得する。ここが後の黄金期につながる一里塚となった。

「常に３位以内に入れる力をつけておくこと。そうすることで初めて優勝を狙える」と原監督。実現したのは15年だった。５区での快走で「３代目・山の神」とたたえられた神野大地（セルソース）が往路制覇に導くと、復路でも後に１時間０分０秒のハーフマラソン日本記録を樹立する小椋裕介（ヤクルト）が７区で快走。箱根の歴史で初めて10時間50分を切る10時間49分27秒という圧倒的な速さで初の頂点に立った。

17年、箱根駅伝を制して大学駅伝３冠を達成した青学大の原監督（中央）

そこから18年にかけて史上６校目の４連覇、17年は出雲、全日本と合わせた史上４校目の大学駅伝３冠を達成。過去８年で優勝６回と一時代を築いた。この間、20年福岡国際で日本歴代９位（当時）の２時間７分５秒をマークした吉田祐也（ＧＭＯインターネットグループ）ら国内トップレベルの選手を輩出。高校時代まで無名だった選手を一流ランナーへと育て上げるメソッドは「青トレ」と呼ばれ、広く普及した。

「脱体育会気質」「いい意味でのチャラさ」。原監督が強豪への道を歩む中で箱根駅伝に吹き込んだのは、

原晋の歩み

1967年	広島県三原市で生まれる
84年	世羅高3年で全国高校駅伝準優勝
87年	中京大3年で日本学生対校5000メートル3位
89年	中国電力陸上部の創部メンバーに
95年	引退し、営業マンに
2004年	中国電力を退社し、青学大監督に就任
08年	箱根駅伝で学連選抜の監督を務め、4位に導く
09年	33年ぶりに箱根出場を果たし、22位
10年	8位に入賞し、41年ぶりにシード権を獲得
15年	箱根駅伝で初の総合優勝を果たす
17年	史上4校目の大学駅伝3冠を達成
18年	史上6校目の箱根駅伝4連覇
19年	青学大地球社会共生学部教授に就任
22年	大会新記録で2年ぶり6度目の総合優勝

それまでなかった新しい価値観だ。総合優勝後には選手と一緒にテレビのバラエティー番組に出演したり、地元を挙げての盛大なパレードに参加したり。その背景には「学生がスポーツで努力し、成功したなら、それをしっかりとたたえてあげたい」という思いがある。だが、神髄はそんな華やかな側面だけでなく、ビジネスマンの経験に基づく骨太な組織作りと、学生の将来を見据えた指導力といえる。選手は1か月の目標と達成方法、レースの流れや反省点を「目標管理シート」に記入し、5〜6人で互いに批評を加える。コーチ、トレーナーらで分業制を確立し、監督は全体を管理する。選手が毎年入れ替わる学生スポーツの世界で、常に高い結果を出し続けるチームを作り上げた。

また、自身も箱根で成功を収めた後も勉強を続け、変化をいとわない。18年までの1年間、早大大学院に通い、最新のスポーツビジネスやスポーツ科学を学んだ。監督として学生を指導しながら週に3〜4回のペースで通学するハードな日々だったが、ここで磨いたのはより斬新な発想を生む思考法だったという。「一つのテーマについて、即座に賛成、反対、中立の三つの立場での考えを言葉にまとめる。そうすることで既成概念にとらわれず、常に新しい考えにつなげる習慣が身についた。学生の立場に立って対話することや、テレビでのコメンテーターとしての仕事にも大いに役立った」。現在は青学大地球社会共生学部教授として教壇に立ち、陸上界にとどまらず多くの若者に様々な視点から物事を見る大切さを伝えている。

「コロナ禍を経て世界は変わった。自分自身で考え、空気を読まずに発言する人間を育てること。それがこれからの時代に必要な組織作りにつながる」。異端の改革者は進化を続ける。

第4章　旋風を巻き起こした選手たち

1　12人ごぼう抜き（東京農業大学）――2区服部誠の鮮烈な走り【1974年】

深い緑のパンツをまとったランナーが、一人、また一人と前を抜いていく。1974年の第50回の記念大会。花の2区に登場した東農大の3年生エース服部誠は、史上初の2桁ごぼう抜きとなる、12人抜きの激走で有力校のライバルたちをあっと言わせた。

第2回大会から出場する東農大は、服部が入学する以前は6年間、予選落ちが続いていた低迷期だった。服部は神奈川・相原高時代、高校総体と国体の5000メートルを制した上、全国高校駅伝の1区区間賞で全国優勝に貢献していた。同学年で後にマラソン界のレジェンドとなる宗茂、猛兄弟、喜多秀喜らの強豪たちをねじ伏せてきた、日本長距離界期待の大器だった。その服部が、あえてどん底の古豪に進んだ理由は、家業の牧場を継ぐためだった。

「だから、競技は76年のモントリオール五輪までと入学時から決めていた」

そんな世界を目指す逸材の加入で、東農大は確実に変わった。71年の予選会を7年ぶりに突破。本大会では服部が1年から2区を務め、72年11位、73年8位と順位を上げ、通常より5校多い20校が出場した節目の50回大会を迎えた。

1区は後にマラソンで活躍する新人の岩瀬哲治だったが、13位と出遅れた。ただ、首位東海大とは1分53秒差。「1位は無理でも、これなら結構抜けるな」。鶴見中継所を飛び出すと、すぐにトップギアで走り出した。目前にいた東洋大、専大、国士舘大、青学大、法大までは、ほぼ一気に抜き去った。他校のエースとは、段違いのスピードだった。勢いは止まらず、さらに次々前をとらえ、18キロ過ぎでついにトップにいた日大もかわした。

区間2位に3分4秒の大差をつけ、それから29年破られなかった12人抜きの爆発的な走りに、チームも勢いに乗った。戸塚中継所で報道陣に囲まれた服部は言った。「3区の山本吉光、4区の佐藤誠はぼくと同じ相原高出身。みな根性があります。箱根の手前で勝負を決めますよ」

74年の２区で12人抜きを演じた東農大の服部誠

言葉通り、山本が区間賞で佐藤は区間2位。５区壱岐《いき》利美《としみ》も区間5位で続き、東農大史上初の、今でもたった一度の、往路優勝を飾った。総合4位も40大会ぶりだった。「それまでもインカレ（学生対校）で上位入賞などしてきたが、そういった個人での勲章より、チームで一流になれたのがうれしかった。よくここまで来たと感動した」

記録にも記憶にも残る大活躍と、その走りで導いた古豪復活に、一時の感慨に浸った。ただし、自身が決めた競技人生のリミットは、既にあと2年となっていた。服部は休む間もなく、すぐに世界を見据えて始動した。箱根から約1か月後、2月3日の別府大分毎日マラソンに出場し、2時間13分40秒の初マラソン日本記録を打ち立てて2位に入った。「オリンピックだけを目指して夢中で脇目も振らずにやっていたから、まったく疲れとかは感じなかったね」

服部誠の箱根駅伝成績（◎は区間新）

年	区間	時.分.秒	区間順位	チーム
1972	2区	1.15.58	4位	11位
73	2区	1.17.50	2位	8位
74	2区	1.13.41	1位	4位
75	2区	1.13.21◎	1位	4位

さらに、2月の熊日30Kで優勝を飾ると、5月の日本選手権1万メートルでは2位入賞を果たした。その秋には、砂漠の中に選手村が作られたテヘランでのアジア大会に1万メートル代表として参加。乾燥した高地という厳しい環境でのレースで、見事銅メダルを獲得し、世界と戦う準備を着々と進めていった。

最終学年として迎えた75年の箱根でも、もちろん2区を担った。「前回12人抜きをして注目されて、さすがにプレッシャーはあった。走って当たり前、区間新も出すだろうと期待されていたから」。それでも、世界を目指す男の走りは盤石だった。1区小菅勝己から5位でたすきを受けると、前にいた4人全員を抜き去り、1時間13分21秒の区間新記録を打ち立てた。4区にブレーキがあって連続往路優勝はならなかったが、往路2位、総合4位と、再び強豪と上位争いを演じる立役者として有終の美を飾った。巻き起こった農大旋風に名物「大根踊り」も盛り上がった。

そして、いよいよ、あと1年に迫ったモントリオール五輪だけに集中していく。卒業後は母校の職員となって、まずは4月の毎日マラソンに挑むと、宇佐美彰朗《あきお》に次いで2位に入った。8月にモントリオールで行われたプレ五輪を経験した後は、大学も休職して競技に専念。12月の福岡国際マラソンでは2時間13分13秒の自己ベストをマークし、6位だった宗猛に21秒差の日本人2番手で8位に食い込んだ。

目標の五輪代表へ、確かなステップを踏んでいったが、その直後に服部のプランが微妙に狂っていく。76年1月、福岡で快走した服部は、日本陸連のニュージーランド合宿に参加した。そこで、宗茂、猛兄弟らのすさまじい練習を目の当たりにする。400メートルを10本、5000メートルを1時間ごとに8本、4時間走。高校時代、負けたことのなかったライバルが、そんな猛練習をこなすのを実際に目撃し、自身も帰国後はできる限りのハードトレーニングに挑んだ。

しかし、76年4月、モントリオール五輪最終選考会だった毎日マラソンでは惨敗。「完全に練習のやりすぎ。あんなにスタートラインで体が重かったのは初めてだった」。五輪出場の夢を叶えるための激しい練習が、最後はあだとなった。しかし、そんな惨敗となったラストレースを、服部は潔く受け入れた。「五輪を目指して全力を尽くしたから、悔いはなかった。もちろん、あの失敗を生かして次のレースにつなげれば、もっと走れたかもしれない。でも、また4年続けても、結果的にはモスクワ五輪はなかったからね」

五輪最終選考会の後、きっぱりと現役を退いた東農大のレジェンドは、服部牧場（神奈川県愛川町）を継いだ。約10ヘクタールの敷地を有する神奈川県随一の広さを誇る牧場では、子供たちとドイツ仕込みのソーセージ工房や、アイスクリーム工房も作るなど、手本とする英国やドイツの牧場風景の実現を目指してきた。今も年に2度は英国の牧場を視察し、近年では都市近郊型牧場としてファームステイの実現を試み、チーズ工房の創設も目指している。

「今の学生も箱根だけじゃなく、世界という高い目標を見据えてほしいし、その経験を長い人生にも生かしてもらいたいね」。マラソンで世界の高みを目指した男は、世界に誇れる農場作りへの探求も、たゆまなく、粘り強く、続けている。

2　山の大東（大東文化大学）——名人そろえ、連覇2度

【1975、76年／90、91年】

1968年に初出場した大東大は、7年後の75年に初優勝を果たした。初陣は最下位の15位だったが、68年春に青葉昌幸《よしゆき》が監督に就任してからは毎回シード権を確保し、頂点まで上

りつめた。それから計4度の優勝を誇る実力校の草創期には、痛ましい事故があった。

日大時代の66年に1区で3位と好走した青葉は卒業後、埼玉県庁に入った。現役で競技を続けながら高校の指導者を目指していたが、その空きがなくて困っていた頃、大東大から指導者に誘われた。大学の名前も知らなかったが、「ようし、やってやるか」と、指導者の道を歩み出した。

監督に就任して間もない68年6月、遠征先の神奈川県小田原市で、選手たちが乗っていたマイクロバスが、丁字路で横から来た車に衝突された。選手1人が大けがを負い、生死の境をさまよった。「こいつが死んだら、俺は責任を取って、辞めなきゃいけない」。そう覚悟して、青葉は手術に立ち会い、徹夜で看病した。幸いにも選手は一命を取り留めた。

この事故を境に、選手たちの新監督を見る目が変わったという。当時の青葉は現役を退いたばかりで、指導経験がない25歳の青年監督。「最初は、本当にやる気があるのか、冷やかしかと思っていた学生たちも、感じるものがあったと思う」と振り返る。年齢が近い学生たちと真剣に向き合って強化した。「一緒に寝泊まりしてやっていたし、全て同じ目線で、立ち位置でやっていたから」。夏合宿が終わる頃には、チームの雰囲気に手応えを感じるようになっていた。

68年秋の予選会は2位で通過した。初めて挑んだ69年の本大会。区間配置は、予選会で速かった選手を1区から順番に並べた。1区の尾堂博に「俺は品川の八つ山で待っているから、そこまでトップで来い。あとは俺が後ろにつくから、一緒に走ろう」と言って送り出した。狙い通り、各校が牽制《けんせい》し合う中で、トップで来た尾堂は終盤も勢いを持続させて、区間賞を獲得。これで流れに乗った大東大は往路を6位で折り返した。復路も粘って総合7位で初のシード権獲得。青葉は「初優勝の時よりも、その時の方がうれしかった」と語る。

60年代から駅伝やラグビーの強化に力を入れ始めた大東大。当時の学生寮はラグビー部と一緒で、「ラグビーの選手が風呂に入ると、泥がたまってしまって、これでは駄目だと思って飛び出した」と青葉が振り返るように、陸上部専用の寮を用意するなど、環境整備から強化を始めた。

新興校ゆえ、有力な高校生の勧誘には苦労した。そこで青葉は、実績はなくても、自分の目で見て光るものがある高校生に声をかけた。「勝つためには何か特徴がないといけない。それが『山の大東』だった」。特に5、6区で活躍できそうな選手を発掘した。選手層が徐々に厚くなっていったのは、青葉の眼力によるところが大きかった。

7位の後、5位、7位、3位と来て、73年から2年連続2位となり、迎えた75年は絶対的な自信があった。5区に山登りの名人、大久保初男を擁し、平地の区間でも力のある選手が並んだ。

4区の鞭間講二が1時間3分54秒の区間新記録をマークして首位に立つと、5区の大久保も1時間12分2秒の区間新を樹立して往路優勝。6区の金田五郎も59分56秒の区間新で続い

左：75年に初優勝を果たし、胴上げされる大東大のアンカー竹内譲二。右：91年に５区２位と好走し、往路優勝のゴールテープを切る大東大の奈良修

た。７区の下村剛は区間賞を獲得し、10区で竹内譲二が１時間６分55秒の区間新で駄目を押した。大会新記録の11時間26分10秒で総合優勝。主将だった竹内は「メンバーがそろっていた。練習では、どこにも負けないくらい走っていた」と懐かしむ。

76年も５区の大久保が区間賞を獲得し、６区の金田は区間２位にとどまったものの、７区の小林雄二と９区の秋枝実男が区間賞を獲得して、総合２連覇を達成した。

その後、大東大は常に上位に入るシード校の常連となった。そして初優勝から15年後の90年から再び２連覇を達成する。90年は、２区で後に96年アトランタ五輪マラソン代表となる実井謙二郎が区間３位で走り、３区で大津睦《むつみ》が１時間４分０秒の区間新をマークして２位に浮上、４区でトップに立った。圧巻だったのは５区の奈良修。区間賞の快走で２位の山梨学院大に４分10秒の大差を

大東大優勝時の5、6区成績
（丸数字は区間順位。◎は区間新）

年	5区	時.分.秒	6区	時.分.秒
1975	①大久保初男	1.12.02◎	①金田五郎	59.56◎
76	①大久保初男	1.12.35	②金田五郎	1.00.16
90	①奈良修	1.12.47	①島嵜貴之	59.21◎
91	②奈良修	1.13.54	②島嵜貴之	1.00.38

つけ、14年ぶりの往路優勝を果たした。復路では6区の島嵜貴之が59分21秒の区間新でリードを広げると、9区の広藤敏幸も区間賞を獲得して、付け入る隙を与えずに逃げ切った。

91年は1区で出遅れ、2区の実井も区間4位にとどまったが、3区の大津と4区の松浦忠明の連続区間賞で主導権を握った。5区の奈良は区間2位にとどまったものの、2位の中大に4分8秒差をつけて往路優勝。復路は6区の島嵜が区間2位でスタートし、危なげない継走で逃げ切った。この年度は出雲全日本大学選抜駅伝、全日本大学駅伝と合わせて大学駅伝3冠を達成した。

黄金時代を迎えた大東大だが、その後は苦しい時期が続いた。青葉は2000年に監督を勇退。01、02年に6区で金子宣隆が2年連続区間賞を獲得するなど見せ場もあったが、長らく優勝から遠ざかっている。近年では予選会を通過できない年もあり、「山の大東」の復活を待ち望むファンの声は根強い。

立て直しを期待されて、22年からはOBの真名子《まなこ》圭《きよし》が監督に就任し、古豪復活を目指している。青葉は教え子に「他のチームと同じことをやっていては太刀打ちできないよ。真名子のチームを作らなければ」と助言する。青葉が築いた伝統は、再び輝きを放つだろうか。

3　62年目の栄冠（神奈川大）――前年棄権、雪辱の激走【1997年】

悪夢のどん底から頂点へ。神奈川大出場62年目の初優勝は、ドラマチックに訪れた。

1996年、箱根路に衝撃が走った。4区を2、3位で走り出した神奈川大と山梨学院大が、共にけがでリタイアしたのだ。同一区間の2校棄権は史上初だった。神奈川大の高嶋康司は左脛を疲労骨折。当時コーチの大後栄治・現監督は6キロ付近で高嶋を抱き止めた。

「それまで勢いで強くなって、練習の量もスピードもと、欲を出しすぎた」

日体大出身の大後監督が、神奈川大コーチに就いたのは89年だった。学生時代はマネジャーだったが、監督不在のチーム運営を担い、4年時に箱根駅伝2位。卒業して中学教員になることが決まっていたが、「これなら優勝できる。指導者で挑戦したい」と急遽《きゅうきょ》進路変更。2、3月に猛勉強し、日体大大学院に合格。2年間学んだ後、タイミング良く神奈川大から声が掛かった。

36年に箱根駅伝に初登場していた古参校も、74年を最後に出場なし。実質ゼロからの出発だった。大後には選手としての実績はなかったが、指導に関してはマネジャー時代に既に経験済みという強みがあった。監督が不在の日体大では、130人の大所帯でA～Dチームまである練習メニューを主将と相談しながら立案。合宿の年間計画も立て、選手勧誘のために地方を飛び回り、有力選手の監督や両親への挨拶も行った。さらに、箱根駅伝での選手選考という重責も学生として担い、チーム運営の全てを中枢としてこなしてきた。

「だから、初の学生指導にもすんなり入ることができた」。そして、高校時代に大きな実績のない無名集団に言い聞かせたのが、「走る量だけは日本一を目指そう」だった。「弱いチームが強くなるには、地道な走り込みしかない」。1年を通じ月間800～850キロを目安に、90分から2時間の長めのジョグを徹底して行った。そして、血液検査で乳酸値を定期的に把握。「練習への耐性改善がデータにきっちり現れるので、選手が長く、きつい練習の効果を数字を見て納得してくれる。選手たちのやる気の維持に非常に役立った」

スタミナ自慢の選手たちを科学的手法も用いながら率い、監督就任わずか3年目の91年秋、18年ぶりの予選会突破を果たした。それから、神奈川大の快進撃が始まる。初陣の92年は14位だったが、93年に8位で初のシード権を獲得すると、7、6位と着実に順位を上げた。そして迎えたのが96年だった。持ち味のスタミナを土台に、年々スピード練習の質を高め、穴のない抜群の安定感を見せるチームは優勝候補の一角に挙げられるほど、力をつけていた。

そこで、途中棄権という思わぬアクシデントにつまずいてしまった。

「高嶋の棄権は、量も質もと追い求めてしまった結果だった。ただ、この失敗で選手たちに自身を冷静に見つめる力がついて、コンディショニングへの理解が高まった」。選手たちには「どこか痛かったら必ず言ってこい」と言い聞かせ、選手たちも体調に不安があれば、黙って我慢するのではなく、自らコーチに打ち明けて練習内容を変えたり、休養したりするようになっていった。一回り大人になったチームは、予選会をトップ通過。10人の合計タイムは当時の最高記録を12分近くも更新し、盤石の体制でリベンジの箱根へ向かった。

「それでも、選手も僕も優勝なんて口にもしなかった。ただ、次が11区だよと。途切れたたすきを20区までつなげようと、それだけ言って、無事にたすきをつなぐことに集中していた」

不安は一人、高嶋だった。復帰後も故障箇所が「何かおかしい」と言い続けた。医者に診断してもらい、「完治している」と言われても、迷いは消えない。「朝起きて一歩目を踏み出すのが怖い」という状態が、箱根本番まで続いた。

それでも、高嶋は9区を任された。「練習は完璧。外す理由が一つもなかった」と大後は言う。ただ、区間配置には十分配慮した。「同じ区間はイメージが悪い。９区は地元の声援を受けて走れる」。狙いはズバ

神奈川大の箱根連覇までの歩み

1936年	横浜専門学校として初出場、14位
40年	初の１桁順位となる７位
51年	２度目の１桁順位となる７位
74年	50回の節目の大会で20位
89年	大後栄治がコーチ就任
92年	18年ぶりの出場を果たし、14位
96年	４区で高嶋康司が疲労骨折のため途中棄権
97年	初出場から62年目、出場29回目で初優勝
98年	往路、復路も制し初の完全優勝で２連覇

左：97年、９区３位の力走で神奈川大初優勝に貢献した高嶋康司。右：初優勝のゴールテープを切る今泉勝彦

リはまった。チームは往路を制し、トップで走り出した高嶋は気持ち良さそうに地元を駆け抜け、区間3位の好走で無事10区にたすきをつないだ。「鶴見中継所にたすきを届けるだけだと思ったら、頭が真っ白になって集中できました」。初優勝に大きく貢献した高嶋は、そう言って笑ったという。途中棄権の翌年、愚直に走り込んだ雑草集団も、心身を痛めた高嶋も、逆境から這い上がって栄光をつかんだ。出場29回目の快挙は、史上初となる予選会からの総合優勝でもあった。

神奈川大は、翌98年も隙のないたすきリレーで2連覇。この連覇直前の92、94、95年には山梨学院大が総合優勝を果たし、87年から日本テレビの生中継が始まった箱根駅伝に、青いユニホームの新興勢力台頭を、強く印象づけた。

「有力選手を集めるのが難しい環境で、正面突破の難しい中、どう弱者がしのいでいくのか。

それを示すのが自分の使命と思っていた。何度も何度も勝つことはできないが、意義のある2勝だったんじゃないかと思う」

その後、神奈川大は箱根優勝から遠ざかるが、2017年には全日本大学駅伝で20年ぶりの優勝。そのメンバーだった鈴木健吾が、卒業後にマラソンで2時間4分56秒の日本記録をマークした。「箱根で勝つのは難しいけど、勝負できる選手をじっくりと育てることに変わりはない。健吾はその正しさを示してくれた」。再び旋風を吹かせるまで、地道な走り込みは続く。

4　オレンジエクスプレス（法政大学）——金髪・サングラスで疾走【2000、01年】

金色の髪に、当時はまだ珍しかったサングラスがトレードマークだった。

2000年、1区で異色のランナーが飛び出した。法大2年だった徳本一善。圧巻の独走で区間賞を奪うと、吹き込んだ勢いは加速する。2区で4年のエース坪田智夫が区間賞で続き、後続とのリードを広げた。4区途中まで先頭を走ったチームは、ユニホームのパンツやたすき、胸にあしらわれた頭文字「H」の色にちなんで「オレンジエクスプレス」の異名を

01年の２区を走る法大の徳本一善（中央）（代表撮影）

取った。

この年は総合10位にとどまったが、徳本が２区で区間２位の快走を見せた01年は４位に躍進する。「僕は陸上界がもっと格好のいい世界になっていいと思っていた。強い敵役がいてこそ物語は盛り上がり、登場人物が力をつけていく。誰もやりたがらない『アンチヒーロー』になってやろうと思った。そんな覚悟を持っての金髪とサングラスだった」。徳本は、奇抜な外見にこだわった理由をこう振り返る。

広島・沼田高から大学進学の際、多くの大学や実業団から誘いを受けたが、自由な雰囲気に魅力を感じて法大を選んだ。実力があれば個性を主張することが認められ、陸上部には髪を茶色に染めた先輩がいた。「もともとは内気であがり症。中学までは人前で話せないような子供だった。どこかでそんな自分を変えたいという思いがあった」。１年生から髪を金色に染め、サングラスをかけた。練習では気持ちが入っていない仲間を、厳しい言葉で叱咤した。

トラックで結果を残すようになると、振る舞いも自ら作り上げていく。スポーツ選手が試合後の取材にどんな言葉で語り、どんなしぐさを見せているかをニュースで見て学んだ。その上で、自らに課した役割はやはり「アンチヒーロー」だった。メディアの取材には強気の発言を貫き、「ビッグマウス」と言われた。

1年で1区デビュー。学生ランナーが外見で個性を主張することには賛否があった時代だ。「自由でいい」「個性も実力のうち」と称賛する声もあったが、同時に、人目を引く姿は時に批判的に見られた。2年の時には、陸上部に「選手にふさわしくない」「あんな外見の選手は応援したくない」と長文の批判の手紙が届いたことがあった。当時の部長から「こういう意見もあるが、どうする？」と決意を問われた。

「最初から批判も受け止めるつもりです」と部長に即答した。それを受け入れる雰囲気が、やはり当時の法大にはあった。「ちょっと批判されてやめるくらいなら、最初からやっていない。それだけ注目されて、嫌われるくらいになったんだな、ますます陸上では負けられないなと、余計に腹が据わった」。エースの強い意志に引っ張られるように、周囲も力をつけていった。

さらに上位進出が期待された最終学年。オレンジエクスプレスの代えのきかないエースとなっていた徳本は、一転して悲劇の主役となった。再び「花の2区」に登場し、ファンにはおなじみとなった金髪とサング

徳本一善の箱根駅伝成績

年	区間	時.分.秒	区間順位	チーム
1999	1区	1.04.42	10位	14位
2000	1区	1.02.39	1位	10位
01	2区	1.08.59	2位	4位
02	2区	途中棄権	—	棄権

ラスで注目を集めたが、途中で右ふくらはぎに異変が起きる。肉離れだった。苦悶の表情を浮かべ、右脚を何度もたたきながら走ったが、集団から引き離された。運営管理車の成田道彦監督から何度も棄権するように説得されたが、走り続けた。「たすきをつながなきゃいけないという一心だった。仲間がつないできたたすきを肩にかけている以上、やめられない。それ以外のことは考えていなかった」。約2キロを走り続けた。

その間の記憶は途切れ途切れだが、鮮明に覚えている声がある。沿道の母親が「もういいから」と呼びかけていた。最後は車を降りた監督に抱きしめられるようにして止められた。途中棄権。悔しさで崩れ落ちた。

自ら敵役を演じた言動、勢いに乗った活躍から衝撃の途中棄権。自由なチームカラーが生んだドラマは、箱根の名場面としてファンの記憶に刻まれている。徳本自身、卒業して何年たっても「金髪とサングラスの徳本」として語り継がれることを感慨深く思う。「どんな批判も実力と結果ではね返してやるという覚悟で、外見と振る舞いを決め、貫き通した。そのことにまったく後悔はないし、スポーツ選手としてすごい経験をしたと感じる。悪名は無名に勝る。学生時代に箱根の歴史に名前を刻めたことは誇りに思う」と語る。

「学生時代、いつか会社を作ってオーナーになりたいとか、誰もが無理だと思うことをやりたいと思っていた」という。実業団ランナーとして活躍した後、会社ではないが、再び箱根駅伝の世界で難題に挑むことになった。12年、箱根本大会を目指していた駿河台大の監督に就任。レベルが年々上がっている予選会から、本大会を目指すというチャレンジを次の目標に選んだ。

チーム作りはまさに「試行錯誤の連続」だった。新興チームで、高校で大きな実績を残した選手は入部してこない。選手育成で自身の経歴は役には立たない。ひたすら選手一人一人に向き合う日々。外見は個性的でも、陸上に関しては現役時代から真摯な姿勢を貫いてきたが、指導者となってもそのスタンスにぶれはなかった。

予選会を突破してチームを初出場に導いたのは22年。総合19位でも、チームには大きな一歩だった。２度目の本大会を目指して指導しながら思う。「伝統の重み、強みはすごく大事。箱根に出た経験を先輩が後輩に引き継ぎ、それが脈々と受け継がれてチームは強くなる。法大がそうだったように、自由な個性を認めつつ、選手が競い合って箱根を目指す。そういう伝統を築いていきたい」。苦労と喜びを重ね、指導者としての面白みや魅力を感じ始めている。

もし、選手が学生時代の自分のように外見で個性を出したいと言ったら、どうするか。「どんな批判も受け止める覚悟があるか。それを聞いて、本当に覚悟があるなら認めてやりたい」。旋風を起こした精神の遺伝子は、受け継がれていく。

5　世紀の番狂わせ（亜細亜大学）――雑草魂、駒大止めた【2006年】

２００６年元旦。朝練習を終えた亜大の選手たちに、監督の岡田正裕は笑顔で語りかけた。

「おい、お前たちだったら優勝できるぞ」

それまでは「総合5位プラスマイナス1」が岡田監督の口癖だった。どちらかというと慎重なタイプ。しかも順位が予言通りになったことが何度もあった。それが大会前日の上方修正。選手たちは一瞬顔を見合わせ、「やるぞ」という声も上がったが、当然ながら半信半疑の部員もいた。

「絶対王者の駒澤を止めることができるのかな」

4連覇中の駒大が、その大会の大本命だった。出雲駅伝を制した東海大や全日本大学駅伝王者の日大、選手層の厚い順大も優勝候補に挙げられた。出雲8位、全日本11位の亜大を推す人はほとんどいないのが現実だった。

その年の亜大は、自他共に認める「雑草軍団」だった。高校総体の出場経験があるのは4区の菊池昌寿だけ。それも５０００メートルではなく３０００メートル障害だ。実績のない選手たちが、猛烈に走り込み、スタミナ豊富なランナーに育っていった。

強化の根幹が、8月に20日間行う「地獄の阿蘇合宿」だ。標高800メートル、起伏のある1周3キロのクロカンコースを、朝5時半から10周する。午後はロードを30キロ走る日もある。月間走行距離は1200～1300キロ。夏を越えると選手たちの顔つきが変わった。

メンバーだった岡田直寛は懐かしそうに振り返る。「朝起きて30キロ走って、昼食食べて、休んで、また走る。食べて、走るだけの毎日で、多い時は1日70キロ。だんだん感覚が麻痺してくる。よそがやらないことをやっているという自覚がある。自信にはなりました」

過去の阿蘇合宿で先輩たちが何キロ走ったか、岡田監督は一覧表にして旅館の壁に貼っておいた。「このチームは阿蘇で誰よりも練習したんだ」との思いが「優勝宣言」につながっていた。

1、2区の出遅れが響いて、往路は6位と苦戦した。それでも岡田監督は慌てなかった。「往路重視のチームが多いが、うちは往路5・5、復路4・5くらいの割合で選手を配置している。復路は3位はいけるだろう」

7区で5位まで順位を上げた。8区に入ると気温が急上昇した。首位を独走していた順大の選手が脱水症状になり、4位まで後退した。亜大の8区は佐賀県出身の益田稔。暑さにはめっぽう強く、阿蘇合宿で走っても、スピードは落ちなかった。順位を2位まで押し上げた。

9区は岡田監督が「いちずな男」と最も信頼する山下拓郎だ。春先には「思うように走れないから」と退部を決意し、寮から姿を消したことがあった。岡田監督は両親に電話で事情

06年、初優勝のゴールを駆け抜けた亜大10区の岡田直寛。右：大手町のゴールで亜大の選手たちに囲まれる岡田正裕監督

2006年大会の上位順位変動

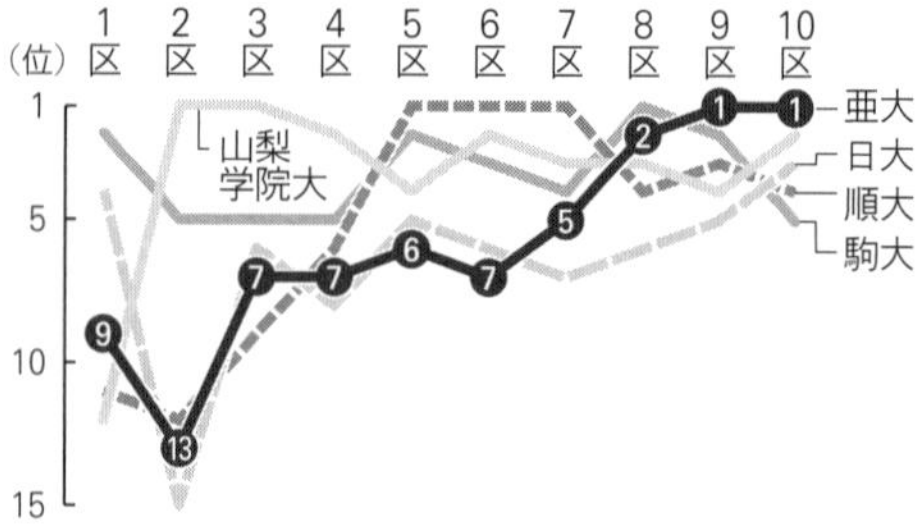

を聞き、何も言わずに待った。数日して戻った後は毎日、日の出前に1人走り込み、どんどん力をつけていった。その姿はチーム全体のお手本となった。岡田監督は、山下をニコニコドー時代の松野明美にだぶらせる。「走れない」と思い悩む松野を、岡田監督はいったん実家に帰らせて、休養させたことがあった。数日して戻った松野は、自ら進んで猛練習を積むようになった。

山下は駒大を抜いてついにトップに立った。先頭で中継所に入る寸前、少し振り返り、監督車を探すようなそぶりを見せた。「ありがとうな、山下」と声を掛けると、山下はたすきを握った右腕を上げて、小さくガッツポーズして見せた。岡田監督はその映像を見返すたびに、今でも目頭が熱くなるという。

山下が首位に立った時、岡田監督は10区の付き添いの部員に電話をかけていた。「どうだ」「（10区の岡田）直寛が震えています」「何を言うか。ちょっと代われ」。電話に出た岡田直に優しく語りかけた。「いいか。今までうちは3位が最高だ。3位で帰ってくればいいからな」。「頭が真っ白になっていた」という岡田直は「監督の期待も3位くらいなんだな」と楽な気持ちになった。

「駒大に抜かれたら、ついて行こう」と岡田直は余裕のあるペースで走り出した。ところが、いつになっても駒大の選手が来ない。15キロ地点で「1分以上離れている」と沿道の部員から伝えられた。「行ける」。逆風の中でペースを上げると、17キロ付近で右脚がつりそうになった。痛みを必死に耐えながら、沿道の大観衆と大声援にも興奮していた。テレビのアナウンサーが「笑っていますよ」と語る。

岡田直は待ち構える亜大の選手たちを見つけ、主将の胸に倒れ込むようにゴールした。大手町のゴールで宙に舞った岡田監督は、その時60歳。その後、73歳になるまで亜大、拓大で監督を務めたが、優勝を予言することは一度もなかったという。

6　19位から下克上（日本体育大学）——3年生主将、30年ぶりV導く

【２０１３年】

２０１２年、日本体大監督の別府健至は顔を覆いたくなる気持ちで運営管理車に乗っていた。浮上のきっかけをつかめず、大学史上最低の19位。復路では繰り上げスタートとなり、初出場からつながっていたたすきが64年目で途切れる屈辱的な敗戦だった。沿道に大学を応援するのぼりを見つけるたび、耳をふさぎたくなった。悔しさと恥ずかしさが募った。

東京・大手町のゴール付近。ビルの谷間にある集合場所に向かう途中の交差点で、当時2年生だった服部翔大と鉢合わせした。別府はチームを根底から変える改革に乗り出す覚悟を決めていた。並んで信号が変わるのを待ち、服部の顔を見ずに言った。「お前が次のキャプテンだ」

「事前に何の相談もなかった。とにかくびっくりした」と服部は当時の心境を振り返る。屈指の名門、日体大では最上級生が主将を務めるのが慣例だ。ハレーションが起こることも別府は予期していた。服部と共に集合場所に着き、ミーティングが始まる。別府が新3年生の服部を主将とする方針を全員に伝えると、部員の表情に驚きと困惑が広がった。服部は「自分で大丈夫だろうか」という不安な心持ちで成り行きを見守っていた。「これまで通り最上

級生に」と訴える４年生もいた。

別府の決断は決して思いつきではなかった。「何かを変えなければいけない状況で、服部は一番の走力があり、言葉で周囲を引っ張れる。もうこれ以上ないという負け方をした中で、４番でエースがキャプテンを務めるくらいじゃないと、現状を変えられないと思った。大敗で見返してやるぞと腹をくくれた」。雪辱への意志を込めていた。

改革は、普段の生活を見直すところから始まった。日体大ＯＢで全国高校駅伝８度優勝の名伯楽、渡辺公二・西脇工業高前監督を特別強化委員長に招いた。大半の部員が暮らす寮での生活は練習や試合、パフォーマンスにつながる全ての源だ。トイレのスリッパは整然とそろっているか、顔を合わせた時のあいさつはできているか、消灯時間に全ての照明は消えているか。それまでどこかおざなりになっていた「当たり前のこと」を当たり前にできるように、意識を徹底した。野菜や肉、魚だけでなく、塩や醤油などの調味料に至るまで、体に良い食材にこだわって入れ替えた。「伝統校として長く続けてきただけに、何となく流されてきたことが多かった。そういう細かいことを全て見つめ直そうと。甘えをなくし、足元を見る作業だった」と別府は取り組みの真意を説明する。

再建のカギを握っていたのが服部だ。新主将はミーティングで監督の横に立って全体を観察することから始めた。自信がなさそうに下を向く選手には声をかけ、仲の良い選手に詳しい事情を聞いた。当初、チーム内や卒業生の間に、３年生の主将に対する懐疑的なまなざしがなかったわけではない。「上級生と下級生の間に立って、どう振る舞うべきか、試行錯誤の連続だった」と服部。精神的なストレスで一時は円形脱毛症になった。

服部が「チームの雰囲気が変わり始めた」と感じたのは、夏合宿の頃だった。4年生が練習で率先して声を出すようになり、選抜メンバーだけでなく、全員が集中し始めた。「4年生が支えてくれたことが大きかった。何と言っても、みんなたすきが途切れた悔しさを持っていたし、チームを何とか再建したいという気持ちは共通していた。最上級生がその覚悟を示してくれたことで、チームが一つにまとまっていった」と服部は感謝する。

別府もその変化を肌で感じていた。秋の予選会では、頼みの服部は故障明けで万全ではなかった。だが、一丸となりつつあったチームの雰囲気に「不安は感じなかった」という。見込み通り、ペースメーカーを務めた服部が集団を引っ張り、全員が底力を発揮してトップ通過。本大会に向けた12年12月の伊豆大島合宿では、道路に波しぶきが飛ぶほどの強風の中で30キロ走を敢行した。他校が尻込みして練習を控えるほどの悪条件で、箱根を目前に控えた中でも「やり遂げ、影響を引きずらず、むしろ勢いにつなげられる自信があった」と別府は言う。チームは期待通りに30キロを走り抜いた。「箱根の登録メンバー16人だけでなく全員がいつでも走れる状態。これで優勝できなければ監督を辞める」。そう決意するほどチームの仕上がりに確信を抱いた。

本大会では培った力を発揮する。往路は強烈な向かい風が吹くコンディション。5区を任

左：13年、５区で東洋大を抜き、猛追した早大も突き放してトップに立った日体大の服部翔大。右：30年ぶりの総合優勝のゴールに飛び込んだ10区の谷永雄一

された服部が東洋大に続く2位でたすきを受け取ると、主将として厳しい状況を乗り越えてきたメンタルの強さを存分に見せつけた。力強く山を駆け上がり、１分49秒差を逆転して26年ぶりの往路優勝を飾った。全区間で区間賞は服部だけだったが、復路も抜群の安定感で駆け抜け、30年ぶり10度目の総合優勝を果たした。服部は「僕たち選手は日体大の伝統の重みを知っていたし、多くの関係者の期待も肌で感じていた。先輩方がつないできたたすきを途絶えさせるような『あんな悔しい思いはしたくない』という思いが結実したレースだった」と力を込める。

予選会からの総合優勝は１９９７年の神奈川大以来16年ぶり。前年19位からの頂点は、途中棄権

主な前年からの躍進優勝

年	優勝校	前年成績
1997	神奈川大	途中棄権
2013	日体大	19位
09	東洋大	10位
21	駒大	8位
06	亜大	7位
08	駒大	7位
11	早大	7位

から優勝した神奈川大を除けば、過去にない下克上となった。

別府は、その快挙を振り返って思う。「いろいろ要因はあったと思う。選手が一つの方向を見て、服部を中心にしてまとまったこと。油断や慢心をなくして普段の生活から陸上に集中したこと。でも、やっぱり一番大きかったのは『何くそ』という思いじゃないかと思う。どん底にたたき落とされて、石にしがみついてでも見返してやるぞ、という執念。それが人間にとって一番大きい」。名門校の復活劇は反骨心から生まれた。

第5章　熱狂を呼んだ山の神

1　大久保初男（大東文化大学）――無敵の5区「自分の庭」【1974～77年出場】

「大久保、松田キャプテンと勝負してみろ」。1973年秋。大東大の青葉昌幸監督は1年生の大久保初男に声をかけた。大東大の5区は主将の松田強が連続で走り、前々回4位、前回3位と安定した成績を残していた。しかし、監督は大久保の適性を見抜いていた。現在は禁止されているが、実際のコースを2人で走って決めることにした。

初体験の難路を、大久保はやすやすと登った。「たいしたことないな。うちの裏山の方がもっとすごい」。蔵王連峰の麓、宮城県柴田町の出身。里山が子供の頃からの遊び場だった。小学校は山道を2キロほど歩いて通った。「近所の友達と山の中を遊び回ってた。段々畑を飛び越えて、走り回り、遊びの中で鍛えられた」。主将との一騎打ちを制し、「山登り男」が誕生した。

大久保は宮城・東北高3年の時、全国高校駅伝のエース区間である1区で30分57秒で区間2位となり、全国的に有名になった。区間1位は29分55秒で走り、後にマラソンで活躍した伊藤国光だった。

箱根駅伝の有力校数校から誘われたが、父親は当初、関東の大学に進学させることに反対だった。一番勧誘に熱心だったのが、当時30歳になったばかりの青年監督、青葉だ。実家に3度訪れて、深夜まで父親と酒を酌み交わし、ついに説得に成功した。「青葉監督の熱意が他の監督より勝っていた。自分でも優勝する大学の一員に入るのではなくて、初優勝する大学のメンバーになって、力になりたいと思った」

1年目は「無我夢中で走った」。チームは優勝候補に挙げられていたが、序盤でつまずき、たすきを受けた時は9位だった。「こんな順位で来るはずじゃなかったのにと、ぶっ飛ばした」。4人を抜き去り、区間賞に輝いたが、チームは2位だった。帰りのバスの中、チームの全員が大泣きした。

大久保初男の箱根駅伝成績（◎は区間新）

年	区間	時.分.秒	区間順位	チーム
1974	5区	1.13.41	1位	2位
75	5区	1.12.02◎	1位	優勝
76	5区	1.12.35	1位	優勝
77	5区	1.11.48◎	1位	3位

悔し涙をバネにして、青葉監督も選手たちも目の色を変えた。夏の旭川合宿は1日50キロを10日間やり抜いた。「とにかく優勝するために、監督も選手も一体となって、同じ方向を向いていた」

2度目の箱根は「俺が全部抜いてやると、自信があった」。5000メートルも1万メートルも自己ベストを更新していた。12月には、下りの6区の選手と箱根・強羅の旅館に泊まり込み、毎日コースを登り、下りた。「自分の庭」と言えるほど、隅々まで知り尽くした。ごぼう抜きするつもりが、先頭でたすきを受け取った。「ちょっと走りがいがないかな」。自分のペースで独走した。区間新記録を樹立し、チームは出場

76年の5区で日体大を抜いてトップに出た大久保（右）

8年目で初の総合優勝を飾る。悔し涙が、1年後に感激の涙に変わった。

5区を攻略するため、独特な練習も行った。重さ1キロの鉄アレイを両手に持ち、500グラムの鉛が入ったシューズを履いて20キロ走った。チームの大黒柱に成長した3年目に、最大のピンチが待っていた。12月の福岡国際マラソンで左膝を痛めてしまったのだ。痛みはなかなか引かなかった。悩んだあげく、大会の10日前、青葉監督に申し出た。「痛くて走れません。辞退します」。しかし、指揮官は「お前を代えるつもりはない」。「どうすればいい」。温湿布をしたり、冷やしたり。サポーターを巻いて、「治ってくれ」と祈るような気持ちでいると大会5日前、痛みが消えていた。「痛みはなかったけれど、おそるおそるという感じになった」。スピードは上げられなかったが、2人を抜き去ってトップに立ち、連覇に貢献した。

「意識しなかった」という区間賞を、4年の時だけは取りにいった。優勝を狙うには戦力が不足しており、主将である自らの走りでチームを鼓舞したかった。クリスマスの日には頭を丸坊主にして、気合を込めて臨んだ最後の箱根駅伝だった。1時間11分48秒の区間新をマーク。だが、感慨はなかった。コースを走る練習では、もっといいタイムで走れていたからだ。チームは3位だった。

「本当は5区にもこだわっていなかった。本音を言えば、エース区間の2区を走りたい気持ちもあった。4回の区間賞はたまたま」と、元「山登り男」は振り返る。「あくまで私の目標は優勝だった。先輩方が敷いてくれたレールの上に乗って2回も勝てたのだから、120％満足」

引退後は、山登りのスペシャリストとしての経験を生かし、母校で指導。90年から4年連続で5区を走り、2度区間賞を獲得した奈良修らを育てた。奈良を擁した大東大は90、91年に2連覇を果たすなど、「山の大東」の名を改めて印象づけた。

2　金哲彦（早稲田大学）――恩師と別れ、奮起の山

【1983～86年出場】

プロランニングコーチとして活躍し、駅伝・マラソンの解説でもおなじみの金哲彦は、早大時代に5区を4度走り、2度区間賞を獲得。そのうち1度は区間新記録を樹立した。名伯

楽・中村清監督との出会いが、無名だった金を大きく成長させた。

北九州市出身の金は、福岡・八幡大学付属高（現九州国際大学付属高）時代は貧血に苦しんでいたこともあり、高校総体や全国高校駅伝には縁がなかった。進学先として考えたのが早大。瀬古利彦が福岡国際マラソンで優勝する姿に憧れ、八幡大付高から早大の競走部に入った先輩からも誘われた。一般入試で早大に入り、競走部の門をたたいた。

同期は高校時代から活躍し、全国的にも有名なエリート選手と、一般入試で入った無名の選手が半々。入部早々のある日、1年生が集められて、いきなり中村監督から、30分後に5000メートルのタイムトライアルを行うと告げられた。瀬古の練習を目の前で見て、改めて意欲が高まっていた頃だった。必死の走りで金は1番でゴールした。その時、中村が「見ろ、あいつのがむしゃらな走りを。早稲田の山の歴史が変わるぞ」と、傍らのマネジャーに語ったと後年、聞かされた。

がっちりとした体格と強い精神力で、山登りに高い適性を見せた。10月頃、中村監督に呼ばれて「上りは得意か」と聞かれ、反射的に「はい」と答えた。「苦手とも思っていなかったが、得意とも思っていなかった」というのが実情だった。中村監督から言い渡されたのは、「無酸素になる練習をしておけ」ということだった。20キロ以上のきつい練習をしたあとに、短距離のダッシュを繰り返した。「僕は上りがうまかったというより、切り替えがうまかった。後でタイムを教えてもらったら、上りは1キロ3分30秒くらいで、下りは2分40秒くらい。へろへろの状態から下り坂でダッシュして、そこでタイムを稼いでいた」。この無酸素トレーニングが、上りから下りへギアを切り替える時に、役立っていたと考えている。

1年目の1983年は1時間13分3秒の区間2位で、チームを4位から2位に引き上げた。生まれて初めてメディアからの取材を受け、「それはもう驚きだった」と喜びに浸った。2年目はトップで受けたたすきを、そのまま芦ノ湖畔まで運び往路優勝のゴールテープを切った。このシーズンは貧血が再発し、万全の状態ではなかった。区間賞こそ駒大の大八木弘明に譲ったものの、1時間13分27秒で区間2位の快走。早大は復路も制し、30年ぶりの総合優勝を飾った。

この優勝を機に、中村監督は兼務していたエスビー食品監督に専念し、早大監督から退くことになった。その恩師から、ある提案を持ちかけられた。当時は木下哲彦の通称名で活動していた金は、在日朝鮮人だった。中村監督は金に韓国籍の取得を勧めた。念頭には88年ソウル五輪に韓国代表として金を出場させたいとの狙いがあった。日本統治時代のソウルで生まれた中村監督には、かの国に対する特別な思い入れがあるようだった。

悩んだ末に金はその提案を断った。「まだ若かったし、アイデンティティーが確立していなかった。決断できなかった」。その答えに中村監督は失望し、「お前の顔など見たくない」と激怒した。引き続き指導を受けるはずだったが、ぷっつりと関係が途切れた。

「中村監督に破門されて弱くなったと思われたくなかった。意地があった」。新たに就任し

金哲彦の箱根駅伝成績（◎は区間新）

年	区間	時.分.秒	区間順位	チーム
1983	5区	1.13.03	2位	2位
84	5区	1.13.27	2位	優勝
85	5区	1.11.59◎	1位	優勝
86	5区	1.12.01	1位	2位

た鈴木重晴監督の下、後輩の練習を引っ張りつつ、自分のための練習は自主的に行った。関東学生対校選手権の30キロで優勝するなど、「ぐっと力が付いたのは3年から」と振り返るように、成長の歩みを止めなかった。

3度目の5区では、再びトップでたすきを受け、そのまま往路優勝のゴールテープを切った。1時間11分59秒の区間新記録を樹立して自身初の区間賞を獲得し、早大を総合2連覇に導いた。

85年5月、突然の悲報が舞い込む。中村監督が渓流釣りに出かけた新潟県の川で水死した。金は葬儀に駆けつけ、出棺の際に棺を担ぎ、遺骨を拾った。生前、最後に話をしたのは、国籍変更を断った時。それ以来、まともに顔を合わせることもなかったが、成長のきっかけをくれた恩師であることに変わりはない。涙を流して、永遠の別れを告げた。

これも後年、聞かされたことだ。金が国籍変更を断った後、中村監督は瀬古ら門下生に金の話ばかりしていたという。それだけ恩師にとっても、最後まで気にかかる存在だったのだ。弔いの思いも込めて走った最後の5区では、自らの区間記録には2秒及ばなかったものの、1時間12分1秒で2年連続の区間賞。「下りに入ってから向かい風がすごく強くて、あれがなかったらまた区間新は出ていたと思う」と振り返る快走だった。早大は3年連続の往路優勝を飾った。金はレース後、「僕たちが中村先生の遺志を守って走っていることが、わかってもらえたと思う」と胸を張った。復路はレース前から戦力ダウンが指摘される状況で、10区で逆転されて総合2位に終わったが、チームとしては納得の結果だった。

卒業後、韓国籍を取得して92年のバルセロナ五輪代表を目指した。しかし、ソウル五輪を経て、韓国のレベルも急速に高まっていた。92年3月に韓国代表選考会を兼ねて行われた東亜マラソンで2時間11分48秒の自己ベストを出したものの6位に終わり、代表の座には届かなかった。

86年の５区で往路優勝のゴールテープを切る早大の木下（金）

その後、リクルートの小出義雄監督から誘われ、有森裕子の練習をサポートすることになった。米国のボルダーで高地トレーニングのノウハウを教え、食事を作ったり、生活必需品を手配したり。有森のバルセロナ五輪銀メダル獲得に携わり、指導者としての喜びを知った。小出監督の下でコーチ（後に監督）となり、96年アトランタ五輪で今度は銅メダルを獲得する有森や、２０２０年シドニー五輪で金メダルを獲得する高橋尚子らの育成に関わった。

中村監督が瀬古を指導する姿を間近に見た経験から、「世界を目指すということの意味合いとか、覚悟みたいなものは知っていた。そこはすごく役立ったと思う」と振り返る。瀬古が果たせなかった、五輪のメダル獲得に携われたことは指導者としての誇りだ。

01年にリクルートランニングクラブが休部になると、退社して市民ランナーの育成を進めた。一方、親しみやすい人柄やわかりやすい語り口で解説者として人気を博し、その後のマラソンブームを語る上で欠かせない人材となった。学生時代、中村監督とは悲しい別れになったが、「あの頃がなければ今はない。大学時代に得たものは圧倒的に大きい」と感謝の念は消えない。今も陸上や人生で迷い、悩んだ時には、恩師の墓前を訪れて手を合わせる。

3　今井正人（順天堂大学）——驚異の登り、4分差逆転

【2004〜07年出場】


白と赤のストライプのたすきは、トップ東海大から大きく遅れる4分9秒差の5位で、小田原中継所に運ばれてきた。

2007年、順大の5区に登場したのは過去2大会連続区間賞の今井正人だった。最大の

ライバルと見ていた日体大の北村聡と、ほぼ同時にスタート。すぐに背後につかれる展開となった。「絶対負けちゃいけない相手。できるだけ早めに勝負をつける」。追走する難敵に構わず、事前に予定していたペースを上回るスピードで突っ込むと、ついに9キロで北村を引き離し、16キロではトップ東海大も一瞬にして抜き去った。

前半に飛ばし過ぎた無理がたたり、残り5キロを過ぎた下りに入って、左ふくらはぎに痛みが走った。本来ならスピード全開で行くところ、やむなく安全運転に切り替えたが、それでも自身の区間記録を25秒更新。２位東海大には１分42秒の差をつけ、総合優勝への流れを見事に作った。

勝利を渇望した年だった。前回大会、今井が５人抜きでトップに立ち、チームは７区まで首位を突っ走ったが、８区の難波祐樹主将が脱水症状となって、まさかの失速。チームは４位に終わった。「悔しかった一方、僕たちで勝てるのだろうかという迷いが吹き飛んだ。先輩たちに優勝をプレゼントするんだと」

もう一つ、どうしても勝ちたかった理由が、当時の仲村明監督の存在だった。01年に澤木啓祐監督の後を継ぎ、一人一人とじっくり対話する指導で選手に慕われていたが、箱根はそれまで未勝利だった。高校時代から実績を残した選手が多かった今井の同期の間では、「僕らの個性を生かしてくれた仲村さんを絶対に男にしよう、胴上げしようと、誓い合っていた」という。

今井正人の箱根駅伝成績（◎は区間新）

年	区間	時.分.秒	区間順位	チーム
2004	2区	1.10.10	10位	5位
05	5区	1.09.12◎	1位	5位
06	5区	1.18.30◎	1位	4位
07	5区	1.18.05◎	1位	優勝

※5区は05年が20.9キロ、06、07年は23.4キロ

ただ、前哨戦の出雲駅伝は10位、全日本大学駅伝は14位。チームの士気は下がっていた。そんな沈滞ムードを振り払ってくれたのが、OBの三代直樹だった。11月の大島合宿を訪れ「お前たちは本当に勝ちたいと思っているのか。馴れ合いで勝てるのか」と厳しい言葉を投げかけた。

後から今井が合宿に合流すると、チーム内にそれまでなかったピリッと張り詰めた空気が流れていた。「まったく別のチームになっていた。これならやれる、勝てるぞと思った。本当に三代さんには感謝しかない」と、今井は振り返る。

「個性派集団」と呼ばれた同期を、三代のサポートもあって今井は主将としてまとめあげ、その結果として往路制覇を果たした。ただ、その立役者となった今井に対し、復路に配置された同期からは意外な反応が返ってきた。「あー面白くない、俺らが見せ場を作るはずだったのに」。9区の長門俊介、10区の松瀬元太は、冗談交じりに声をそろえたという。

そして迎えた復路では、今度は1度もトップを譲らず、圧勝で6年ぶりの優勝をつかみ取った。長門、松瀬の9、10区コンビは連続区間賞。長門はゴール後、報道陣の前で「今井だけのチームとは言われたくなかった」と言い放って、胸を張った。

それにしても、今井の登りの強さはどこから来たのだろうか。現在の福島県南相馬市出身。海沿いの地で「特に山を走っていたわけじゃない」。ただ、一つ心当たりがあった。原町高時代、毎日のように走っていたのが、相馬地方に1000年以上にわたって受け継がれる伝統行事の相馬野馬追を行う雲雀ヶ原祭場地だった。砂のダートを走り、周囲の高台へ上ったり、下ったり。「あのクロスカントリーが僕の原点。強い足腰を培えたのが、箱根につながったのかもしれない」

その才能に気付いたのが当時の澤木部長だった。2年の夏合宿のことだ。1年で既に花の2区を走っていた今井がジョギングで坂を上っていた時、後ろから車で近づくと、「お前は5区だ」と、ボソリと声を掛けた。その時は、一緒に走っていた仲間と「今井5区だってよ」「いやお前だよ」などと言い合っていたという。秋以降に正式に決まると「2区に行きたいと思っていたけど、本当だったんだ」と、山登りに挑む覚悟を決めた。

それからは、平地やトラックを走っている際も、常に上りでのフォーム、

07年の5区で東海大を抜いてトップに立った順大の今井

リズムをイメージした。接地の際は膝を伸ばし切らず、膝をひっかくような意識づけを心がけた。体が「くの字」にならないよう、へそを突き出して上体を立たせ、目線も坂道の先を見るような感覚を大切にした。高台にある順大佐倉キャンパスには、300メートルほどの坂があるが、朝練習などで毎日毎日、下っては上ってを繰り返した。

そのような、ひたむきな鍛錬、高校時代の原点が、初代「山の神」誕生の源にあるのは間違いないが、今井が強調するのが何より「坂を怖がらない強い気持ち」だ。

「山は嫌だなという気持ちは、人よりもなかったと思う。むしろ、周りが嫌だと思うならばチャンスだと。暑いとか、寒いとか、雨の日とか、悪条件であればあるほど、普段負ける相手にも勝つチャンスは見いだせる。これは父にも小さい頃から言われ、常に思っていること」

そして、初めて挑んだ2年生の5区で鮮烈な走りを見せた。たすきを受けたのは15番目。「前を追うだけ。行けるところまで行こう」。下位スタートが、気持ちをリラックスさせた。心がけたのは、日頃の走り。箱根の山に入ったら、平地で作ったリズムを保ち、平坦な場所を走っている感覚を持ち続け、視線に気をつけ上体の姿勢を正した。すると、次々と前を行くランナーが目の前に迫ってきた。追いついては抜き、追いついては抜き、ついに11人を抜き去った。従来の記録を2分12秒更新する1時間9分12秒の区間新記録で、チームを4位まで引き上げた。

「山の神」誕生となる圧巻の区間記録に、ゴールして腕時計を見た今井は「どこかで時計が止まっちゃったかな」と思ったという。それほど、異次元の走りだった。

卒業後は、トヨタ自動車九州へ進みマラソンで世界を目指した。11年に2時間10分32秒、13年に2時間10分29秒、14年に2時間9分30秒と、一歩一歩成長を遂げると、15年の東京マラソンで2時間7分39秒をマーク。日本人トップの7位入賞を果たし、30歳にして同年8月の世界選手権北京大会代表の座をつかんだ。しかし、大会直前に髄膜炎を発症し、無念の出場辞退。思いがけない不運に見舞われ、マラソンで日の丸をつけて世界と戦う機会を失ってしまった。

ただ、それでも諦めなかった。頑強な体で現役を続け、22年2月には7年ぶりの2時間10分切りとなる2時間8分12秒をマーク。23年10月のパリ五輪代表を決めるマラソングランドチャンピオンシップ（ＭＧＣ）への出場を決めた。「山の神との応援が力になり、ここまできた。ただ、まだ期待に応えられてない。箱根から世界へという思いを形にしたい」。不惑目前となった初代・山の神が見つめるのは、あくまで世界。初心を忘れず、粘り強く、夢の続きを惑わず追う。

4　柏原竜二（東洋大学）――快記録、福島に届けた　【2009〜12年出場】

4年連続で5区区間賞を獲得し、そのうち3回は区間記録を更新。東洋大を3度の総合優勝に導き、柏原竜二は「新・山の神」と呼ばれた。「毎年同じ道を走っているようでも、その年その年で正解は違うもの。4年間、ちゃんと正解を導き出すことができた」。天候、体調、レース展開、全て違う4年間でも、ベストな走り方を選択したと振り返る。

1年目は怖いもの知らずで、序盤からハイペースで突っ込んだ。首位に4分58秒差の9位でたすきを受け取ると、前を行く走者を次々と追い抜き始めた。佐藤尚監督代行が「給水をし損ねた」と笑うほどの驚異的なペースで8人を抜き、出場67回目の伝統校を初の往路優勝に導いた。「更新は不可能」とさえ言われた順大・今井正人の区間記録を47秒も短縮。その正月に区間新で走る初夢を見たと言い、それが現実となったことに本人が一番驚いた。「時計の間違いか、奇跡か」と話す姿は初々しかった。

この年の東洋大は部員の不祥事で関東学生陸上競技連盟が出場の可否を検討する事態となり、川嶋伸次監督が引責辞任することなどで出場を認められた経緯があった。選手にとっては競技に集中することが難しい状況だったが、そんな嫌な空気をルーキーの快走が振り払った。復路も制した東洋大が初の総合優勝を果たし、柏原は金栗杯（最優秀選手賞）に輝いた。

この走りで一躍、時の人となった柏原は、順調に成長を続けた。２年目は先頭と４分26秒差の７位でたすきを受け取ると、中盤までに６人を抜き去った。「前回の自分に負けるのだけは絶対に嫌」と、終盤も太ももをたたいて気合を入れ、自らの区間記録を10秒更新した。総合２連覇に貢献し、金栗杯にも２年連続で選ばれた。

一転、３年目は不調に苦しんだ。「僕が不調の時にチームが支えてくれたので、この日だけは逆転して帰ろうと覚悟を決めた」。３位で走り始めると、２人を抜いて３年連続で往路優勝のゴールテープを切った。しかし、東洋大は復路で早大に逆転を許し、21秒差で総合２位に甘んじた。チームメートが涙を流す中、エースの目に涙はなかった。「泣いて悔しさを晴らすのではなく、走って晴らしたい」と、きっぱりと言い切った。

翌日の早朝から雪辱のための戦いを始めたチームの中で、柏原は主将を任された。「主将らしいことは何一つしていない。他の４年生がしっかり考えて行動してくれるから、自分の走りに集中できる」と謙遜していたが、主将が背中でチームを引っ張り、他の選手たちは柏原への依存心をなくすことで、チーム全体がたくましくなっていった。

象徴的だったのが２０１１年10月の出雲全日本選抜大学駅伝だ。１区で柏原が６位と出遅れる想定外の展開。だが、他の選手は浮足立たなかった。少しずつ順位を上げて４区で逆転し、そのまま逃げ切って初優勝。柏原は「僕がふがいない走りをして迷惑をかけたが、改めてすごくいいチームだなと思った。今季の東洋は一人が駄目でも巻き返す力があることを証明できた」と、仲間への信頼を深めた。

さらに11月の全日本大学駅伝では鬼気迫る走りを見せた。アンカーの8区で登場し、1分40秒差の2位でたすきを受けると、前を行く駒大を必死の形相で追った。視界に捉えられるところまで迫り、33秒及ばなかったものの、諦めない姿勢を主将としてチームメートに示した。柏原は「この悔しさを1月2、3日に返したい」と、涙ながらに雪辱を誓った。

集大成となった4年目の箱根駅伝。柏原は初めてトップでたすきを受け取った。中継所で仲間を待つ表情は満面の笑みだった。「うれしくて、走る前に涙が出そうになった」。追う対象がいなくても、攻めの走りは変わらない。「とにかく後ろとの差を、どれだけ引き離せるかだ」。落ち着いて走り始め、5キロの通過タイムは4年間で最も遅かったという。その分、終盤に余力を残した。登り切る頃、運営管理車の酒井俊幸監督から「区間新記録を狙えるペースだ。1秒をけずり出していくぞ」と声がかかった。「よし。転んでもいいから、どんどん攻めよう」。苦手としていた最後の下りでも、スピードを緩めなかった。自らの区間記録を29秒短縮し、何度も右拳を突き上げて往路4連覇のゴールに飛び込んだ。

その前年の2011年3月、故郷の福島県は東日本大震災と原発事故で未曽有の被害を受けた。往路の優勝インタビューで「僕が苦しいのはたった1時間ちょっと。福島の人に比べたら全然きつくなかった」と語った。古里に思いをはせながらの力走だった。

大差の1位でも1秒にこだわった主将の走りは、さらなる相乗効果をチームにもたらした。東洋大は復路でも4人が区間賞を獲得。10時間51分36秒の驚異的な大会新記録で2年ぶり3度目の総合優勝を果たした。21秒の借りを返そうと臨んだ大会で、2位の駒大に9分2秒差をつけた圧勝だった。柏原は3度目の金栗杯を受賞し、有終の美を飾った。

4度5区を走ったが、自身の状況もチームの状況もそのたびに違った。気象条件も違う。「アプローチの仕方は人それぞれだと思うし、正解もないと僕は思っている。自分の中での正解を見つけられたのが、強かった理由なんじゃないかな」。その都度、自らの感性に従いながら、最適解を導き出した。

12年の5区で往路4連覇を右手でアピールしてゴールする東洋大の柏原

5区を走りたいと思い始めたのは福島・いわき総合高時代だ。08年1月、広島県で行われた全国都道府県対抗男子駅伝で福島県代表に選ばれ、1区区間賞の快走を見せた。高校時代は貧血に苦しみ、3年生になって食事療法で症状が改善した柏原にとって、全国レベルの大会で初めて注目された試合だった。翌日、福島県のチームメートで順大時代に5区で活

柏原竜二の箱根駅伝成績（◎は区間新）

年	区間	時.分.秒	区間順位	チーム
2009	5区	1.17.18◎	1位	優勝
10	5区	1.17.08◎	1位	優勝
11	5区	1.17.53	1位	2位
12	5区	1.16.39◎	1位	優勝

躍した今井に、帰る途中の広島駅でサインを書いてもらった。「5区ってどういう区間ですか」と質問すると、「大変だけど、やりがいがある区間だよ」と答えが返ってきた。この時、同郷の先輩から心のたすきが渡されていた。

卒業後は富士通に進み、マラソンに挑戦したが、故障に苦しむ時期が長く、自己ベストは2時間20分45秒にとどまった。17年に現役を引退後、陸上部だけでなく、アメリカンフットボール部や女子バスケットボール部の活動支援に携わった。その際にも、「自分が思っている以上に、箱根駅伝という舞台は、すごい力を持っているんだな」と、影響力の大きさを感じる場面は多いという。現在は富士通に勤務しながら、文化放送のラジオ番組「箱根駅伝への道」でナビゲーターを務めている。「今の学生に寄り添っていろいろな話を聞き出せればいいし、そこで選手たちが何か気づいてくれればうれしい」。経験を生かしながら、今度は後進に心のたすきをつないでいる。

５　神野大地（青山学院大学）――センスで走破、初Ｖ導く

【２０１４～16年出場】

　小田原の海風が、森から抜ける湿った空気に変わる。
大平台を抜け、８キロ地点に差し掛かった。２０１５年、青学大３年の神野大地は初の５区の厳しさを味わっていた。山登りに挑んだランナーが誰もが直面する急勾配の試練だ。「このままだときつい」。そう思った時、一つの転機が訪れた。小田原中継所で46秒差あったトップの駒大の背中が見えたのだ。「あの背中を追いかければいい。行ける」と身も心も軽くなった。後に振り返れば、ここが箱根の山を制するかどうかの分岐点だった。10キロ過ぎ、駒大に並ぶことなく、一気に抜き去った。「山の神」になるための独走が始まった。

15年の５区で区間新を出して青学大初の往路優勝、総合優勝に貢献した神野

　もとは練習の坂道ダッシュにも苦手意識があり、レースでも上り坂を走るのは不得意だった。だが、不思

議に陸上人生の転機にも山が関わっている。

中学で陸上を始めたが、愛知・中京大中京高では県内に強豪校がひしめいていたこともあり、全国高校駅伝への出場はかなわなかった。個人種目でも無名の存在だったが、2年の冬、長野・菅平での高地合宿の宿舎に青学大の原晋監督が訪ねてきた。

玄関先でのやりとりを鮮明に覚えている。「君の名前は？　走ってる時よりずいぶん小さいな」と原監督は笑って言った。クロカンコースを走る姿が「もっと大きく見えた」という。他大学に先駆けて声をかけてくれた。大会での結果やタイムではなく、走る姿に魅力を感じてくれたことが素直にうれしかった。

神野大地の箱根駅伝成績（◎は区間新）

年	区間	時.分.秒	区間順位	チーム
2014	2区	1.09.44	6位	5位
15	5区	1.16.15◎	1位	優勝
16	5区	1.19.17	2位	優勝

この出会いと言葉が自信になり、高校3年にかけて記録を伸ばした。関東の他大学からも声がかかるようになったが、実績も何もない時に声をかけてくれた青学大に惹かれた。当時の青学大は、09年に33年ぶりの本大会出場を果たした成長著しいチームだったことも大きかったという。「当時の僕の記録では、強豪校に行っても埋もれてしまうような実力しかなかった。青学大はそういう意味でも僕が行く意味があるんじゃないかと。一度くらいは箱根を走れるかもしれないし、チームの力になれるかもしれないと思った」

そんな期待はしかし、入学直後に打ち砕かれた。同学年にはルーキーイヤーから主力として期待された久保田和真や小椋裕介がいた。彼らの陰に隠れる形で1年では3大駅伝出場なしに終わった。「チームの中でも真ん中くらいの力で、このままでは埋もれてしまうという焦りは大きかった」。現状を打破しようと、2年の春にある挑戦を試みた。5000メートルで出場予定だった記録会で「1万メートルを走りたい」と先輩に相談を持ちかけた。短い距離でスピードを競うより、長い距離で粘る走りが自分には適していると感じていたからだ。先輩も「監督に言った方がいい」と背中を押してくれた。寮の監督室を緊張しながらノックし、「1万メートルで出させてください」と直訴した。「ああいいよ」。拍子抜けするほどあっさりとOKをもらった。「監督はその当時の僕をそれほど重要な選手とは思ってなかったと思う。でもそれがチャンスでもあった」。この記録会に勝負をかけた。

スタートに並ぶのは強豪校のユニホーム。名前を聞いたことのある実績のある選手ばかりだった。だが、千載一遇のチャンスにかけていた神野は、攻めの走りで集団に食らいついた。初めて29分台をマーク。原監督も「ああいう攻めの走りが青学大に必要」と絶賛する力走を見せた。これが大きな自信となり、練習や試合でも勝負強さを発揮していく。トラックで結果を残し、チームの主力に這い上がった。2年で2区デビュー。区間6位で5位入賞に貢献した。

3年でも再び2区を担うはずだった。監督からもそう告げられていたが、箱根の約1か月半前の練習が未来を変えることになる。5区を走る予定だった同学年の一色恭志に付き添う形での山登りを想定したトレーニングだった。

神野が最初にスタート。途中で上りにきつさを覚え、しばらく休んでからまた走り出した。それでも、一色は追いついてこない。無心で走り、フィニッシュ地点で待っていると、原監督が興奮を隠せない顔つきで走り寄ってきた。「神野、お前、2区じゃなくて5区だ。山の神になれるぞ」。チーム記録を更新する好タイムをマークしたのは、神野だった。この時から、目標を「山の神になること」に定めた。「特殊な区間なので『山の神』を目指すのを敬遠する選手もいる。でも、僕は陸上競技に取り組むなら目立ちたいと思っていたし、はっきりと『山の神』になりたいと思った」

山登り初挑戦となった15年の5区は、コース変更で約20メートル長くなっていた。2代目「山の神」の東洋大・柏原竜二がマークした1時間16分39秒は参考記録となっていたが、神野が目指すのは、あくまでもそのタイムを塗り替えることだった。

1月2日は目覚めた早朝から、いつにも増して体が軽いのがわかった。小田原中継所で2位でたすきを受け取り、走り出すと、その感覚は確信へと変わる。序盤の平地では設定ペースを大幅に上回り、運営管理車の原監督からは「もう少しペースを落とせ」と指示が飛んだ。「わかってます」と手を挙げて応えたが、自分では制御できない。それほどの絶好調だった。

8キロ地点での唯一のピンチを乗り越え、駒大を抜くとあとは一人旅だった。5区に挑む箱根ランナーが「難所」と呼ぶ「宮ノ下の急坂」など、コースの詳細な情報を事前に頭に入れなかったことも奏功した。身構えることなく、平常心で走れたことが追い風になった。1時間16分15秒。2位明大に4分59秒差をつけ、青学大を初の総合優勝に導き、20メートル長くなったコースで柏原の記録も上回って見せた。文句なしの走りで3代目「山の神」とたたえられた。

1メートル64、43キロの自分が山を誰よりも速く登れたのはなぜか。あのレースの後、何度も人から問われるたびに考え、たどり着いた一つの答えがある。

「自分の限界をぎりぎりで超えないように走る能力があったこと。力の限界を示すラインがあるとしたら、5区ではそれを一瞬でも超えたらアウト。ラインすれすれのペースを見極めて走り続けることが必要で、平地での練習や試合で磨いた感覚が強みになった」

前傾気味で蹴り出した脚が上がりやすい癖が、前方に傾斜があることで抑えられ、ある意味でフォームの矯正につながったこともあるかもしれない。だが、「山の神」でも初代の今井正人（順大）や柏原とは、それぞれフォームも異なる。その中で自分が持っていた5区攻略の鍵があるとしたら、それはトラックレースでも発揮したこのバランス感覚だと分析している。

最終学年でも5区に再び挑んだが、故障の影響もあって区間2位に終わった。直前の全日本大学駅伝ではアンカーに起用されたが、トップの東洋大を抜くことができず、目標の大学駅伝3冠を逃した。「神野が速いのは山だけ」。心ない批判を目にして「山の神」の称号に苦しんだ時期もあった。「だからこそ、万全ではない中で区間2位の結果を残した最後の5区の走りは誇りです」と力を込める。

身体能力ではなく、ランナーとしてのセンスで山を攻略し、注目を浴びた経験は「プロとしてマラソンに挑む今も大きな糧になっている」。紛れもなく、箱根の峻険が鍛えたランナーだ。

第6章　黄金期の記憶

1 中央大学6連覇——スター軍団で金字塔

【1959～64年】

往路のゴール目前、ふらふらと今にも立ち止まりそうな中大の2年生・横溝三郎に、伴走するOBが怒鳴りつけていた。「この野郎、バカったれ」。ただ横溝は、その言葉の意味さえ理解できなかった。1960年、前回大会で3年ぶりに優勝し、この大会でも大本命と見られていた中大が、山登りの5区で苦戦していた。

「今で言えば低体温症でしょう。脱水もあったのかな」。3000メートル障害で4年後の東京五輪代表となる横溝は、前年夏の大会で障害に右膝を強打してしまい、思うような練習が積めていなかった。跳ねるような走り方も、登りの5区には向いていなかった。何とか3位でゴールしたが、往路優勝の日大とは7分41秒の大差がついた。

翌日の新聞を見て、横溝はさらに落ち込んだ。「中大振るわず3位。横溝痛いブレーキ」。序盤からオーバーペースで走ってしまったために、後半にスタミナが残っていなかったとの分析が載っていた。「俺の責任だ。これでは東京には帰れない。いなくなりたい」

ところが、中大は復路で見事な粘りを見せた。5区間中3区間で区間賞を奪い、ついに9区で日大を1秒逆転。10区のアンカー勝負で優勝をもぎ取った。

伏線は、前回大会にあった。OBらの働きかけもあって中大には全国から選手が集まりつつあり、優勝候補にも挙げられていた。そこで西内文夫監督は、10人のメンバーのうち、3区の横溝、7区山崎努、8区南館正行、9区留野豊昭、10区奥宮和文と1年生5人を起用する大胆な作戦を用いた。もともと十種競技を専門としていた監督だけに「素人采配。箱根はそんなに甘くない」との批判もあったが、その若い布陣で見事に優勝を飾った。1年目から箱根を経験した5人は、その後、それぞれ大きく成長し、チームのレベルを一気に押し上げた。

「駅伝は諦めちゃだめなんだな。どこにチャンスがあるかわからない」。横溝は仲間の踏ん張りに救われると同時に、「自分一人のレースだったら途中で走るのをやめていた。駅伝ではやめたら何も残らないと思ったから、最後まで走ることができた」と、走り抜いた自身の頑張りも認める気持ちになったという。

横溝は横浜高時代、既に質量共に大学生をしのぐような練習をこなし、2、3年時の高校総体で5000メートルを連覇した。そんな逸材が中大を志望したのは、36年ベルリン五輪の5000メートルと1万メートルでいずれも4位入賞を果たした、当時中大の村社《むらこそ》講平にあこがれたためだった。積極果敢に先頭に出る村社のレース運びに、「終始先頭を走っていた。すごい人だな」と感動し、伝統のユニホームをまとうことになった。

ただ、入学して面食らったことがあった。当時の中大では、下級生が上級生のマッサージ

中大６連覇（1959～64年）の主な選手

氏名（出場年）	主な実績
横溝三郎（59～62年）	東京五輪3000メートル障害代表（64年）
猿渡武嗣（62～65年）	東京五輪、メキシコシティ五輪（68年）3000メートル障害代表
岩下察男（61～64年）	東京五輪5000メートル代表
若松軍蔵（63～66年）	第１回青梅マラソン優勝（67年）

を担当し、「毎晩12時近くまでやらされた。相手が長距離選手ならそれほど負担はないが、投擲《とうてき》の選手だったりすると、脚は太いわ、硬いわで大変だった」と苦笑いする。

１年生の箱根駅伝では３区で１秒遅れの区間２位。チーム３年ぶりの優勝に貢献したが「今のように通信が発達していなかったので、他校との差がわからなかった。『何秒遅れだから取り返せ』と指示されていたら、区間賞が取れていたのに残念」と悔しがる。

順風満帆な陸上人生だったが、２年の10月、数人で行った５区の練習会で予想外の展開となる。「誰も前に出なかった。みんな登りはやりたくない。自分は膝を痛めていて本調子じゃないのに、トップで入っちゃった」。３０００メートル障害が専門で、バネの効いた走りは登りには不向きだったが、はからずも起用された5区で苦しむことになった。

前年の失敗から「何としても今回は頑張らないと」との思いが強かった3年では、今度は山下りの６区を任され、区間2位で3連覇のメンバーとなり、雪辱を果たした。最終学年では、アンカー10区を務めて区間賞に輝き、4連覇のゴールテープを切った。「監督がお土産を持たせてくれたんでしょう。最後の年くらいはいい思いをさせてやるから、アンカーを走れって。つらい思いをさせたのがわかっていたんじゃないですか」と、最後の花道を振り返る。

その後、連覇は史上最長の6まで伸びた。そのメンバーからは、64年東京五輪代表に横溝のほか、岩下察男《さつお》、猿渡武嗣も選ばれるなど、まさに多士済々だった。5連覇時にアンカーを務めた碓井哲雄が生前、「優勝を争う相手は日大だけだった。誰がどこを走っても勝てるという自信があった」と語るほどの、圧倒的な戦力を誇っていた。

2023年の箱根駅伝後、横溝は総監督を務めていた東京国際大で、83歳にして監督を任された。週2回は朝練習のため、横浜市の自宅を午前3時に出て、埼玉県坂戸市のグラウンドまで車のハンドルを握る。それ以外の日は1時間以上のウォーキングを日課とし、週末は有力な高校生をスカウトするため、全国の大会を飛び回っている。

「あの5区で諦めずに頑張れたから、今でも頑張れるんだと思う」。半ば意識を失いながらも、たすきをつないだプライドが、大ベテラン指導者のエネルギーを生み出している。

62年、4連覇のゴールに向かう中大のアンカー横溝三郎

2　日本体育大学5連覇――「火の玉」監督、情熱指導【1969〜73年】

連覇への希望の光は、ほとんど消えかけていた。

日体大が3連覇を目指していた1971年。往路を制したのは日大だった。2位国士舘大、3位順大。誤算が続いた日体大は、首位から7分55秒遅れの4位だった。

「正直、さすがに優勝は難しいと思った」

そう振り返るのは、7区に起用されていた小沢欽一。それでも、日体大は6区のルーキー今野秀悦が区間賞を奪い、1位日大との差を5分58秒まで縮めた。当時は復路で全校一斉スタートだったため、見た目ではトップに立った。

「今野がよく走ってくれたので、よし、まだわからないとなった。行けるところまで飛ばして、後ろを離せるだけ離そうと、思い切って出て行った」

小雪のちらつく中、小沢はトップスピードで走り出した。神奈川・小田原城東高（現小田原東高）出身で、地元の7区は練習で使ったなじみの通りだった。さらに、前年は逆コースとなる4区で区間2位をマークし、「コースは隅から隅まで頭に入っていた」。追う立場ながらトップを走る状況で本来の順位はわからなかったが、「とにかく最初から最後まで全力で

左：３連覇を果たした日体大のアンカー岩渕仁
右：70年、４区で日体大２連覇に貢献した小沢欽一
（本人提供）

走り抜いた」。

地元の声援を受け、無心の疾走で、区間2位に2分51秒差をつける1時間4分43秒の区間新。トップ日大と1分54秒差の2位まで浮上し、往路で沈んだチームを一気に生き返らせた。9区では順大に抜かれて3位に転落したが、9区終了時点でトップ日大から1分24秒差で2位順大、さらに3秒差で日体大が続くという大混戦で最終区に突入した。

そして、勝負を託された日体大のアンカー岩渕仁は、冷たいみぞれが降り続く中、新記録の区間賞という快走を見せ、日大と順大を抜き去った。2位順大とは23秒差、3位日大とは1分21秒差。まれに見る三つどもえの接戦を制し、日体大が「奇跡の大逆転」で3連覇を遂げた。この最大の危機を乗り越えた日体大は、その後、連覇を5まで伸ばすことになった。

69年の初優勝から4年間、連覇に貢献した小沢は、

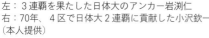

日体大5連覇（1969〜73年）の主な選手

氏名（出場年）	主な実績
小沢欽一（69〜72年）	アジア大会（テヘラン）5000㍍銅（74年）、別府大分毎日マラソン優勝（75年）
岩渕仁　（71、72年）	アジア大会（バンコク）3000㍍障害銅（78年）
村上邦弘（72、73年）	日本学生対校選手権3000㍍障害優勝（72年）
田中弘一（69〜71年）	15000㍍日本記録樹立（70年、当時）

全盛期の到来について「大学が強化に本気になったのと、やはり岡野さんのおかげでしょう」と語る。小沢が入学した年、寮が完成。青年監督の岡野章は「火の玉のような情熱」で、母校の指導に当たったという。

当時の学長を務めていた栗本義彦は、東京高等師範学校で21年の第2回大会から4回連続で箱根を走った、日本長距離黎明期のランナーだった。箱根駅伝を創設した金栗四三の後輩にも当たり、駅伝強化には特に情熱を注いでいた。岡野は4年連続で箱根を走り、62、63年大会では2区を務めた日体大OB。栗本に請われた岡野は63年の卒業後からすぐに駅伝監督に就任し、当初は自身も走りながら強化を進めた。

ニュージーランドの名指導者、アーサー・リディアードの練習方法をベースにした岡野の練習は、「スタミナがあればスピードもついてくる」「時間と距離で体を作る」という理念に基づいた、徹底した走り込み重視のものだった。寮があった東京・世田谷から多摩川の河川敷を羽田まで行って折り返す40キロ、伊豆大島合宿での起伏に富んだ40キロ、長野・白樺湖での2時間半走、トラックでの3万メートル。「思い起こせば、そんな長距離ばかりやっていて、本当にスピード練習はあまりしなかった」と小沢は振り返る。

そんな厳しい練習を課しながら、指揮官は選手の気持ちにも寄り添った。寮の部屋には番号の代わりに「1区、2区、3区……」と名付け、選手たちの駅伝への思いを盛り上げた。箱根前には、NHKラジオの過去の大会中継をグラウンドで流し、本番に向けてメンバーたちの士気を高めた。さらに、メジャーを手に箱根のコースを自ら歩いて測り、1キロごとに目印をつけ、本番では監督車から正確なラップを読み上げたという。

「今では当たり前だけど、毎月記録会を開いてA～Dチームの入れ替えをするなど、100人以上いた選手たちのやる気を出させるのがうまかった」。小沢が解説するように、情熱家の岡野が課した豊富な走り込みと、大所帯のチーム全体の意欲を高めるアイデアで、新興体育大は徐々に力をつけていった。68年に日大に次いで初の総合2位に食い込むと、翌69年にはライバル日大、順大を下して初優勝を果たした。この年は、中大、早大が11、14位で予選校落ちするなど、新鋭日体大の躍進と対照的に伝統校の凋落が目立った年でもあった。

「ライバルの順大が切れ味鋭いカミソリなら、日体大はナタのような強靭さがあった」。当時の強さを、小沢はそう表現する。74年に連覇は5で途切れるが、77～83年の7年間で4度の総合優勝を果たしたように、ナタのような破壊力を誇る日体大は、70、80年代の箱根で一時代を築いた。その中から、幻の80年モスクワ五輪代表となる中村孝生、モスクワ代表に加えてロサンゼルス、ソウルの両五輪に出場した新宅雅也（永灯至）、91年世界選手権東京大会男子マラソン金メダルの谷口浩美など、日本を代表する長距離ランナーを輩出していった。

3　順天堂大学4連覇——復路で逆転、お家芸

【1986〜89年】

1989年1月7日に昭和天皇が崩御する4日前。まさに昭和最後の箱根駅伝で4連覇を達成したのが順大だった。澤木啓祐（当初はコーチ、82年4月から監督）の指揮下、79年に13年ぶり2度目の優勝を果たすと、81、82、86〜89年と80年代に計6度優勝の黄金期を築いた。

4連覇全てに貢献した唯一の選手が倉林俊彰だった。「錚々たる選手がいた。スピードのあるランナーが勢ぞろいして、メンバーになるのがとにかく大変。4年生になっても必死だった」。先輩には高校時代から実績のあった工藤康弘、85年関東学生対校で5000メートルと1万メートルを制した岩佐吉章、後に93年世界選手権男子マラソンで5位入賞する打越忠夫らが在籍していた。卒業後の95年には世界選手権男子マラソン代表となる倉林が、簡単にはレギュラーの座を奪えないほどの精鋭がそろっていた。

何より澤木監督の存在が絶大だった。「かなり厳しい先生だったので、グラウンドでの緊張感は半端なかった。先生が来たら雰囲気がぴりっとする。あの緊張感があったから集中力も高まり、持っている力を引き出せた部分もある」。練習が始まるまで、その日のメニュー

がわからないこともたびたびあった。「緊張感があったから対応できた。ぼーっとしていたら、走れない」。倉林は現役引退後、女子実業団チームで指揮を執るが、「私も指導者になったものの、ああいった雰囲気はなかなか作れない」。陸上関係者から「鬼の澤木」とも呼ばれた恩師ならではの威厳が、常にチームを引き締めていた。

86年、１区を担ったのは１年生の畑中良介。実は控えの予定だった。２区にエントリーされた打越が故障で調子が上がらず、本来は１区の予定だった衛藤道夫が２区に回った。「当て馬がそのまま走った」という畑中は、目標タイムを上回って10位で２区の衛藤にたすきをつないだ。衛藤が10位をキープすると、３区岩佐が区間賞、４区倉林は区間６位、５区新井広幸が区間４位と踏ん張り、往路は１位早大と６分32秒差の５位で終えた。そして、ここからが「復路の順大」の真骨頂だった。７区の石原典泰が区間賞の快走で２位に浮上。そして、最終10区でついに工藤が早大をとらえ、逆転で総合優勝をつかんだ。

卒業後は福島県で高校の指導者となる畑中は、勝利に導く澤木監督の采配について「使いたい選手も故障していれば潔く外す。だから大ブレーキがなかった」と説明する。恩情を廃して勝負に徹するのが「澤木マジック」の極意の一つだった。

87年も前年と似たような展開だった。往路は３位で折り返し、８区松田卓也と９区横道正憲が連続区間賞に輝いて首位に浮上。10区工藤が逃げ切り、２連覇を達成した。８区松田、９区横道、10区工藤のオーダーは前回とまったく同じだった。

順大4連覇（1986～89年）の主な選手

氏名（出場年）	主な実績
打越忠夫（88年）	世界選手権（シュツットガルト）マラソン5位（93年）
倉林俊彰（86～89年）	世界選手権（イエテボリ）マラソン41位（95年）
仲村明　（87～90年）	世界選手権（東京、シュツットガルト）3000㍍障害代表（91、93年）
山田和人（87～90年）	アジア大会（北京）3000㍍障害金（90年）
鈴木賢一（88～90年）	アジア大会（広島）マラソン6位（94年）

圧巻だったのは88年だ。3区打越、4区石原が連続区間賞。5区倉林も区間2位の力走で、往路優勝を果たした。さらに、復路は6区仲村明が59分26秒の区間新をマークするなど、何と5人全員が区間賞。2位大東大に17分9秒の大差をつけ、11時間4分11秒の大会新記録をマーク。往路も復路も制して、3連覇を成し遂げた。倉林が「布陣もそろって、僕ら自身もびっくりするくらい強かった」という完勝劇だった。

一方、非の打ちどころのない優勝は翌年のメンバーには重圧になった。畑中は「何となく浮足立った」と表現するが、この年は体育学部のあるキャンパスが千葉県習志野市から同県印旛村（現印西市）に移転した年でもあった。「今思えば、環境の変化に適応できてなかった影響もあった」。完勝とキャンパス移転が重なったチームの微妙な浮つきを、畑中は感じていた。

そんな空気を引き締めていったのが、やはり3連覇を経験した最上級生だった。倉林は「我々が4年生になった時に、負けるわけにはいかない。戦力的には3年時の方が上だったが、負けたくない、何とか勝とう」とチームを鼓舞し、最後の箱根へ向かった。

そして、89年の箱根駅伝。１区は陸上部全体の主将を務めた三浦武彦が、区間賞で最高の滑り出しを飾った。４区倉林も初の区間賞を獲得し、５区仲村は区間２位の力走で往路優勝のゴールテープを切った。復路は６区今村稔和が日体大に逆転されて２位に後退したが、駅伝主将の畑中と山田和人が８、９区で連続区間賞に輝き、再びトップを奪回。10区巽博和も悠々と逃げ切り、11時間14分50秒で４連覇を果たした。畑中は「ホッとした。それが一番」と当時の心境を語る。

89年、９区で日体大の大梶義幸（右）を抜き、首位を奪い返した順大の山田和人

それにしても、なぜこれほど復路に強かったのか。そのヒントは倉林の次の言葉にある。「復路は９、10区で勝負をかける戦略が澤木先生の中にあった」。充実した戦力の調子を見極め、往路の重要区間も担えるエース格を復路の最終盤に使う配置バランスの妙が、お家芸を演出した。

畑中は学生生活を「非常に充実した４年間で、これ以上のものはない」と言い切る。３年では左かかとの故障で箱根には出場できず、「自分が走らないと微妙に（感動が）違う」と、心から喜ぶことはできなかった。それでも、「その気持ちを味わえたからこそ、指導者となった今、故障で走れない生徒の気持ちもわかる」。悔しい経験も含めた鍛錬の日々が、教員生活に生かされたことを実感している。自身が指導した原町高からは、後に「山の神」となる今井正人を順大に送り出すという功績もあった。「自分の大学時代も充実していたが、彼が活躍してくれたことの方が本当にうれしい」。黄金時代に築かれた伝統は、脈々と後進に受け継がれている。

4　駒澤大学4連覇――王者のマインド脈々と【2002～05年】

2005年1月、箱根駅伝で駒大が史上5校目の4連覇を成し遂げた直後のことだ。主将として祝勝会で壇上に立った田中宏樹は、快挙に沸く約1000人のOBたちを前に、こう語ったことを鮮明に覚えている。「去年までは先輩方に勝たせていただきました。そして今年は、後輩に勝たせてもらいました」。用意していたわけではなく自然に、心の底から出た言葉だった。

田中は箱根に4度出場し、その全ての大会で頂点に立った希有な選手だ。4連覇した駒大では田中と塩川雄也の2人だけ。99回の箱根の歴史を見渡しても、4連覇以上を果たした日大、中大（６連覇）、日体大（５連覇）、順大、青学大を合わせた６校で14人しかいない快挙だ。

だが、田中はその事実を走り終えてしばらくしてから知った。両親が教えてくれたが、そう聞いてもそのこと自体、それほど重要とも思わなかった。「３年と４年で４区を走らせてもらい、２年連続で区間賞を獲得しました。これは僕の記録なのでうれしかった。でも、４連覇は駒大がチームとして成し遂げたことで、たまたま僕が走ったというだけ。駒大の力だと思います」。当時からそう思っていたから、祝勝会で先輩、後輩への感謝が口をついたのだと考えている。

駒大は１９９５年に大八木弘明がコーチに就任。２０００年に初の総合優勝を果たした伸び盛りのチームだった。連覇を狙った01年は順大に敗れて準優勝。田中が岡山・倉敷高から駒大に進んだのは、その直後の春だ。高校時代は無名の存在だったが、ロードで単独走を得意としていた。そして、当時の駒大は駅伝強化のために、そんなタイプの選手が集まっていた。「チーム全体にまた箱根で勝ちたいという空気が充満していた」と田中は振り返る。

指導に情熱がほとばしる大八木コーチのもと、各学年や寮の各部屋にリーダーがいた。誰もが優勝の喜びをまた味わうために、普段は仲が良くても、練習から目の色が変わった。練習で気持ちが入らない様子が少しでもあると、コーチよりも先に先輩が主導してミーティングを開き、「こんなんじゃだめだ」と後輩を叱咤した。寮の１階にあった監督室からは、誰かが叱責を受ける声が聞こえたこともあったが、重苦しい雰囲気を部屋に持ち帰る選手はいなかった。全ては強くなるために。指導者も選手もそれを当たり前と捉え、チームとして一つの方向を向いていた。

02年に2度目の総合優勝。引き締まったチームの雰囲気は伝統として受け継がれた。04年に3連覇しても、チームの空気がたるむことも、連覇へのプレッシャーに苦しむこともなかった。田中も、先輩がしてくれたことを、後輩にするように心がけた。

最終学年となり、大八木コーチが監督に就任。田中は監督から主将に指名された。監督が見込んだのはその「負けん気の強さ」だ。情熱家の監督が言うことでも鵜呑みにせず、自分やチームの意見を伝えた。イエスマンではなく、選手の代表として自立している選手を主将に任命したのは、大八木監督一流のマネジメント術だった。大八木監督は田中にメンバー選考の相談をするほど信頼を寄せていた。

田中は主将就任のあいさつで、チームにこう伝えた。「4連覇を狙うんじゃない。次の1試合に必ず勝つ。そういう気持ちで戦おう」と。

その気の強さが空回りしたこともあった。主将になって約1か月後、田中は監督室に呼ばれ、「お前は後輩に厳しすぎる。このままなら代えようと思う」と伝えられた。田中には思い当たる節があった。チームを強くしたいという気持ちが強い余り、言葉遣いが厳しくなっていたのかもしれない。監督がささいな言動まで見ていることに改めて気づいた瞬間でもあった。「改めますので、見ていてください」。チャンスをもらい、より一人一人の性格やチーム内での立ち位置を注意深く見るようにした。学年で鍵になる選手に「次の試合、頼むよ」と声をかけ、発奮して成績が伸びると、仲の良い選手も引っ張られるようにして成長した。

当時の大八木監督に、4連覇への不安がなかったわけではない。選手にはことあるごとに「お前たちは負ける悔しさを知らない。それが不安だ」と伝えていた。敗戦から学ぶことは多い。00年に初優勝後、01年の2位でチームとして得た教訓は大きかった。負けることで自身を省みた経験、また這い上がろうとする執念、箱根に関してはそういったものがない。それが大八木監督の懸念材料だった。

田中は大八木監督がそう言うたび、「僕たちは確かに負ける悔しさを知りません。でも、勝つ喜びは誰よりも知っています」と応じた。就任時のミーティングで語りかけたように、4連覇を目指すのではなく、目の前の試合に勝つことに集中する。そのためにも、箱根の連勝記録や4連覇すれば史上何校目かといった情報は、頭に入れなかった。

箱根駅伝のメンバーの座をかけた年末のタイムトライアルでは、約60人の部員全員が自己ベストに迫る好タイムをたたき出した。

駒大4連覇（2002～05年）に貢献した主な選手

氏名（出場年）	主な実績
神屋伸行（1999～2002年）	日本学生対校選手権ハーフマラソン優勝（2000年）
揖斐祐治（99～02年）	世界ジュニア選手権5000メートル7位（1998年）
松下龍治（00～03年）	ユニバーシアードハーフ銅（2001年）
田中宏樹（02～05年）	青梅マラソン優勝（07年）
佐藤慎悟（03～06年）	日本学生対校選手権ハーフ優勝（04年）

4連覇を果たした05年、3区の井手貴教（左）からたすきを受ける駒大の田中宏樹

田中は「箱根メンバーの10人だけでは勝てない。部員全員が勝ちたいという思いを共有し、誰が代わっても戦える状態。そうなって初めて優勝を狙える」と語る。それは、23年の箱根駅伝で学生駅伝3冠を達成した大八木総監督の言葉と奇妙なまでに一致している。田中は「4連覇したチームはまさにそうだった。迎えた箱根当日の朝、感じたのは緊張や重圧ではなく、『やっと本番が来た。これなら勝てる』というほっとした感覚だった」という。

その感覚は現実になった。往路は序盤に出遅れたが、4区の田中が区間賞で3位に浮上。トップ東海大と30秒差で復路につなぎ、7区で先頭を奪った。9区の塩川が区間新記録で突き放し、4連覇を達成した。

「平成の常勝軍団」。駒大は尊敬の念を込めてそう呼ばれた。「4度走った僕自身、個人では目立った成績を残せる選手ではなかった。でも、走った僕たちだけでなく、リザーブの選手も、マネジャーも、部に関わる全員が本気で『勝ちたい』と思っていた。常勝軍団の強さの理由を聞かれれば、そう答えます」。田中が語るように、何より強固な団結力が王者の土台を支えていた。

５　青山学院大学４連覇――「大作戦」チーム結束　【２０１５〜18年】

２０１５年に初優勝を果たすと、そのまま18年まで一気に４連覇を達成した青学大。箱根駅伝の歴史と文化に、かつてないような新しい風を吹かせた。

「これから優勝を狙っていくチームになる。そこに入れば、僕自身も強くなれる」。そう考えて14年に入部した田村和希が、まず感じたのは明るく、前向きな、居心地のいい雰囲気だった。選手たちは毎月、目標とその達成方法を「目標管理シート」に記入し、選手間で「目標管理ミーティング」を行う。学年や競技力に関係なく５人程度のグループに分かれ、毎回違う顔ぶれで意見をぶつけ合う。田村は「１年生は４年生に対して『こうしたらいい』とか言いづらいものだけど、素直に思ったことを伝えると、『なるほど』『勉強になるわ』と言ってもらえた」。上級生と下級生が風通し良く、自然にコミュニケーションがとれる寮生活は、楽しくて仕方なかった。

一方、同期の下田裕太は「規律はすごくしっかりしていた」と、決して馴れ合いの仲良し集団ではなかったことを強調する。午後10時の門限を破ったり、朝練習の集合に寝坊したりする選手はいなかった。「日本で一番を狙うチームにあって、それは必要なことだと思っていたし、苦にはならなかった」。模範となる先輩がいた。2学年上の神野大地だ。下田は「ストイックさではダントツで神野さんがすごかった。自分に厳しいのはもちろん、さらにチームをもっと良くしようと、いろんなことを発信していた」。人一倍入念なストレッチや、補強トレーニングを行う姿は、周りの選手たちにいつも刺激を与えた。

14年から原晋監督が取り入れたのが、「青トレ」と呼ばれる青学大独自のトレーニングだった。「腕立て伏せ、腹筋、背筋、鉄棒は、果たしてランニングにつながるのか」。原監督は以前から従来のトレーニング方法に疑問を持っていたが、自身にはノウハウがなかった。そこで、「餅は餅屋」と頼った専門家が、多くのアスリートをサポートしてきたフィジカルトレーナーの中野ジェームズ修一氏だった。

中野氏の理論は明快だった。例えば、腕立て伏せや従来の腹筋運動は無駄な筋肉をつけるだけだとし、走る際に体幹を安定させる横腹の深部にある腹横筋を鍛える補強運動などを取り入れた。「なかなか受け入れられない先輩方もいたが、僕らは入ったばかりだったので、すんなりと取り組むことができた」という田村は、青トレの成果もあって着実に力をつけた。そして、ルーキーイヤーの15年箱根駅伝は4区に起用され、3位でたすきを受けると、区間新記録の54分28秒で駆け抜けて2位に浮上。1位駒大とは46秒差で5区の「3代目・山の神」神野にたすきを渡した。

すると神野は、距離が約20メートルだけ長くなった新コースで、東洋大・柏原竜二の記録を24秒上回る、1時間16分15秒の快記録を打ち立て逆転に成功した。2位明大に4分59秒の大差をつける往路優勝。「神野さんのインパクトがありすぎて、あまり自分は目立たなかったけど、すごく自信になった大会だった」。青トレ効果をチームで実証する往路優勝に貢献し、田村は自身が積み重ねてきた努力が、間違っていなかったことを確信した。

復路も7区小椋裕介、8区高橋宗司、9区藤川拓也が3連続区間賞を獲得するなど、盤石のリレーを見せた。原監督が「わくわく大作戦」と銘打って臨んだ大会で、史上初めて10時間50分を切る10時間49分27秒をマークし、初優勝を飾った。

16年は1区久保田和真が1位で滑り出すと、3区秋山雄飛と4区田村も区間賞を獲得。この年は故障続きで万全ではなかった5区神野も、区間2位の力走で往路2連覇のゴールテープを切った。復路も7区小椋、8区下田、10区渡辺利典が区間賞。「ハッピー大作戦」と名付けて臨んだ大会で、一度も先頭を譲らない「完全優勝」で2連覇を果たし、青学時代到来を印象づけた。

翌年度は神野が卒業した穴を、いかに埋めるかが懸案だった。しかし、チームはそんな不安を吹き飛ばす快進撃を演じた。出雲駅伝、全日本大学駅伝を制し、3連覇と大学駅伝3冠のかかる17年箱根駅伝には、「サンキュー大作戦」の作戦名を引っさげて臨んだ。

17年、7区の田村和希（奥）からたすきを受ける青学大の下田裕太（代表撮影）

3区秋山が2年連続の区間賞でトップに立つと、4、5区でも首位を守って往路優勝。ところが、復路の7区で異変が起きた。直前に体調不良があり、予定していた3区から7区に回った田村が脱水症状を起こし、15キロ付近からペースを大幅に落とした。「いつ止まってしまうかなと不安だった。後ろがすごく気になった」。区間11位と失速したものの、最後の力を振り絞り、何とか首位は守って、たすきを8区下田につないだ。

下田は田村に「任せろ」と叫び、勢いよく飛び出した。「元々、不安要素のある7区だったので想定の範囲内。田村の姿が見えた時はありがとうという気持ちだった」。区間賞の快走で再びリードを広げ、チームを3連覇と大学駅伝3冠達成に導いた。

全10区間の調和を取る「ハーモニー大作戦」で臨んだ18年は、バランスの取れた区間配置が絶妙だった。往路を東洋大に36秒差の2位で折り返すと、山下りのスペシャリスト小野田勇次が6区区間賞で山を下り、狙い通り首位に立った。さらに7区林奎介が区間新記録の快

青学大4連覇（2015〜18年）の主な選手

氏名（出場年）	主な実績
神野大地（14〜16年）	アジアマラソン選手権（東莞）優勝（19年）
小椋裕介（13〜16年）	ハーフマラソン日本記録保持者
一色恭志（14〜17年）	東京マラソン15位（2時間7分39秒、20年）
田村和希（15〜18年）	日本選手権1万㍍優勝（19年）
下田裕太（16〜18年）	東京マラソン13位（2時間7分27秒、20年）

走で続くと、8区下田も3年連続の区間賞。後続を力強く突き放す3者連続区間賞で勝負を決め、4連覇を果たした。下田は「4年間やってきたことが一つの形になって良かった」と胸を張った。

この4年間で、2桁の区間順位は17年7区11位だった田村のみ。唯一といえるピンチについて田村は、「勝ってすごくホッとしたし、これが駅伝なんだと感じた。当時、チームメートにごめんと謝った記憶があるが、今思えば、ありがとうと感謝の気持ちを伝えるべきだった」。一人がつまずいても、仲間に助けられて喜び合えるのが駅伝の醍醐味。「サンキュー大作戦」をやり遂げた大会で、選手たちは互いに感謝の思いを胸に刻んだ。

笑顔あふれる選手たちが、箱根に向かって絶妙なまとまりを見せる、まさに美しく調和のとれた青学大の黄金期。原監督恒例の作戦名は単なる話題作りではなく、年々変わりゆく学生チームを体現するメッセージだ。そんな発信が新たなファンを、箱根駅伝へと惹きつけている。

第7章　4年連続区間賞！

【1965〜68年出場】

1　土谷和夫（日本大学）——伝説スパート、勲章4度

1968年メキシコシティ五輪代表の鈴木従道《つぐみち》は64年5月の日本学生対校を、今でもはっきりと覚えている。日大1年の土谷和夫が、男子5000メートルで順大3年の澤木啓祐とデッドヒートを続けていた。「同じ1年生でも土谷さんは雲の上の存在だった。私なんか鞄持ちで、初めて国立競技場に来て、ダッグアウトの下から夢中で応援していました」

ラスト500メートルから土谷は鮮やかなスパートを見せ、競り勝った。「元々は短距離走者だったから、ラストの切れ味がすごかった」

土谷は八幡製鉄での2年間の実業団生活を経て、日大に入学した。2学年上で後にマラソンで3度五輪に出場する宇佐美彰朗はそのスピードに驚いた。「もう別格だった。インターバルトレーニングをしていると、すぱーん、すぱーんと走っていく。実戦では、実業団で培ったのか、へたな頑張りをしないで力を残しておいて、最後のスパートで勝つ作戦。とてもまねできなかった」

土谷とライバルの澤木のトラックでの競り合いを見ていて、「自分とは関係のない世界。マラソンで勝負していこう」と決断したという。

鈴木は、土谷の走りに圧倒されると共に、チームのレベルの高さに焦りを覚えた。前年の全国高校駅伝で栃木・矢板高でエース区間の1区を走り、区間4位の好成績を収めていたが、同学年には福岡・福岡大大濠高で、その1区の区間賞に輝いた藤田国夫もいる。当時の日大は部内で何度も20キロの記録会を行い、箱根駅伝の選手を絞っていった。夏休み前の最初の記録会で鈴木は15位。「これじゃ箱根は走れない」と夏休みの間、1日2～3回の猛練習を積んだ。休み明けの記録会で、鈴木はトップで走る。「皆、夏休みでのんびりしていたんでしょう。でもその後はいつも上位で走れるようになった」。別格のランナーである土谷に時々勝てたことが、自信になった。

土谷和夫の箱根駅伝成績（◎は区間新）

年	区間	時.分.秒	区間順位	チーム総合成績
1965	2区	1.14.40	1位	優勝
66	10区	1.03.34◎	1位	2位
67	10区	1.03.17◎	1位	優勝
68	10区	1.06.49	1位	優勝

土谷は、その年の日本選手権1万メートルで優勝するなどして、東京五輪の代表となるが、結局、走ることはなかった。マラソンで銅メダルを獲得する円谷幸吉が1万メートルも走り、同種目の日本人としては28年ぶりの入賞となる6位に入るのだ。

65年の箱根駅伝。土谷はエース区間の2区を任された。1区藤田から7位でたすきを受け取ると、区間賞の走りでトップに立つ。3区鈴木も区間賞でリードを広げた。1年生3人が並ぶリレーで日大はレースの主導権を握り、そのままトップを譲らなかった。7年ぶりの優勝を果たし、中大の7連覇を阻んだ。既に国内を代表する長距離ランナーである土谷はもちろんだが、藤田や鈴木にとっても堂々たる箱根デビューとなった。
しかし、その後、土谷は2区を走っていない。2年目から指定席は10区だった。
66年大会。2区を走ったのは宇佐美だった。1区では国士舘大がトップで、2位順大、3位日大の順だった。順大の2区澤木はトラックでは国内を代表するランナーだったが、ロードではそれほど実績を残していなかった。「追いつけるだろう」と走り出した宇佐美だったが、澤木の姿は見えてこない。「澤木に韋駄天走りされたな」。順大は澤木の区間賞でトップに立つ。宇佐美は3分4秒遅れの区間2位だった。流れをつかんだ順大は、じりじりと引き離し、往路優勝を飾った。

9区鈴木までには既に9分近い大差がついていた。「10区の土谷と2人で逆転してくれ」。コーチから言われた鈴木はオーバーペースで入ってしまい、途中から失速して順大との差を詰められなかった。順大はこれが初優勝。日大は2位だった。

10区土谷は区間新記録の走りで復路優勝に貢献し「往復とも順大に取られちゃ、伝統校の

67年、10区でゴールする日大の土谷

恥だ」と語ったと、当時の読売新聞は伝えている。

67、68年は、土谷と並ぶエース格に成長した鈴木が2区を走り、日大は豊富な戦力で連覇を飾った。それだけに鈴木は「土谷さんが2区を走っていれば、4連覇できた。実力的には毎年2区を走って当然だったのに、なぜ走らなかったんだろう。自分で10区を希望したのかな」と残念がる。宇佐美は「ちょっとした差なら、最後の土谷で挽回できるという作戦だったのではないか」と、チーム戦略だったとの見方を示している。

だが、宇佐美と同学年で、後に大東大監督として箱根で4度優勝する青葉昌幸は、苦笑混じりに土谷の意外な素顔を明かす。「合宿所はいつの間にか飛び出してしまうし、練習にも時々しか顔を見せない。酒に酔って自転車で転んでけがはする。指導者はそれほど信頼していなかった。でも、名前のある彼が最後に控えていれば、他校は警戒するからね」。天才肌の個性派ランナーが、駆け抜けた4年間だったようだ。

2　山本吉光（東京農業大学）――大エースと極めた走り

【1974～77年出場】

短く髪を刈り込み、花の2区を担った大エース服部誠が、トップで戸塚中継所にやってきた。

1974年、第50回の記念大会で東農大のルーキー山本吉光は3区に起用された。

「服部さんは先頭で来ると思ってた。流れを変えないようにと、それだけ考えて走り出した」

1区で13位と出遅れた東農大は、2区服部が箱根史上初の2桁ごぼう抜きとなる12人抜きを演じて一気に首位に浮上。東農大がトップを走るのは、第5回大会以来50年ぶりの快挙だった。チームにとってはまさに歴史的な状況だったが、山本は至って冷静だった。

「最初の下りをスピードを落とさず、ブレーキをかけず、楽に走る。そこでリズムをつかめば、後の平地は、その流れでいける」

2学年上の服部と同じ神奈川・相原高出身。高校時代に何度も走った地元のコース攻略法は、完璧に頭に入っていた。事前のプラン通り走り抜き、首位を守って区間賞。服部、山本の連続区間賞でリードを広げた東農大は、4区佐藤誠、5区壱岐利美も着実につなぎ、史上初の往路優勝に輝いた。「区間賞も往路優勝もまったく考えてなかった。みんなで宿舎で喜び合った」

総合4位も実に40大会ぶりという復活劇。これが東農大最盛期の序章となった。

第2回大会から出場する古豪東農大。しかし、66年から71年までの6年間は予選会を通過できない低迷期に陥っていた。それが、わずか3年での大躍進。キーマンは「やっぱり服部さん。みんな服部さんのストイックさを見て、引っ張られて強くなったから」。山本が語るように、高校時代から同学年だった宗茂・猛兄弟をねじ伏せて高校総体優勝を遂げるなど、数々の全国タイトルを手にした服部の存在は大きかった。

ただ、箱根駅伝は10人で走る団体競技。チームとして強くなったのは、当時の高橋重清監督、服部、山本、佐藤という、70年全国高校駅伝で関東勢として初の優勝を遂げた、神奈川・相原高の指導者とメンバーが、そろって加入したことが最大の要因だった。

中でも大黒柱の服部に次いで、チームを中核で支えたのが山本だった。64年東京五輪のカヌー競技の会場となった相模湖にほど近い、神奈川県相模原市緑区の山あいにある北相中出身。中学時代はバレー部だったが、1学年2クラスの小規模校だったことからサッカーなど他のスポーツにも取り組んだ。陸上の大会があれば、持ち味のバネを生かして短距離や走り幅跳び、三段跳びなどに挑戦した。長距離に転向したのは、高校1年の秋。3年には高校総体5000メートル王者の服部がいて、転向わずか3か月後の全国高校駅伝では6区6位で全国制覇の一員となった。

高校3年では関東大会5000メートルで優勝。1500メートルでは後に日本記録保持者となる石井隆士に次いで2位と着実に力をつけ、服部の後を追って東農大に進んだ。

大学で再び服部のチームメートとなると、山本は心を決めた。「とにかく服部さんについて行くんだと。ついて行けば、必ず強くなる。なぜかって？　それほど服部さんはすごかっ

75年、３区で区間新記録をマークした東農大の山本（本人提供）

たから」

服部は文字通り、背中でチームを引っ張った。どんな練習でも手を抜かず、常に先頭を走る。授業のない日は、早朝、午前、午後と3部練習をする。酒はまったく飲まず、夜10時には就寝して規則正しい生活を守る。左右のバランスを取るためと、箸は利き手ではない左を使い、刺激物のカレーやコーヒーは絶対口にしなかった。

「しかも、すごい負けず嫌い。ジョグの練習でもどんどんスピードを上げて、最後は引き離さないと気が済まない。そんな服部さんに必死について行って、みんな強くなっていった」

トラックの４００メートル１００周や多摩川河川敷での30キロなど、とにかく距離を走り込むメニューが多かったが、最後はいつも競走となるサバイバル練習で、チームは力をつけていった。

そして、2年目の75年、服部と山本は再び2、3区でコンビを組んだ。監督からは「2人でどれだけ貯金を作れるかがポイントだ」と言われていた。その期待に応え、2区服部は1

時間13分21秒の区間新記録をたたき出し、4人を抜いてトップへ浮上。その快走を引き継ぐように、山本も1時間4分42秒のアベック区間新で、後続を突き放した。ただ、4区でブレーキがあり、ミスター山登りこと大久保初男を擁する大東大に往路復路とも優勝をさらわれたが、往路2位、総合でも4位と、再び優勝戦線で戦った。

服部が抜けた3年は4区に登場。1時間3分30秒の区間新でトップ大東大に肉薄し、往路2位、総合は48大会ぶりで過去最高タイの3位に導いた。

そして、「総合優勝を狙った」という4年目は、ついに服部の定位置だった花の2区に起用された。6位でたすきをもらうと、「とにかくトップに出なきゃ」と飛び出した。伴走のジープに乗ったOB服部から「抑えていけ」と何度も言われたが、手を上げて「大丈夫ですよ」と合図を送る余裕があった。設定タイムより1キロで5秒ずつ速かったが、箱根への調整には絶対の自信があった。結局、4人を抜いて2位に浮上。1分47秒差あったトップ日体大との差も12秒まで縮め、早大の大型新人瀬古利彦（区間11位）ら他校のエースを寄せ付けず、4年連続区間賞を達成した。日体大に優勝は阻まれたが、往路は2位、総合は過去最高の2位に導いた。

「24時間陸上のことを考えていた服部さんの背中を追って、その練習

山本吉光の箱根駅伝成績（◎は区間新）

年	区間	時.分.秒	区間順位	チーム総合成績
1974	3区	1.07.23	1位	4位
75	3区	1.04.42◎	1位	4位
76	4区	1.03.30◎	1位	3位
77	2区	1.15.07	1位	2位

方法を自分なりにアレンジして、チームを引っ張った結果の総合2位。往路優勝もうれしかったけど、やっぱりそれ以上に自分としてはうれしかったね」

ストイックに陸上に打ち込みながら、人にはそれを押しつけない大エース服部を手本に、1年1年成長を遂げた結果の4年連続区間賞と総合2位。悲願の優勝は手にできなかったが、大先輩から受け取ったたすきを、しっかりとつなぎ切った充実感があふれた。

2014年以来の箱根出場を目指す母校は復活途上にある。「自分たちも予選落ちが続いた時代の直後に強くなれた。今の学生たちも絶対やれる」。東農大を史上唯一の総合2位に導いたレジェンドは、箱根路での名物「大根踊り」復活を、そして自身が遂げられなかった総合優勝を、後輩たちが果たしてくれる日を心待ちにしている。

3　大塚正美（日本体育大学）——プリンス、貫いた美学

【1980〜83年出場】

日体大で4年連続の区間賞に輝き、総合優勝2度、準優勝2度。端正なルックスで颯爽と走る姿、黄金期を支えたその実力から「日体大のプリンス」と呼ばれたのが、大塚正美だ。

中学までは陸上とサッカーに取り組んでいた。「陸上の大会ではチームスポーツのサッカ

ーとは異なり、個人の名前が会場にコールされて注目を浴びる。男の子らしく目立ちたいと思っていたから、個人の力で結果を競う陸上競技に魅力を感じた」。茨城・水戸工業高から本格的に陸上を始め、着実に力を伸ばした。高校1年の国体に参加した後、障害者の全国大会を見る機会に恵まれたことも競技の魅力の再確認につながった。「自分の能力を最大限発揮できることは幸せだなと。生身の体だけで勝負する陸上で自分を表現したいと強く感じた」という。全国高校駅伝では1978年大会で1区6位と活躍。名門の日体大へ進んだ。

当時の日体大は、「幻のモスクワ五輪代表」の新宅雅也や中村孝生などの実力者が集い、順大と激しい争いを繰り広げていた。新入生として寮に入った大塚は、前期は中村、後期は新宅と同部屋で過ごす。「中村さんは海外の試合も多くて、いつ練習する時間があるのかなと思うほど多忙なのに、試合になるとすごいタイムを出す天才型。新宅さんは対照的に努力型で、練習がうまくいかないと必ずプラスアルファのメニューを工夫して改めて走り込んでいた。異なるランナーの姿をそばで見ることで学んで欲しいという監督の配慮だったと思う」。大塚は「日体大の2枚看板」が競技に取り組む姿を間近で見ながら成長していく。

同期には後に91年世界選手権東京大会男子マラソンで金メダルを獲得する谷口浩美がいたが、そんな有力選手を差し置き、ルーキーで80年の箱根メンバーに抜擢された。大塚は「箱根駅伝を現地で見たこともなく、いい意味ですごい大会であることを知らなかった。軽い気持ちで、気負いがない状態で臨めたことが良かった」。配置されたのは復路の8区。コースへの先入観もなく、下見もほとんどしなかった。ただ、「坂道は上りも下りも得意だったから、遊行寺の坂は自分に合っていると感じた。区間記録を狙えるかな」と自信を抱いていた。仲間が走っている往路に自分の出番がないことが不思議で、「早く走りたいとうずうずしていた」。復路の天候はみぞれ混じりの悪条件。ウォーミングアップでも体が十分に温まらなかった。部の慣例で丸坊主だった大塚は、防寒対策でゼッケンの下にビニール袋を巻き、ややオーバーペース気味に初めての箱根路へ走り出した。遊行寺の坂を越えるとそのまま持ちこたえ、1時間6分20秒で区間新記録を打ち立てる鮮烈なデビューを飾った。チームも頂点を奪い返しての総合優勝。2区新宅、4区中村、8区大塚に加え、9、10区を坂本亘、充の双子ランナーが担った。「初めて出た箱根で、駅伝という競技はオーダーで観客を引きつけることができるんだと教えてもらった。『駅伝って面白いな』と感じることができた大会でもあった」

新宅、中村ら力のある最上級生が卒業すると、大塚はチームの中心になっていく。2年時の日本学生対校選手権で5000メートル、1万メートルの2冠を達成。既にスピードは学生トップレベルだった大塚は「トラックはとにかく自分でレース展開を作って勝てばいい。でも、駅伝は流れがあり、駆け引きがあって、そこが面白い。トラックもロードも『速いやつはどこを走っても速いだろ』くらいに考えていたので、両立は苦にならなかった」と振り返る。

そして2度目の箱根では自ら5区を志願した。チームの戦力を冷静に分析し、「長い距離が得意なロングマンで1～4区を粘ってつなぎ、山登りで自分が一気に抜く」プランだった。だが、一つ誤算が生じる。当日の早朝、箱根山頂の気象条件を待機している部員に電話で聞くと、「晴れている」という情報だった。だが、時間がたつにつれて風が強まっていたのだ。急坂を上った後に下りもあるのが5区の難しさで、終盤の箱根神社の杉並木までに体力を使い切らないように慎重なレース運びをする予定だったが、走り始めてしばらくすると横風が強くなってきた。山中では木々が大きく揺れ、伴走車も揺れていた。「タイムは納得できるものではなかった」というものの、1時間13分24秒で区間賞を獲得した。「当時の5区は山登りが得意な専門家が走るのが主流だった。トラック型のランナーが走って区間賞を獲得するのは異例のことだった」と自負をのぞかせる。

3年で日本選手権1500メートル初優勝。実力は日本を代表するレベルになり、箱根では「花の2区」に初めて登場する。権太坂は苦にならなかったが、当日の体調が優れず、満足のいく走りはできなかった。それでも、トラックで磨いてきたスピードをいかんなく発揮して1時間14分43秒。総合優勝は2年連続でライバル順大に譲ったが、3年連続での区間賞を獲得した。

迎えた最終学年、目標は4年連続の区間賞、のはずだった。しかし、当時の日体大は指導者不在が続き、混乱のさなかにあった。大塚らは学長に手紙を書いて直談判。4年になると

83年、2区で東洋大の田中弘（左）をかわし、トップ争いを演じる日体大の大塚（中央）と大東大の米重修一

大塚正美の箱根駅伝成績（◎は区間新）

年	区間	時.分.秒	区間順位	チーム総合成績
1980	8区	1.06.20◎	1位	優勝
81	5区	1.13.24	1位	2位
82	2区	1.14.43	1位	2位
83	2区	1.07.34◎	1位	優勝

「部員に迷惑をかけたくない」と寮を出て、大学と交渉を続けた。「心身共にぼろぼろで、11月頃までは箱根に出るつもりはなかった」と打ち明ける。しかし、チームから「2区だけ空いている。戻ってこい」と声を掛けられて奮起。再び大黒柱として箱根メンバーに名を連ねた。

この時、ライバルとして意識した選手がいた。1学年下で大東大のエースだった米重修一だ。大塚はロードを走る際、「人の後ろにはつかない」という姿勢を大切にしていた。「決して人の後ろを走らず、前を走るか、並走する。これが見る者を魅了する駅伝を目指していた私のこだわりだった」。米重との勝負では、その美学を貫いた。

日体大は１区のランナーが大東大をリードして大塚へつないだ。ややスローペース気味に入り、米重が追いついてくるのを待った。５キロ過ぎ、食らいついてきた米重の横に位置を取り、10キロほど並走を続けた。「まさに狙い通りの展開。わざと淡々と、自分のリズムで走って主導権を握った。２区は経験済みだったので、仕掛けるポイントも決めていた」。権太坂の手前で一気にテンポを上げて突き放す。１時間７分34秒の区間新でたすきをつなぎ、３年ぶりの総合優勝に大きく貢献した。「力を発揮し、しかも走りで自分を表現できた。完結した駅伝のレースだった」と会心の笑みで振り返る。この区間記録は95年に早大の渡辺康幸に抜かれるまで12年間、日体大黄金期の足跡として残り続けた。

卒業後は実業団などで活躍。引退後も亜大監督などとして後進の指導に当たった。現在は城西国際大教授として学生にスポーツの魅力を伝えている。「箱根駅伝で４年続けて区間賞を獲得できたことは、競技人生の大きな誇り」と表情を緩めた。

4　中島修三（順天堂大学）――4区で躍動、連覇に貢献

【1980〜83年出場】

順大と日体大がしのぎを削った1980〜83年、順大の中島（現姓・亀井）修三は日体大の大塚正美と共に4年連続区間賞を獲得し、81、82年は総合2連覇に貢献した。

島根・益田農林高時代の77年全国高校駅伝で4区区間賞など実績十分の中島には、多くの大学から声がかかった。中でも、順大の澤木啓祐コーチが勧誘に来たのは感激だった。「陸上の雑誌で澤木先生の記事を読んで、すごい人がいると思っていた。この先生の指導を仰ぎたいと思った」。79年、その年の正月には箱根駅伝で13年ぶり2度目の優勝を果たしていた順大に入学した。

体育学部の学生は1学年約150人と多くはないが、少数精鋭で陸上だけでなく体操やサッカーなど他競技の一流選手も多かった。「すごく活気があった。エリートばかりと言ってはなんだけど、それなりの人がずらりといて、その中にいるだけで意識が高くなった」と振り返る。

勉学にも励んだ。印象に残っているのは医学部の学生が解剖実習を行った際に、体育学部の学生も見せてもらったことだ。「貴重な体験だった。いろんなことを知ることができた」。

人体に関する理解を深めつつ、自らの身体と向き合った。

1年目から主力として活躍した。「やるからには負けたくないという気持ちで行ったので、相手が先輩であろうと、補欠では面白くない。レギュラーで出なければと思って必死にやった」。80年の箱根駅伝は7区に出場。この時は澤木コーチが米国のオレゴン大に指導者留学しており、ＯＢの小出義雄が代わりに指導した。後に女子マラソンで有森裕子や高橋尚子ら五輪メダリストを育てる名指導者が、伴走車から「イチ、ニー、イチ、ニー」とかけ声をかけてくれた。

2分42秒差の2位でたすきを受け取り、前を行く日体大の背中を追った。「どんどん詰まって、長い直線道路では前の伴走車が見えるようになった」。差を1分23秒に詰め、たすきを8区につないだ。1時間5分44秒で区間賞を獲得した。

しかし、日体大は8区の大塚正美が区間新記録の快走で再びリードを広げ、逃げ切って総合優勝した。この時から4度、大塚とすれ違いながらのライバル関係が続く。

81年は準エース区間の4区に出場。3位でたすきを受け取ると、最初から突っ込んで入った。3キロ付近で日体大をとらえ、6キロ付近で大東大をかわして先頭に立ち、2位の大東大に1分47秒差をつけて、5区の上田誠仁につないだ。「ものすごいアゲンストの風が吹いて、タイムはそう良いわけではない」というが、区間2位を大きく離す1時間5分42秒の圧倒的な区間賞だった。「5区の上田さんが脚を故障していて、痛み止めを打ってという状況で、非常にピンチだと聞いていた。上田さんに『2分離して、たすきを持って行きますから』と言った記憶がある」

後に山梨学院大監督となる上田は、後輩の頑張りに刺激を受けて力走。日体大・大塚の猛追をかわし、57秒差で往路優勝のゴールに飛び込んだ。復路も日体大との競り合いを制し、順大が2年ぶり3度目の総合優勝を飾った。

82年も4区に出場。前年と同様に3位でたすきを受け取ると、7キロ付近で日大をかわして2位、さらに12キロ付近で日体大に追いついた。「抜く時のセオリーとして、ついてこられないように、ちょっと横に出て、一気に離そうとした」。ところが、日体大の島村雅浩が粘り強くついてきた。「揺さぶりをかけても離れない。少しためを作って、私を待っていたのかもしれない」。ラストスパートで前に出られて、8秒差で逃げられた。1時間4分9秒の区間賞ではあったものの、「めいっぱいだった。行きたいけど、行けなかった」。順大は5区でも離されて、往路は2位に終わった。復路で逆転して総合優勝を果たしても、往路優勝を逃したことに責任を感じた。「あの時は申し訳なくて。もうちょっと何とかできなかったかな」と悔いが残った。

最後の83年、配置されたのは3年連続で4区だった。このシーズンより監督になっていた

中島修三の箱根駅伝成績（◎は区間新）

年	区間	時.分.秒	区間順位	チーム総合成績
1980	7区	1.05.44	1位	2位
81	4区	1.05.42	1位	優勝
82	4区	1.04.09	1位	優勝
83	4区	1.02.40◎	1位	3位

澤木からは「4区が終わった時点で、どの位置にいるかが大切だ」と起用の意図を説明された。日体大の2区・大塚とは、ついに直接対決は実現しなかった。

区間を言い渡されてから目標に定めたのが、80年に日体大の中村孝生が樹立した区間記録1時間3分0秒だった。83年の順大は序盤で苦戦し、中島は7位でたすきを受け取った。「こんなに遅い順位で走ったことはなかったから、待つのはすごく長く感じた」と振り返る。

82年、4区でトップを争う順大の中島（左）と日体大の島村雅浩

「ターゲットタイムから逆算して、あそこを何分何秒で通過しないといけない、ここを何分何秒で通過しないといけないと、チェックポイントを設けた」。その設定タイムをおおむね超えながらレースを進め、「1年前に離された場所からも気を抜かないで、必死に上っていった」と、最後の上り坂で力を振り絞った。4人を抜いて順位を3位まで押し上げ、1時間2分40秒の区間新記録を打ち立てた。「個人的には中村さんの記録を更新できたので、すごく大きな自信になった」。順大は往路3位、総合でも3位。日体大に往路優勝も総合優勝もさらわれ

た。

大塚と同じ区間で「戦っていたら、どうなっていたか」と考えることもある。「彼はスーパースターだったからね。七三、六四くらいの割合で大塚君の方が強かったのではないかと思うけど、それはわかりません」とほほ笑む。

日本学生対校選手権では、大塚が5000メートルで3連覇、1万メートルで2連覇と華々しく活躍したのに対し、中島も82年に30キロで優勝して日本一のタイトルをつかんだ。順大が強豪校になっていく時代に、大塚に勝るとも劣らない輝きを放ったランナーだった。

5　武井隆次（早稲田大学）——クールに勝負、終盤一気

【1991〜94年出場】

往路でリードした1分58秒差を、山下りの6区で山梨学院大に逆転され、9秒差の2位で走り出した。

1993年、早大の7区に起用されたのは当時3年の武井隆次だった。現在早大監督を務める花田勝彦、城西大監督の櫛部静二と同期の「三羽がらす」と称された一人。過去2年は1区で新記録の区間賞を連続獲得した、エース格のランナーだった。

「瀬古（利彦コーチ）さんがジョーカーとして僕を7区に置いていた。逆転されても、たった9秒なら十分だった。おかげでかなり落ち着いてスタートできた」

7区は3キロまでが下り坂。そこで飛ばし過ぎると、気温が上がって、起伏が連続する終盤に失速してしまう。小田原中継所から1キロ足らずでトップを奪い返したが、「それでも最初の1キロはかなり抑えて入った」。

体調は出場した4回の中でも、最高レベルの状態だった。それでも、プラン通り前半は安全運転に徹し、起伏の始まる8キロあたりからエンジンをかけ始めた。ラスト3キロの松並木付近で「かなりきつくなった」が、自身が復路のキーマンだとは強く自覚していた。歯を食いしばって最後まで粘り抜くと、1時間2分53秒の区間新をたたき出した。従来の記録を1分59秒塗り替え、史上初めて1時間3分を切る快走で、山梨学院大に逆に3分10秒もの大差をつけた。最終的に早大は2分5秒差で逃げ切っただけに、武井の走りが優勝への決定打となった。

93年、7区で山梨学院大の平田雅人（右）を抜き、トップを奪い返した早大の武井

「1年目は予選会に回ったチームが、2

年後には優勝できた。その勝利に自分も貢献できたのは、本当にうれしかった」。打ち立てた区間記録は2008年、東海大のスピードスター佐藤悠基に18秒更新されるまで破られなかった。「あの佐藤くんに18秒しか更新されなかった。実はあの区間新がどれだけの価値があったのか自分も半信半疑だったが、1万メートルで僕より断然速かった彼とのタイム差を見て、自分もそれなりに走ったんだと納得できた」

武井隆次の箱根駅伝成績（◎は区間新）

年	区間	時.分.秒	区間順位	チーム総合成績
1991	1区	1.03.26◎	1位	11位
92	1区	1.03.22◎	1位	6位
93	7区	1.02.53◎	1位	優勝
94	4区	1.03.28	1位	2位

武井は東京・國學院久我山高時代、高校総体で1500、5000メートルの2冠を達成し、5000メートルでは高校初の13分台となる13分57秒90をマーク。三羽がらすでも群を抜く実績を持っていた。

早大入学後も1年目の91年箱根駅伝で1区へ起用されると、いきなり新記録の区間賞を獲得。「記録はまったく意識していなかった。高校時代から1区は経験していたので、ついて行って、突き放す、それだけのレースだった」。無心の走りながらも、20キロを超えるロードの箱根でも区間新デビューを果たし、ルーキーイヤーから度肝を抜いた。

2年目には、日本学生対校の5000、1万メートルで2冠。夏にはユニバーシアード・シェフィールド大会1万メートルで、日の丸をつけて銀メダルに輝いた。そして、冬の箱根は1区に再登板。「もう学生チャンピオンだったので、最後だけ出るようなレースはしたくなかった。内容としては横綱相撲だったと思う」。そう自負する会心の走りで、前年の自身の区間記録を塗り替え、区間２位に47秒差をつける区間賞でチームの総合６位に貢献した。

３年目はジョーカーの７区で優勝を果たし、最終学年で主将に就任。三羽がらすは最上級生となり、２学年下の渡辺康幸を加えた４枚看板がそろっていた。当然、狙うは箱根２連覇だった。しかし、武井は右臀部《でんぶ》の故障を抱え、箱根が近づいてもなかなか調子が上がらない。一方、花田、櫛部、渡辺の３人は最後まで激しい２区争いをして、チームはどこかギクシャクしていた。

「本来、自分もそこに加わらなきゃいけないのに蚊帳の外。最後の20キロ走でみんなが58、59分で走っているのに、自分は61分もかかっていた。瀬古さんには、お前じゃなきゃとっくに外していると言われたほど、不安な状況が続いた」

瀬古コーチの指導の下、世界を見据えた４人のレベルは確かに上がっていた。しかし、推薦入試組と一般入試組が融合して総合優勝を遂げた前年とは違い、ずらりと並んだ「四番バッター」たちが、「俺が俺が」と個人プレーに走り、チームとしてのまとまりを欠いていた。

「本当はキャプテンの自分がまとめなきゃいけないのに、出るので精いっぱいだった。そこは、本当に申し訳ないし、悔しい」。今でも振り返ると、悔しさが込み上げる。

結局、４年目の箱根は、１区渡辺、２区花田、９区に櫛部がまわり、主将の武井は４区に起用された。不安のある山の前で、ライバルを突き放す役割だった。レースは１区渡辺が予定通りトップに立ったが、2区花田が山梨学院大のステファン・マヤカに抜かれた。4区武井がたすきをもらった時点で、トップ山梨学院大とは32秒差の2位。武井の力からすれば僅差と言えたが、急追することは避けた。

「優勝争いをして32秒差。追わない主将はいないだろうが、僕は追わなかった」

4区は前年の7区の逆。最後に上ることはわかっていた。万全ではない体調も考慮し、終盤勝負と決めていた。山梨学院大の飯島理彰の背は徐々に遠ざかり、その差は一時、1分以上に開いた。そして15キロ過ぎ、ついに反撃を開始した。じりじりと差を詰め、ラスト3キロの上りではぐんぐん青いユニホームが迫ってきた。追いつくことはできなかったが、その差を22秒までつめてたすきリレー。4年連続区間賞という勲章を手にして最後の箱根を終えた。ただ、そのまま早大はトップに立つことはなく、山梨学院大に次ぐ総合2位で連覇を逃した。

「最後はチームをまとめ切れなかったし、連続区間賞はエース争いに敗れた結果なので、そこは複雑な思いがある。ただ、レースをトータルで考え、安定して力通り走れたのは、確かだと思う」。ハイレベルなチーム内で常に冷静に、コースとレース展開、自身の体調をきっちり見極め、その時点の持てる力を全て出し尽くした結果の4年連続区間賞。最後につかんだ区間賞はほろ苦くとも、その偉業が色あせることはない。

6　榎木和貴（中央大学）――不調でも選出、心に火

【１９９４〜97年出場】

「サポート役に回ります。選手としては外してください」。１９９６年12月、中大の主将だった榎木和貴は、悲痛な思いで訴え出た。しかし、木下澄雄監督は受け入れなかった。「この1年間、おまえ中心に作って来たチームなんだから、メンバーに入れる」

1、2年は8区、3年では4区で区間賞に輝いてきた。しかし4年になってから貧血と坐骨神経痛に苦しんだ。出雲駅伝は走れず、全日本大学駅伝ではブレーキになった。そんな不調にあえぐ自分を監督は信頼し、期待してくれている。

最後の学生駅伝に向け、心に火がついた。3年の時に総合優勝したチームを連覇に導くため、立候補して主将になっていた。当時のメンバー構成から、自分しか主要区間である4区を担える選手はいない、という自負もあった。腰痛対策のために鍼を打ち、強めのマッサージを繰り返し、97年1月2日、4区のスタートラインに立った。

強い逆風が吹いていた。「1区の区間賞は区間最高記録より3分以上遅い」と知らされた。しかし、これが幸運をもたらした。4年連続区間賞を目指す自分の前をテレビ中継車が走っている。「車に自分の方から攻めて行く。わざとくっつき、風よけにできるくらいの距離に

榎木和貴の箱根駅伝成績（◎は区間新）

年	区間	時.分.秒	区間順位	チーム総合成績
1994	8区	1.06.31	1位	4位
95	8区	1.06.03◎	1位	3位
96	4区	1.02.15	1位	優勝
97	4区	1.06.03	1位	4位

詰め、車がスピードを上げてもついて行く」。中盤までに前を行く2人に追いつき、さらに追い上げて4人の集団で小田原中継所に飛び込んだ。たすきを5位でもらって5位で渡したが、2位とのタイム差を2秒に縮めた。1時間6分3秒。前年の自分のタイムより3分48秒遅かったが、堂々たる区間賞だった。

駅伝の名門、宮崎・小林高時代に全国高校駅伝を3年連続で走った。2年では4区区間賞に輝き、3年では1区で3位に入った。有力選手の一人として中大に進んだが、レベルの高さに戸惑った。出雲、全日本の両駅伝は補欠止まり。しかし、12月の箱根直前合宿で成長ぶりをアピールし、碓井哲雄コーチから「10番目だが、おまえを使う」と指名された。

94年1月3日。初めての箱根駅伝は8区を任された。平塚から戸塚までを走りながら、声援の大きさに驚いた。「これが箱根駅伝か。耳が痛くなるほどの沿道の声で、走り終わってもボーと耳鳴りが残った。凄いところで走っていると実感した」。結果は1時間6分31秒での区間賞だった。

この快走がバネとなり、2年では若手のホープという立場になった。箱根では、前回と同じ8区を任された。結果は1時間6分3秒の区間新記録。「10キロまでは1年の時の方が速かったが、1年積み上げて来た分があって、後半ペースダウンすることなくしっかり走れた。残り3、4キロくらいのところで沿道から『区間記録出せるぞ』という声があって、そこからまたペースアップした。出し切った走りだった」

３年ではチームの主力となった。箱根駅伝では主要区間の4区を任され、1時間2分15秒で区間賞。中大の往路2位と32年ぶりの総合優勝に大きく貢献した。4年間で最も充実した内容、結果ではあったが、衝撃的なシーンに遭遇した。

「優勝候補だった山梨学院大と神奈川大が私の区間で途中棄権した。山梨学院は中村祐二さん。区間賞争いをするはずの相手だった。足が良くないという話は聞いていたが、エースとしての責任感で走ったのだろう。当時は自分のことで必死だったが、それくらいの覚悟を持って臨むのが箱根駅伝かと思った」

碓井哲雄という名指導者に見いだされて始まり、苦しみの果てに成し遂げた4年連続の区間賞。この偉業は、その後の人生に大きな影響をもたらした。「箱根駅伝があったから、自分の競技

97年、４区を走り、４年連続区間１位となった中大の榎木（代表撮影）

力を高められた。社会人になってからもいろいろと声をかけてもらったり、名前を覚えてもらったり、プラスに働くことが多かった。ましてや指導者としては、箱根で４年連続区間賞を取った影響は大きい。自分が発信することを選手たちが素直に受け入れ、『この人の言うことを聞いていれば』という土台になってくれたから」

2019年、創価大監督に就任。それまで出場2回だった新興校を9位、2位、7位、8位と4年連続でシード権獲得に導いた。特に就任2年目、21年の往路優勝、総合2位は鮮烈な印象を残した。当時、個々の記録では際立った成績のなかった選手たちを「タイムが走るんじゃない。人が走るんだ」と鼓舞し、全国の駅伝ファンを驚かせる快走の連鎖を生んだ。

大きな危機もあった。22年12月、4年生エース葛西潤の左脛疲労骨折が判明。本人も一時は出走を断念しかけたが、榎木は回復を待った。

「やめよう、とは言わなかった。葛西を中心に作り上げてきたチーム。もし本人がギブアップと言えば、やめさせた。行けると言えば行かせようと思っていた。途中で止まろうが、葛西が覚悟を持ってスタートラインに立ったのならば、全て私の責任で受け入れる」

葛西は出場を直訴した。23年1月3日。7区を任されたエースは、小田原中継所を勢い良く飛び出した。「前半からガンガン攻めて行った。練習していないのによく攻められるなと思った。最初の5キロで一気に上位との差を詰めた。恐ろしいなと思った」と、榎木は振り返る。

結果は区間賞。26年前の自分と重なるような光景だが、「いや、いや、私の方が甘かった。脚が折れていた訳ではなかったから。もがけば走れる状態だった。一歩間違えば選手生命も危なかった葛西に比べれば。葛西の覚悟の方がすごい」と、笑った。

終　章　激動の時代を越えて

1　第1回大会（1920年）――巻き尺でコース計測

箱根駅伝の創設者として金栗四三《かなくりしそう》（1891～1983年）の名前は広く知られている。しかし、これだけの大事業が金栗一人の力で始まったわけではない。金栗を取り巻く多くの若者の夢や情熱が結実し、その後、100年以上も続く大会が誕生した。大正時代の若者たちが思い描いたアイデアを具現化し、実務面で支えたのが澁谷寿光（1894～1983年）だった。

澁谷の孫で山梨県立大名誉教授（法学）の彰久さんは2019年、祖父の足跡を調査し、冊子「箱根駅伝コースはどのようにして作られたか―澁谷寿光を通した駅伝史研究のための一考察―」をまとめ、関係者に配布した。20年に東京五輪（新型コロナ禍で21年に延期）を控えた時期で、1964年東京五輪では陸上競技審判団団長を務めた祖父の功績を、スポーツ史は専門外ながら、文献を渉猟して学術的に検証した。

澁谷は1894年、神奈川県松田村（現松田町）に生まれた。1913年、東京高等師範学校に入学し、徒歩部（陸上部）に入る。その前年、金栗は日本初のオリンピアンとしてストックホルム五輪のマラソンに出場したものの、熱中症のため途中棄権していた。その悔しさを晴らすため自ら鍛錬し、共に切磋琢磨する仲間を育て始めた。澁谷が入学した13年、金栗は徒歩部の室長となり、後輩たちの指導にも当たる。澁谷は校内マラソン大会優勝などの実績を残した長距離ランナーだった。

18年、澁谷は東京高等師範学校を卒業。小田原中（現小田原高）に物理化学の教諭として赴任し、徒歩部の顧問になった。部員の一人だった河野謙三は、後に早大で箱根駅伝に出場し、もっと後には参議院議長を務める。この小田原中で金栗は講演会を開くなどしており、卒業後も澁谷と金栗の交流は続いていた。

翌19年、箱根駅伝の構想が持ち上がる。その創設を巡っては、いくつかのエピソードが残っている。第1回大会に参加して明大の5区を走った沢田英一は59年12月、大会創設40年に合わせて読売新聞に「第一回大会の思い出」を寄稿した。それによると、きっかけとなるアイデアが生まれたのは19年10月だった。金栗と沢田、東京高等師範の教員だった野口源三郎が、埼玉県の小学校に運動会の審判員として招かれ、上野駅から乗った汽車の車中で、「今度はどこを走ろうか」と語り合った。

その年、沢田は札幌―東京間と新潟―東京間を、金栗は下関―東京間を走破していた。その場で出たのが「アメリカ大陸横断」の案だった。それ以降、さらに3人で検討し、まず選手選抜のための駅伝を開くことにした。

関東学生陸上競技連盟が89年に発行した『箱根駅伝70年史』によると、東京―箱根のほかに、水戸―東京、日光―東京のコース案もあったとされる。しかし、風光明媚で多くの史跡に富み、宿泊や通信連絡にも便利だとして東京―箱根間のルートに決まった。『70年史』は「この決定の裏には、当時小田原中学校の教師として教鞭をとっていた東京高師卒業の長距離選手澁谷寿光の、コースや中継点についての詳細な調査資料が与って力があったことを見逃すことはできない」と指摘している。

澁谷がどのような経緯で関わり、どのような調査をしたのか、詳細は残されていない。孫の彰久さんや家族は澁谷が生前、コースを計測した思い出を語っていたのを覚えている。「工事用の巻き尺を使って尺取虫のようにしながらコースの長さを測っていった」「特に小田原から箱根の山を測るのは大変だった。土地の人たちも協力してくれて、提灯をつけて照らしてくれながら、夜まで巻き尺で測った」。彰久さんが注目するのは、構想が練られてからわずか4か月後に第1回が行われている事実だ。「実質3か月ぐらいの間に準備をしないといけなかったと思う。日が暮れるのは早い季節だっただろうから、夜遅くまで測っていたのかな」と想像する。

第1回の箱根駅伝がスタートしたのは20年2月14日。当日の大会運営にも携わったようだ。澁谷は63年、第40回大会を前に読売新聞が開いた座談会に出席し、「その時分は箱根の山は夜通るところじゃなかったし、ヤマイヌが出ると言われていました。それでたいまつをたくのが一番安全でいいだろうというので、生徒につくらせて箱根山に配置したのを覚えています。ところが、(最下位の)慶大が上ってくる頃には、たいまつがなくなっちゃって困りましたよ」と、第1回の思い出を語っている。

澁谷はその後、箱根駅伝のみならず、日本陸上競技連盟の創設にも携わり、審判として活躍した。箱根駅伝では戦後、51年の第27回大会から80年の第56回大会まで30年にわたり審判長を務めた。専門は違えども、やはり教育者となった孫の彰久さんは箱根駅伝の意義をこう

上：57年の箱根駅伝で審判長車に乗る澁谷寿光（左から３人目）
下：80年の箱根駅伝で最後の審判長を務めた
（ともに写真提供：澁谷彰久さん）

語る。「金栗さんが五輪に出て途中棄権して、外国選手と比べたら全然かなわないという状況だった。それを何とかしたいという思いが多分、当時のスポーツ界にはあったと思う。そのための選手育成プログラムが箱根駅伝だった」。そして、それこそが一度限りのイベントで終わるのではなく、次の年も、その次の年も、2回、3回と続き、ついに100回になろうとする伝統の所以《ゆえん》だと指摘する。

澁谷を始め縁の下の力持ちがたくさんいた。彰久さんは「駅伝というものは極めて地域性がある。祖父も地域の方に協力していただいたし、箱根駅伝は沿道の方々の応援に支えられてきた」と語る。100年以上前、巻き尺でコースを測定する澁谷の手元を照らし、暗闇の箱根山中を駆け上がるランナーたちの足元を照らした光は、今も明々と輝きを放ち続けている。

2 「戦勝祈願」大会（1943年）――戦時下、軍部と交渉

多くのスポーツ大会が中止された太平洋戦争のさなかに開催された箱根駅伝がある。1943年1月5、6日の「紀元二千六百三年　靖国神社・箱根神社間往復関東学徒鍛錬継走大会」と銘打たれたレースがそれだ。99回に及ぶ歴史の中で正式な第22回として記録に刻まれる大会は、学生たちが当時の軍部と粘り強く交渉を積み重ね、「戦勝祈願」を目的とする苦

肉の策で実現にこぎつけた。

40年に第21回大会が行われた後、戦争の激化によって輸送路となった東海道の道路を使うことができなくなり、箱根駅伝は中断に追い込まれた。学生たちは翌41年、箱根に代わって明治神宮と青梅を結ぶ「東京青梅間大学専門学校鍛錬継走大会」を開催する。明治神宮水泳場前から熊野神社までを往復する8区間の駅伝で、同年に2度開かれたが、これは箱根駅伝には含まれない代替大会の位置づけだった。

43年の第22回大会で靖国神社前を一斉にスタートする選手たち（日本大学広報部広報課所蔵、塚本家寄贈）

何とか箱根路を走れないか――。学生たちが知恵を絞って練ったのが、「戦勝祈願」の大会とすることで陸軍の許可を得る計画だった。関東学連の『箱根駅伝70年史』で、法大OBで関東学連幹事だった中根敏雄さんがこう回顧している。「戦勝祈願駅伝競走という考え方で、靖国神社ー箱根神社という案を出したところが、それなら検討しようということで、だんだん煮詰まってきました」。政府中枢にパイプがある陸上関係者も尽力。予算はなく、運営のほとんどは学生がやらざるを得ない状況だった。そこで各校

靖国神社前のゴールに1位で飛び込む、日大10区の永野常平
（日本大学広報部広報課所蔵、塚本家寄贈）

から代表2人ずつが集まって話し合いを重ね、コースを決め、準備を進めた。バイタリティーにあふれた若者たちの手で、世相が騒然とする中で開催にこぎつけることに成功する。

参加したのは慶大、早大、日大、中大、法大、立大、専大、東農大、拓大、旧制文理科大、青学大の11校。近年の活躍で強豪校となった青学大はこれが初出場だった。号砲は午前8時。中大で1区を走った村上利明さんは「参拝して、それで大鳥居の前から出たんです」と『70年史』で振り返っている。選手や関係者は靖国神社を参拝し、戦勝を祈願してからスタートした。

1区で立大の伊藤彦一が区間賞。3区で日大の河村義夫が快走を見せてトップに立ったが、慶大は4区の児玉孝正が先頭を奪うと、そのまま往路を制した。復路では日大、慶大、法大が激しい争いを展開。日大はアンカーの永野常平が区間2位の力走で先頭に立ち、13時間45分5秒で戦時中の大会で総合優勝を飾った。

戦時下で物資が乏しく、家庭の食器類も金属として供出され、ジャズなど海外発祥の音楽が禁止された時代だ。選手たちは十分な食事ができず、練習もままならなかった。指導者は現在のような運営管理車ではなく、自転車で伴走するチームが多かったという。それでも学生たちが強い意志で敢行し、箱根駅伝の歴史の1ページに刻まれることになった。

だが、箱根駅伝は戦局の悪化でまた中断に追い込まれた。選手の中には戦地に赴き、帰らぬ身となった者も多かった。

終戦を迎え、箱根を再び復活させたのも学生の熱意だった。復員したばかりの学生たちは今度は連合国軍総司令部（GHQ）に掛け合った。駅伝のルールを英語で説明しても通じず、「クロスカントリー・リレーゲーム」とその場で作った言葉でようやく伝わったという。まだ戦火の傷跡が生々しく残る47年、10校が参加して第23回大会を開催した。戦争、終戦、大きな混乱期を経て、実に4年ぶりの復活だった。

『70年史』で村上さんは「みんな軍隊帰りですし、よその大学のOBに会うのが非常にうれしい訳です。対抗意識どころじゃなく、大変な親しみ、ああ元気だったか、というんでスタートしたんですね」と語っている。敗戦で住む家も、食べるものも着るものも失い、何より選手の多くが戦地に散り、各チームの競技力低下は問うべくもなかった。それでも学生たちは箱根駅伝の復活に、平和への願い、復興への希望を重ねた。復活第1回のスタート地点は、靖国神社から有楽町にあった当時の読売新聞社前へ。焼け跡のバラックから旗を振る人々の声援を背に、ランナーが箱根路を駆けた。総合優勝を飾った明大のタイムは14時間42分48秒。

現代の優勝タイムと比較すれば4時間遅いこの記録に、苦難の時代にもかかわらず強い意志と行動力で箱根駅伝の実現にこぎつけた先人の苦難が凝縮されている。

大会後、学生たちは連れだってGHQに開催への謝辞を伝えに赴いたという。「最後に私たちはみなさんとお礼に行ったのですが、『これは世界的に素晴らしい行事だ』ということで、非常にほめられましたね」。立大OBの高橋豊さんが『70年史』で誇らしげに語っている。国民もまた、よみがえった箱根駅伝に平和の訪れを感じ取った。そこから箱根駅伝は一度も中断を挟むことなく、歴史を刻み続けることになる。先人の努力によって、たすきはつながれた。

3　巣鴨プリズンで練習（1952年）——コース脇にA級戦犯

練習のために向かった先は、巣鴨プリズンだった。

1952年春。立大陸上競技部に入部したばかりの雨宮勇造さん（取材時89）は驚いていた。施設の敷地には二重の鉄条網のバリケードが張り巡らされている。入る時も出る時も、入り口で一列に並び、厳重なチェックを受けた。運動競技場には400メートルのトラックがあった。コースの内側にはレンガが敷いてある。レーンを分けるラインはなく、ほとんど使われていないように見えた。

トラックを走っていると、少し離れたベンチに年老いた日本人十数人が座っているのに気づいた。100メートルほど離れた野球グラウンドのベンチにも。米兵に監視されながら、静かに練習の様子を見守っている。「後で聞いたんですが、A級戦犯だったそうです」

巣鴨プリズンは、東京拘置所だった建物を終戦後に占領軍が接収し、戦犯裁判で起訴、あるいは有罪とされた人々を収容した。延べ4000人以上が収容されたと言われる。戦犯は戦争指導者であるA級と、戦争犯罪行為の命令者や実行者であるBC級に分けられる。

巣鴨プリズン（1948年11月）

A級はBC級に比べて高齢者が多かったといい、雨宮さんらの練習を眺めていたのもA級戦犯だった可能性が高い。ちなみにA級戦犯である東条英機元首相は、48年12月に死刑が執行されていた。

当時の立大の練習場は、戦災で消失した建物の跡地に造られた240メートルのトラックだった。「焼けたレンガが混じってて、靴の中に細かい石が入っちゃう。練習が終わると、熊手でならしました。距離が短いから、カーブが急で足に負担がかかった」

巣鴨プリズンは現在、JR池袋駅東口のサンシャインシティがある場所だ。サンシャイン60の北側には東池袋中央公園があり、処刑台があった所には「永久平和を願って」と刻まれた石碑「平和の碑」がある。池袋駅西口の立大からは直線距離で1・5キロと近かった。

当時の新聞記事を見ると、52年には戦犯の慰問が盛んに行われた。歌謡ショーや落語や漫才などのお笑い、プロ野球の二軍戦、大相撲……。しかし、戦犯を慰労する催しではなく、学生の練習のために施設内のトラックの利用が許可されたのはなぜだろう。当時の関係者のほとんどが亡くなっており、真相は不明だが、立大の教授で「日本アメリカンフットボールの父」として知られるポール・ラッシュ氏が何らかの形で関わっていたことは確かなようだ。ラッシュ氏は戦前から立大で教え、終戦時に再来日した後5年間は連合国軍総司令部（GHQ）に勤め、日本の民主化と復興に尽力していた。

この年4月にサンフランシスコ講和条約が発効し、巣鴨プリズンの管理の一部は米側から日本側に移された。立大陸上部の巣鴨プリズン内での練習は3か月間で終了した。

当時、練習環境とともに雨宮さんたちの頭を悩ませたのがシューズだ。「まだナイロンのいい物がなくてね。木綿だとやっと足になじんだ頃にだめになっちゃう。よくあんなもので走れたよね」。51年にJR大久保駅の近くに開業した西運動具店（現ニシ・スポーツ）であつらえてもらったシューズが宝物だった。「お客が自分でお茶を入れてね。選手がたくさん出入りしていた」。陸上選手だった西貞一が営むアットホームな店は人気を呼んだ。

立大の箱根駅伝の直前合宿は箱根湯本で行っていた。「練習で走っていると、芸者さんたちが盛んに応援してくれる。頑張れと声をかけてくれたり、すれ違う時に手でタッチしたりしてね」。立大の合宿では、上級生、下級生の区別はなかった。夜はマッサージをやりあった。

巣鴨プリズンで練習したことのある立大の雨宮さん。55年の箱根駅伝に出場し、10区を走った（本人提供）

雨宮さんは2年生だった54年から2年連続で箱根駅伝の10区を走った。2年の時に、サイドカーに乗った監督から「400メートル前の法大の選手が見えるだろう」と言われても見えず、初めて視力が弱いことが分かった。3年ではメガネをかけて走っている。

4年の時は日本学生陸上競技連合からリーダー役の「秘書」を任され、欧州への戦後初めての海外遠征を成功させた。「具体的には何も決まってなかったから、大変でした。予定を決めて、選手を選抜して、帰ってきたら報告書を書いて。えらい目に遭いました」。日本陸連の事務所の片隅に自分専用の机を置かせてもらって、準備作業を行った。ドイツやイタリアなどに滞在し大会に参加する約1か月間の遠征だった。白いジャージを着た選手が一列に並んだセピア色の写真の上には「日本学生陸上競技選手団訪独記念」と記してある。

「これが僕の財産なんですよ」と誇らしげに語る。

「スポーツがこれから盛んになっていく時代。すべてが転換期だったね」

あの日、雨宮さんらがトラックを懸命に走る姿に、A級戦犯たちは新たな時代の到来を感じ取っていたのかもしれない。

4　NHKラジオ中継開始（1953年）——実況録音、民家から送信

テレビでの生中継が始まる以前、箱根駅伝を当日伝えていたのがNHKのラジオ放送だった。戦後の1953年、第29回大会からスタートしたが、当初のラジオ放送は、往路、復路とも午後1時からのオンエアだった。

松本弥太郎・元NHK運動部長の『箱根駅伝70年史』への寄稿によると、ラジオ放送の構想が持ち上がったのは52年の夏だった。そこで、オオタという国産車を改造して放送車を制作。当時のスタート地点だった有楽町の読売新聞本社を出発してテストをしたところ、品川を過ぎた八ツ山橋を過ぎると、ザーッというノイズがひどくなってしまった。

箱根山中は二子山に基地を作って中継できるめどが立ったが、品川から小田原まではノイ

ズがひどく、生中継ができない。そこで、1区の品川まではNHKに放送車から送信。品川以降は放送車内で録音し、まずは3区に入る戸塚の民家から電話回線をつかって送信を行った。また、4区の終わる小田原までの録音は、サイドカーに託して5区途中の小涌園基地へと送った。そして、午後1時からの放送は録音した音声でスタートさせ、往路のゴールとなる後半を、生放送に切り替える方法にたどりついたという。松本氏は「この方針ができるまで、何回難しいテストを繰り返したことだろうか。選手と同じで、暮れも正月もない苦闘だった」と『70年史』で振り返っている。

当時、慶大競走部でマネジャーを務め、中継所で記録係のアルバイトをした田中淳浩さんは「記録は全て手計算。上位と下位が離れすぎて、放送に間に合わないこともあった」。中継所の記録は全て集まるとサイドカーで放送車に届けたため、上位と下位が離れすぎると、なかなかサイドカーが放送車に追いつけなかったのだ。最初の放送となった第29回大会では、往路はトップ中大と最下位日体大の差が2時間以上。ラジオでは午後3時まで往路のゴールを放送したが、この時間までに到着したのは、全14校中の12校までだったという。

第29回大会から第57回大会までの放送を担当したという北出清五郎アナウンサーは、『70年史』に「天下の険、箱根を駆け上がる選手の足どりの力強さ、人間の生命力のすばらしさに感動した。人間と自然の織りなすドラマを目のあたりにして放送する喜びに浸っていた。箱根駅伝は私にとって、スポーツの原点、スポーツそのものだったのである」と、紅白歌合

62年、雪の積もった５区でトップを走る中大の中島輝雄。後方からＮＨＫラジオの放送車が追う

戦と大相撲初場所に挟まれ、多忙の中で携わった箱根駅伝への強い思い入れを記している。

その後、放送を困難にする時代の変化があった。自動車の普及が進み、交通事情が悪化。復路の時差スタートが厳しくなり、66年、復路の出だしとなる6区が全校一斉スタートとなってしまった。さらに、繰り上げスタートも増え、見た目では本来の順位がわからなくなってしまった。正確な順位、正しい記録の放送が困難になったとして、ラジオ放送は73年に中止された。

ただ、次回74年は50回の記念大会。全国の箱根ファンや関係者から復活を求める強い要望が寄せられた。『70年史』で松本氏は「正月の名物行事だけに、全国のファン、関係者から復活を望む声が高まり『第50回記念大会を機に是非復活してもらえないか』と当時運動部長だった私の所へ、主催の関東学連の永田会長、星野読売運動部長が陳情に見えた」と述懐。その結果、東京・大手町の読売新聞本社に、関東学連、読売新聞、報知新聞、ＮＨＫの合同で記録センターを設置。各区間の記録を無線で読み込んで集計し、それを放送する方式で、2年ぶりの再開が決まった。

慶大卒業後、NHKに入社した田中さんはプロデューサーとして、箱根の放送を取り仕切ることになった。「やれないことはないと思っていたけど、関東学連と読売新聞、報知新聞、NHKが協力して正確な情報を伝えられるようになった。うれしかったね」。復活初年の74年は第2放送車に乗り、2区で東農大の服部誠が演じた12人抜きを、一人一人カウントしたという。

田中さんは5年ほど放送車に乗った後は、定年まで大手町の記録センターに詰めた。「一つ心残りはテレビの生中継ができなかったこと。上に掛け合ったら『関東の大会をテレビで全国放送できない』と言われてね」。箱根に尽くした放送マンは、懐かしんで笑った。

5　法大ランナーの戦後回顧（1953〜56年）――練習より食料を心配

涙ながらに都心を駆け抜けた。第29回だった1953年、法大1年でアンカーを任された大脇孝和さんにとって、初の箱根路はほろ苦い記憶だ。

チームは往路で4位と健闘した。取材時93歳の大脇さんは「先輩から『まず箱根に慣れるために、お前は10区だ』と言われてね。それはうれしかった」。6区、7区で4位を守ったが、8区で同じく新人の荒野正雄が9区につなぐ戸塚中継所手前で転倒して走れなくなった。

当時のルールではここで棄権にはならず、補欠の選手が8区が始まる平塚中継所から走り直すことが認められていた。代わって8区を最初から走った土平英雄が何とかたすきをつなげたが、このアクシデントで土平のタイムは3時間3分13秒と各チームの倍以上に膨らんだ。快調にレースを進めていたチームは12位にまで一気に転落した。

大脇さんは区間3位と力を尽くした。「荒野が走れなくなっちゃったもんだからね。往路は4位だったはずなのに、中継所で待てど暮らせど来ない。悔しかったですね」。何とか14チーム中12位をキープしたが、順位を上げることはできず、悔し涙を流しながらの走りだった。

箱根駅伝は戦時中の中断を経て47年に再開し、注目度は年々高まっていた。第29回はNHKラジオによる中継が始まった記念すべき大会だ。放送が始まった往路の1月4日には「スポーツの宮様」として親しまれた秩父宮が逝去し、放送の中で繰り返し伝えられた。

ラジオ放送が始まり、戦後の箱根駅伝人気が高まっていく一つのターニングポイントとなった大会で、大脇さんは当時の盛り上がりをこう振り返る。「スタート地点とゴール地点は黒山の人だかり。もちろん今みたいに沿道の観客が途切れないというほどではなかったにせよ、当時としてはやっぱりすごい大会だなあと思ったね」

終戦からまだ間もなく、世相はどこか騒然としていた。愛知県出身の大脇さんは高校で長距離を始め、「どうしても関東に行って箱根駅伝を走りたかった」と話す。だが、戦争と戦後の混乱で入学が遅れ、箱根にデビューした時は22歳。「私は戦争にぎりぎりで行かなかったけど、陸上部には戦地帰りで大学に戻ったり入り直したりする人がいて、箱根にも年齢を重ねた選手がたくさんいた」と振り返る。

暮らしの中ですら食料や物資が乏しかったから、競技を続ける上では苦労の連続だった。小田原での合宿は選手それぞれが食べ物を持ち寄ったが、「食料を用意できないから」と辞

上：54年、１区の六郷橋でトップ争いをする法大の大脇孝和（右）と中大の三浦達郎
下：東京・有楽町の読売新聞本社前をスタートする選手たち。左から２人目が大脇さん

退する選手が大勢いた。「ＯＢが白米やら魚やらを持ってよく差し入れに来ていました。練習よりも食べるものをまず心配しなきゃいけない。食べるものが不足しているから練習でもなかなか力が出ない。それでも長距離が好きだったから走るのは楽しかった。こんな話、今じゃ考えられないよね」と笑う。

苦しい中でも「箱根を走りたい」という思いが支えだった。２年では１区に起用されると中大と激しいトップ争いを演じた。大会直前には皇居で多くの一般参賀者が将棋倒しになって亡くなる二重橋事件が起き、造船疑獄に国内が揺れた昭和29年だ。伴走車のトラックには、荷台に足の踏み場もないほどたくさんの応援団が乗り込み、選手に声援を送った。当時は鉄のアーチがかかっていた六郷橋でデッドヒートを繰り広げ、わずかにトップには及ばなかったものの１時間11分22秒の区間２位でたすきをつなぎ、総合４位に貢献した。

３年では「山の５区」を走って４位、最終学年では３区７位。中心選手として４年間で全て異なる区間を走り、「何年たっても箱根に４度出たことは誇りです」と力を込める。

卒業後は実業団で競技を続け、法大ＯＢ会の愛知県支部長としてチームを長く支援した。「やっぱり法大のジャージーとたすきを見ると、いつまでたってもうれしくなる。速くても遅くてもいい。順位が上でも下でもいい。精いっぱいたすきをつないでほしい」。70歳以上離れた後輩たちへのエールだ。

あとがき

日本人の可能性に限りはない。2023年の夏、陸上の世界選手権ブダペスト大会を観て、そんな思いを新たにした。

まず、女子やり投げで北口榛花が金メダルを獲得した。22年の前回オレゴン大会では銅メダルを手にしていたが、ついに世界の頂点を極めた。北口以前、日本の女子が、パワー勝負の投てき種目で世界のトップに立つなどということは、想像もつかなかったことだ。

さらに、男子110メートル障害では泉谷駿介が日本勢初の決勝の舞台に進み、5位入賞を果たした。決勝ではスタートで脚がつりながら、それでも世界の5位に食い込んだ。身長1メートル75。オレゴン大会で準決勝敗退した後には、「正直、身長からして勝てる気がしない」と弱音を吐いたこともあった。しかし、「身体が小さい分、素早い動きはできる」と気持ちを切り替え、ハードル間の脚の刻みを磨き上げた。高さ106・7センチのハードルを10台飛び越す種目では、身長の高さが大きなアドバンテージになりそうだが、そんな常識を覆す躍進だった。

男子100メートルのサニブラウン・ハキームも2大会連続で決勝進出を果たし、前回の7位を上回る日本勢史上最高の6位。東洋大の柳田大輝ら新戦力も加わっての男子400メートルリレーでも、バトンミスがありながら5位に食い込み、お家芸復活を印象づけた。

さらに女子長距離では、女子5000メートルの田中希実が予選で、廣中璃梨佳が東京五輪でマークした従来の日本記録を14秒86も更新する14分37秒98をマーク。決勝でもラスト勝負に対応して8位入賞を果たした。女子1万メートルでは、廣中が東京五輪と同じ7位に食い込んだ。

そして、順大のエース三浦龍司が、男子3000メートル障害で東京五輪の7位から一歩前進の6位入賞。短距離からトラック長距離、投てきまで、世界のトップで戦える実感を残した。

一方、かつての「お家芸」だったマラソンは今回も不振だった。男子には箱根駅伝を走った3人が出場したが、駒大出身の山下一貴の12位が日本勢最高だった。山下は40キロを5位で通過する健闘を見せたが、両ふくらはぎがつって失速した。

アフリカ勢が席巻するマラソンで、日本の復権は無理なのか。答えはノーだ。かつて、日本が世界から遠かった、短距離、投てき、障害種目で今、まさに世界の頂点を争っている事実を見れば、マラソンはもちろん、どの種目でも日本勢の可能性に限りはない、と言うしかない。

確かにマラソン界は今、苦境にある。だが、若い三浦、田中、廣中が入賞と、長距離界の未来は明るい。学生時代に突出した実績のなかった山下の健闘も、他の国内長距離勢への刺激になったはずだ。何より、箱根駅伝の原点は「悔しさ」にある。序章でも触れたように、箱根駅伝を創設した金栗四三は、1912年ストックホルム五輪の男子マラソンに日本初のオリンピアンとして出場しながら、途中棄権に終わった。その「悔しさ」を晴らすため、いかに選手育成をしたらいいのかという思いが、箱根駅伝スタートの原点にある。その思いをつないできた結果、1970～80年代に国際マラソンで15戦10勝した瀬古利彦、91年世界選手権東京大会男子マラソン金メダルの谷口浩美が、生まれてきた歴史がある。再び、世界の頂点を極めることが、不可能なはずがない。

箱根駅伝が第100回の節目を迎える2024年は、パリ五輪の年に重なる。翌25年には世界選手権が34年ぶりに東京に戻ってくる。箱根生まれのランナーが、金栗が1世紀以上前に嚙みしめた「悔しさ」を晴らす快走を、パリで、東京で、披露してくれることを心から願っている。

2023年9月

読売新聞東京本社編集委員　近藤雄二

2019年 ドーハ	山岸宏貴（上武大）	マラソン	25位（2.16.43）
	川内優輝（学習院大）	マラソン	29位（2.17.59）
	二岡康平（駒澤大）	マラソン	37位（2.19.23）
2022年 オレゴン	三浦龍司（順天堂大）	3000mSC	予選で敗退（8.21.80）
	山口浩勢（城西大）	3000mSC	予選で敗退（8.30.92）
	青木涼真（法政大）	3000mSC	予選で敗退（8.33.89）
	田澤廉（駒澤大）	10000m	20位（28.24.25）
	伊藤達彦（東京国際大）	10000m	22位（28.57.85）
	西山雄介（駒澤大）	マラソン	13位（2.08.35）
	星岳（帝京大）	マラソン	38位（2.13.44）
	鈴木健吾（神奈川大）	マラソン	欠場
2023年 ブダペスト	三浦龍司（順天堂大）	3000mSC	6位入賞（8.13.70）
	青木涼真（法政大）	3000mSC	14位（8.24.77）
	塩尻和也（順天堂大）	5000m	予選で敗退（13.51.00）
	田澤廉（駒澤大）	10000m	15位（28.25.85）
	山下一貴（駒澤大）	マラソン	12位（2.11.19）
	其田健也（駒澤大）	マラソン	35位（2.16.40）
	西山和弥（東洋大）	マラソン	42位（2.17.41）

箱根駅伝出場者の世界選手権記録

2005年 ヘルシンキ	小林史和（拓殖大）	1500m	予選で敗退（3.51.76）
	岩水嘉孝（順天堂大）	3000mSC	予選で敗退（8.28.73）
	尾方剛（山梨学院大）	マラソン	3位入賞（2.11.16）
2007年 大阪	岩水嘉孝（順天堂大）	3000mSC	予選で敗退（8.36.73）
	竹澤健介（早稲田大）	10000m	12位（28.51.69）
	尾方剛（山梨学院大）	マラソン	5位入賞（2.17.42）
	大崎悟史（山梨学院大）	マラソン	6位入賞（2.18.06）
	諏訪利成（東海大）	マラソン	7位入賞（2.18.35）
	久保田満（東洋大）	マラソン	56位（2.59.40）
2009年 ベルリン	岩水嘉孝（順天堂大）	3000mSC	予選で敗退（8.39.03）
	上野裕一郎（中央大）	5000m	予選で敗退（14.30.76）
	岩井勇輝（日本大）	10000m	25位（29.24.12）
	佐藤敦之（早稲田大）	マラソン	6位入賞（2.12.05）
	清水将也（日本大）	マラソン	11位（2.14.06）
	藤原新（拓殖大）	マラソン	61位（2.31.06）
2011年 大邱（テグ）	佐藤悠基（東海大）	10000m	15位（29.04.15）
	中本健太郎（拓殖大）	マラソン	10位（2.13.10）
	川内優輝（学習院大）	マラソン	18位（2.16.11）
	尾田賢典（関東学院大）	マラソン	29位（2.18.05）
	北岡幸浩（東洋大）	マラソン	38位（2.23.11）
2013年 モスクワ	佐藤悠基（東海大）	5000m	予選で敗退（13.37.07）
		10000m	途中棄権
	宇賀地強（駒澤大）	10000m	15位（27.50.79）
	大迫傑（早稲田大）	10000m	21位（28.19.50）
	中本健太郎（拓殖大）	マラソン	5位入賞（2.10.50）
	藤原正和（中央大）	マラソン	14位（2.14.29）
	川内優輝（学習院大）	マラソン	18位（2.15.35）
2015年 北京	大迫傑（早稲田大）	5000m	予選で敗退（13.45.82）
	村山紘太（城西大）	5000m	予選で敗退（14.07.11）
	設楽悠太（東洋大）	10000m	23位（30.08.35）
	村山謙太（駒澤大）	10000m	22位（29.50.22）
	鎧坂哲哉（明治大）	10000m	18位（28.25.77）
	藤原正和（中央大）	マラソン	21位（2.21.06）
2017年 ロンドン	潰滝大記（中央学院大）	3000mSC	予選で敗退（8.45.81）
	川内優輝（学習院大）	マラソン	9位（2.12.19）
	中本健太郎（拓殖大）	マラソン	10位（2.12.41）
	井上大仁（山梨学院大）	マラソン	26位（2.16.54）

箱根駅伝出場者の世界選手権記録

＊R＝リレー、SC＝障害、W＝競歩

開催年 開催地	名前（出身校）	種目	結果
1983年 ヘルシンキ	園原健弘（明治大）	20kmW	46位（1.33.45）
1987年 ローマ	園原健弘（明治大）	50kmW	21位（4.00.11）
	阿部文明（駒澤大）	マラソン	30位（2.24.47）
1991年 東京	奥山光広（専修大）	1500m	準決勝で敗退（3.49.96）
	仲村明（順天堂大）	3000mSC	予選で敗退（8.33.89）
	浦田春生（中央大）	10000m	11位（28.18.15）
	池田克美（早稲田大）	10000m	19位（28.50.25）
	谷口浩美（日本体育大）	マラソン	1位（2.14.57）
	園原健弘（明治大）	50kmW	23位（4.38.09）
1993年 シュツットガルト	仲村明（順天堂大）	3000mSC	予選で敗退（8.48.89）
	平塚潤（日本体育大）	10000m	予選で敗退（29.12.22）
	打越忠夫（順天堂大）	マラソン	5位入賞（2.17.54）
1995年 イエテボリ	渡辺康幸（早稲田大）	10000m	12位（27.53.82）
	中村祐二（山梨学院大）	マラソン	12位（2.17.30）
	倉林俊彰（順天堂大）	マラソン	41位（2.28.57）
1997年 アテネ	川嶋伸次（日本体育大）	マラソン	25位（2.22.33）
	花田勝彦（早稲田大）	マラソン	34位（2.25.00）
	清水康次（大東文化大）	マラソン	58位（2.37.11）
1999年 セビリア	佐藤信之（中央大）	マラソン	3位入賞（2.14.07）
	藤田敦史（駒澤大）	マラソン	6位入賞（2.15.45）
	清水康次（大東文化大）	マラソン	7位入賞（2.15.50）
2001年 エドモントン	岩水嘉孝（順天堂大）	3000mSC	予選で敗退（8.45.25）
	三代直樹（順天堂大）	10000m	22位（28.42.68）
	西田隆維（駒澤大）	マラソン	9位（2.17.24）
	藤田敦史（駒澤大）	マラソン	12位（2.18.23）
	高橋健一（順天堂大）	マラソン	26位（2.24.41）
2003年 パリ	岩水嘉孝（順天堂大）	3000mSC	11位（8.19.29）
	坪田智夫（法政大）	10000m	18位（28.37.10）
	佐藤敦之（早稲田大）	マラソン	10位（2.10.38）
	尾方剛（山梨学院大）	マラソン	12位（2.10.39）
	清水康次（大東文化大）	マラソン	21位（2.13.19）

箱根駅伝出場者のオリンピック記録

2012年 ロンドン	佐藤悠基（東海大）	5000m	予選で敗退（13.38.22）
		10000m	22位（28.44.06）
	中本健太郎（拓殖大）	マラソン	6位入賞（2.11.16）
	山本亮（中央大）	マラソン	40位（2.18.34）
	藤原新（拓殖大）	マラソン	45位（2.19.11）
2016年 リオデジャネイロ	塩尻和也（順天堂大）	3000mSC	予選で敗退（8.40.98）
	大迫傑（早稲田大）	5000m	予選で敗退（13.31.45）
		10000m	17位（27.51.94）
	村山紘太（城西大）	5000m	予選で敗退（14.26.72）
		10000m	30位（29.02.51）
	設楽悠太（東洋大）	10000m	29位（28.55.23）
	石川末広（東洋大）	マラソン	36位（2.17.08）
	北島寿典（東洋大）	マラソン	94位（2.25.11）
	佐々木悟（大東文化大）	マラソン	16位（2.13.57）
2021年 東京	三浦龍司（順天堂大）	3000mSC	7位入賞（8.16.90）
	青木涼真（法政大）	3000mSC	予選で敗退（8.24.82）
	山口浩勢（城西大）	3000mSC	予選で敗退（8.31.27）
	坂東悠汰（法政大）	5000m	予選で敗退（14.05.80）
	松枝博輝（順天堂大）	5000m	予選で敗退（14.15.54）
	相澤晃（東洋大）	10000m	17位（28.18.37）
	伊藤達彦（東京国際大）	10000m	22位（29.01.31）
	大迫傑（早稲田大）	マラソン	6位（2.10.41）
	中村匠吾（駒澤大）	マラソン	62位（2.22.23）
	服部勇馬（東洋大）	マラソン	73位（2.30.08）

1972年 ミュンヘン	采谷義秋（日本体育大）	マラソン	36位（2.25.37.4）
1976年 モントリオール	小山隆治（順天堂大）	3000mSC	予選で敗退（8.37.28）
	宇佐美彰朗（日本大）	マラソン	32位（2.22.29.2）
1980年 モスクワ	新宅雅也（日本体育大）	3000mSC	日本不参加
		5000m	
	中村孝生（日本体育大）	5000m	
	瀬古利彦（早稲田大）	マラソン	
1984年 ロサンゼルス	金井豊（早稲田大）	10000m	7位入賞（28.27.06）
	新宅雅也（日本体育大）	10000m	16位（28.55.54）
	瀬古利彦（早稲田大）	マラソン	14位（2.14.13）
1988年 ソウル	米重修一（大東文化大）	5000m	予選で敗退（13.59.68）
		10000m	17位（29.04.44）
	遠藤司（早稲田大）	10000m	予選で途中棄権
	瀬古利彦（早稲田大）	マラソン	9位（2.13.41）
	新宅永灯至（雅也） （日本体育大）	マラソン	17位（2.15.42）
1992年 バルセロナ	浦田春生（中央大）	10000m	14位（28.37.61）
	大崎栄（東海大）	10000m	予選で敗退（29.20.01）
	谷口浩美（日本体育大）	マラソン	8位入賞（2.14.42）
	園原健弘（明治大）	50kmW	22位（4.13.22）
1996年 アトランタ	花田勝彦（早稲田大）	10000m	予選で敗退（28.52.22）
	渡辺康幸（早稲田大）	10000m	欠場
	谷口浩美（日本体育大）	マラソン	19位（2.17.26）
	実井謙二郎（大東文化大）	マラソン	93位（2.33.27）
2000年 シドニー	花田勝彦（早稲田大）	5000m	予選で敗退（13.41.31）
		10000m	15位（28.08.11）
	川嶋伸次（日本体育大）	マラソン	21位（2.17.21）
	佐藤信之（中央大）	マラソン	41位（2.20.52）
2004年 アテネ	岩水嘉孝（順天堂大）	3000mSC	予選で敗退（8.29.07）
	諏訪利成（東海大）	マラソン	6位入賞（2.13.24）
2008年 北京	竹澤健介（早稲田大）	5000m	予選で敗退（13.49.42）
		10000m	28位（28.23.28）
	岩水嘉孝（順天堂大）	3000mSC	予選で敗退（8.29.80）
	大崎悟史（山梨学院大）	マラソン	欠場
	尾方剛（山梨学院大）	マラソン	13位（2.13.26）
	佐藤敦之（早稲田大）	マラソン	76位（2.41.08）

箱根駅伝出場者のオリンピック記録

1936年 ベルリン	村社講平（中央大）	5000m	4位入賞（14.30.0）
		10000m	4位入賞（30.25.0）
	鈴木房重（日本大）	10000m	出場せず
		マラソン	出場せず
	南昇竜（明治大）	マラソン	銅メダル（2.31.42.0）
1952年 ヘルシンキ	室矢芳隆（中央大）	800m	1次予選で敗退（1.54.0）
		1600mR	予選で敗退（3.20.3）
	高橋進（東京文理科大）	3000mSC	予選で敗退（9.21.6）
	井上治（中央大）	5000m	予選で敗退（14.59.0）
	西田勝雄（中央大）	マラソン	25位（2.36.19.0）
	内川義高（日本大）	マラソン	途中棄権
1956年 メルボルン	鈴木重晴（早稲田大）	800m	予選で敗退（1.54.1）
		1600mR	予選で敗退（3.13.7）
	室矢芳隆（中央大）	800m	準決勝で敗退（1.54.5）
		1600mR	予選で敗退（3.13.7）
	川島義明（日本大）	マラソン	5位入賞（2.29.19）
1960年 ローマ	渡辺和己（中央大）	マラソン	32位（2.29.45.0）
1964年 東京	山口東一（中央大）	1500m	予選で敗退（3.56.7）
	奥沢善二（東洋大）	3000mSC	予選で敗退（8.50.0）
	猿渡武嗣（中央大）	3000mSC	予選で敗退（8.46.6）
	横溝三郎（中央大）	3000mSC	予選で敗退（9.04.6）
	岩下察男（中央大）	5000m	予選で敗退（14.18.4）
	船井照夫（早稲田大）	10000m	14位（29.33.2）
	渡辺和己（中央大）	10000m	28位（31.00.6）
1968年 メキシコシティ	永井純（東京教育大）	800m	予選で敗退（1.51.2）
	猿渡武嗣（中央大）	3000mSC	予選で敗退（9.26.2）
	三浦（松田）信由（東洋大）	3000mSC	予選で敗退（9.24.6）
	澤木啓祐（順天堂大）	5000m	予選で敗退（15.00.8）
		10000m	29位（31.25.2）
	鈴木従道（日本大）	10000m	21位（30.52.0）
	宇佐美彰朗（日本大）	マラソン	9位（2.28.06.2）
1972年 ミュンヘン	小山隆治（順天堂大）	3000mSC	9位（8.37.8）
		5000m	予選で敗退（14.12.6）
	澤木啓祐（順天堂大）	5000m	予選で敗退（13.44.8）
		10000m	予選で敗退（29.29.0）
	宇佐美彰朗（日本大）	マラソン	12位（2.18.58.0）

箱根駅伝出場者のオリンピック記録

＊R＝リレー、SC＝障害、W＝競歩

開催年 開催地	名前（出身校）	種目	結果
1920年 アントワープ	大浦留市（東京高等師範学校）	5000m	決勝で途中失格
		10000m	棄権
	茂木善作（東京高等師範学校）	マラソン	20位（2.51.09.4）
	八島健三（明治大）	マラソン	21位（2.57.20.0）
	三浦彌平（早稲田大）	マラソン	24位（2.59.37.0）
1924年 パリ	納戸徳重（東京高等師範学校）	十種競技	22位（5243.33ポイント）
		400m	2次予選で敗退（記録なし）
		800m	予選で敗退
	田代菊之助（中央大）	10000m	棄権
		マラソン	途中棄権
	三浦彌平（早稲田大）	10000m	棄権
		マラソン	途中棄権
1928年 アムステルダム	永谷寿一（明治大）	10000m	19位（33.31.0）
		マラソン	48位（3.03.34）
	津田晴一郎（慶應義塾大）	マラソン	6位入賞（2.36.20）
1932年 ロサンゼルス	大木正幹（法政大）	400m	2次予選で敗退（記録なし）
		1600mR	5位入賞（3.14.6）
	北本正路（慶應義塾大）	5000m	棄権（記録なし）
		10000m	10位（記録なし）
	竹中正一郎（慶應義塾大）	5000m	12位
		10000m	11位（記録なし）
	津田晴一郎（慶應義塾大）	マラソン	5位入賞（2.35.42）
	金恩培（早稲田大）	マラソン	6位入賞（2.37.28）
	権泰夏（明治大）	マラソン	7位入賞（2.42.52）
1936年 ベルリン	相原豊次（中央大）	400m	1次予選で敗退（50.2）
		1600mR	予選で敗退（3.18.4）
	青地球磨男（立教大）	800m	予選で敗退（1.56.8）
	富江利直（明治大）	800m	予選で敗退（1.59.9）
		1500m	予選で途中棄権
	中村清（早稲田大）	1500m	予選で敗退（4.04.8）
	今井哲夫（慶應義塾大）	3000mSC	予選で敗退（記録なし）
	田中秀雄（中央大）	3000mSC	予選で敗退（10.00.4）
		5000m	予選で敗退（記録なし）

13	早稲田大	11.00.03	11	5.29.15	12	5.30.48
14	明治大	11.00.28	17	5.32.20	3	5.28.08
15	国士舘大	11.03.06	14	5.29.49	16	5.33.17
16	中央学院大	11.07.33	18	5.36.04	14	5.31.29
17	日本体育大	11.11.11	16	5.32.07	19	5.39.04
18	山梨学院大	11.11.21	15	5.31.42	20	5.39.39
19	駿河台大	11.13.42	20	5.41.11	15	5.32.31
20	専修大	11.15.09	19	5.38.46	18	5.36.23
参	関東学生連合	11.00.25	参	5.30.15	参	5.30.10

●第99回大会 2023年（令和５年）

1	駒澤大	10.47.11	1	5.23.10	1	5.24.01
2	中央大	10.48.53	2	5.23.40	2	5.25.13
3	青山学院大	10.54.25	3	5.25.13	9	5.29.12
4	國學院大	10.55.01	4	5.27.10	8	5.27.51
5	順天堂大	10.55.18	6	5.27.41	5	5.27.37
6	早稲田大	10.55.21	5	5.27.33	7	5.27.48
7	法政大	10.55.28	8	5.28.53	3	5.26.35
8	創価大	10.55.55	10	5.29.15	4	5.26.40
9	城西大	10.58.22	9	5.29.08	10	5.29.14
10	東洋大	10.58.26	11	5.30.42	6	5.27.44
11	東京国際大	10.59.58	7	5.27.49	17	5.32.09
12	明治大	11.01.37	12	5.31.29	13	5.30.08
13	帝京大	11.03.29	14	5.32.20	15	5.31.09
14	山梨学院大	11.04.02	16	5.33.39	14	5.30.23
15	東海大	11.06.02	13	5.31.40	18	5.34.22
16	大東文化大	11.06.08	17	5.36.01	12	5.30.07
17	日本体育大	11.06.32	18	5.36.33	11	5.29.59
18	立教大	11.10.38	20	5.38.51	16	5.31.47
19	国士舘大	11.13.56	15	5.33.16	19	5.40.40
20	専修大	11.19.28	19	5.38.35	20	5.40.53
参	関東学生連合	11.17.13	参	5.36.52	参	5.40.21

9	帝京大	11.13.26	12	5.34.47	6	5.38.39
10	中央学院大	11.14.25	11	5.34.43	12	5.39.42
11	順天堂大	11.14.39	8	5.33.54	13	5.40.45
12	駒澤大	11.15.13	13	5.36.01	10	5.39.12
13	神奈川大	11.17.08	15	5.38.04	9	5.39.04
14	國學院大	11.18.06	14	5.36.58	14	5.41.08
15	中央大	11.19.26	10	5.34.18	18	5.45.08
16	大東文化大	11.22.58	17	5.39.38	16	5.43.20
17	東京国際大	11.22.59	19	5.41.45	15	5.41.14
18	山梨学院大	11.23.24	16	5.38.07	19	5.45.17
19	国士舘大	11.26.42	18	5.41.38	17	5.45.04
20	上武大	11.32.42	20	5.42.22	20	5.50.20
参	関東学生連合	11.40.02	参	5.49.20	参	5.50.42

●第95回大会 2019年（平成31年）

1	東海大	10.52.09	2	5.27.45	2	5.24.24
2	青山学院大	10.55.50	6	5.32.01	1	5.23.49
3	東洋大	10.58.03	1	5.26.31	5	5.31.32
4	駒澤大	11.01.05	4	5.29.59	4	5.31.06
5	帝京大	11.03.10	9	5.33.30	3	5.29.40
6	法政大	11.03.57	5	5.31.36	6	5.32.21
7	國學院大	11.05.32	3	5.29.15	12	5.36.17
8	順天堂大	11.08.35	7	5.32.05	13	5.36.30
9	拓殖大	11.09.10	8	5.32.08	15	5.37.02
10	中央学院大	11.09.23	10	5.33.32	10	5.35.51
11	中央大	11.10.39	12	5.35.26	8	5.35.13
12	早稲田大	11.10.39	15	5.36.06	7	5.34.33
13	日本体育大	11.12.17	16	5.36.33	9	5.35.44
14	日本大	11.13.25	13	5.35.37	17	5.37.48
15	東京国際大	11.14.42	17	5.37.15	16	5.37.27
16	神奈川大	11.15.51	18	5.39.41	11	5.36.10
17	明治大	11.16.42	11	5.34.14	21	5.42.28
18	国士舘大	11.16.56	14	5.35.53	20	5.41.03
19	大東文化大	11.19.48	21	5.43.07	14	5.36.41
20	城西大	11.19.57	19	5.40.10	18	5.39.47
21	山梨学院大	11.24.49	22	5.44.16	19	5.40.33
22	上武大	11.31.14	20	5.42.26	22	5.48.48
参	関東学生連合	11.21.51	参	5.44.17	参	5.37.34

●第96回大会 2020年（令和２年）

1	青山学院大	10.45.23	1	5.21.16	2	5.24.07
2	東海大	10.48.25	4	5.24.38	1	5.23.47
3	國學院大	10.54.20	2	5.22.49	10	5.31.31
4	帝京大	10.54.23	6	5.27.15	3	5.27.08
5	東京国際大	10.54.27	3	5.24.33	6	5.29.54
6	明治大	10.54.46	5	5.27.11	4	5.27.35
7	早稲田大	10.57.43	9	5.28.48	5	5.28.55
8	駒澤大	10.57.44	8	5.27.41	8	5.30.03
9	創価大	10.58.17	7	5.27.34	9	5.30.43
10	東洋大	10.59.11	11	5.29.15	7	5.29.56
11	中央学院大	11.01.10	12	5.29.17	11	5.31.53
12	中央大	11.03.39	13	5.31.40	12	5.31.59
13	拓殖大	11.04.28	10	5.29.08	17	5.35.20
14	順天堂大	11.06.45	14	5.31.52	15	5.34.53
15	法政大	11.07.23	16	5.33.00	14	5.34.23
16	神奈川大	11.07.26	17	5.34.11	13	5.33.15
17	日本体育大	11.10.32	18	5.34.35	18	5.35.57
18	日本大	11.10.37	15	5.32.53	19	5.37.44
19	国士舘大	11.13.33	20	5.38.37	16	5.34.56
20	筑波大	11.16.13	19	5.37.53	20	5.38.20
参	関東学生連合	11.12.34	参	5.34.54	参	5.37.40

●第97回大会 2021年（令和３年）

1	駒澤大	10.56.04	3	5.30.29	2	5.25.35
2	創価大	10.56.56	1	5.28.08	5	5.28.48
3	東洋大	11.00.56	2	5.30.22	9	5.30.34
4	青山学院大	11.01.16	12	5.35.43	1	5.25.33
5	東海大	11.02.44	5	5.31.35	10	5.31.09
6	早稲田大	11.03.59	11	5.35.12	4	5.28.47
7	順天堂大	11.04.03	7	5.33.31	8	5.30.32
8	帝京大	11.04.08	4	5.30.39	11	5.33.29
9	國學院大	11.04.22	9	5.34.52	6	5.29.30
10	東京国際大	11.05.49	6	5.32.06	12	5.33.43
11	明治大	11.06.15	14	5.36.03	7	5.30.12
12	中央大	11.07.56	19	5.39.17	3	5.28.39
13	神奈川大	11.08.55	8	5.33.40	14	5.35.15
14	日本体育大	11.10.24	15	5.36.38	13	5.33.46
15	拓殖大	11.10.47	10	5.35.01	16	5.35.46
16	城西大	11.11.20	13	5.35.44	15	5.35.36
17	法政大	11.13.30	16	5.37.14	17	5.36.16
18	国士舘大	11.14.07	17	5.37.48	18	5.36.19
19	山梨学院大	11.17.36	18	5.38.38	20	5.38.58
20	専修大	11.28.26	20	5.49.56	19	5.38.30
参	関東学生連合	11.18.10	参	5.45.46	参	5.32.24

●第98回大会 2022年（令和４年）

1	青山学院大	10.43.42	1	5.22.06	1	5.21.36
2	順天堂大	10.54.33	5	5.26.10	5	5.28.23
3	駒澤大	10.54.57	3	5.25.34	9	5.29.23
4	東洋大	10.54.59	9	5.28.34	2	5.26.25
5	東京国際大	10.55.14	7	5.26.55	4	5.28.19
6	中央大	10.55.44	6	5.26.25	8	5.29.19
7	創価大	10.56.30	8	5.27.44	6	5.28.46
8	國學院大	10.57.10	4	5.25.49	13	5.31.21
9	帝京大	10.58.06	2	5.24.43	17	5.33.23
10	法政大	10.58.46	13	5.29.36	7	5.29.10
11	東海大	10.59.38	10	5.29.14	10	5.30.24
12	神奈川大	11.00.00	12	5.29.26	11	5.30.34

5	青山学院大	11.08.53	5	5.35.04	6	5.33.49
6	明治大	11.10.09	7	5.36.01	7	5.34.08
7	日本大	11.12.52	10	5.37.12	10	5.35.40
8	帝京大	11.13.03	12	5.39.23	5	5.33.40
9	拓殖大	11.13.06	6	5.35.52	13	5.37.14
10	大東文化大	11.14.43	8	5.36.31	16	5.38.12
11	法政大	11.15.33	11	5.37.46	14	5.37.47
12	中央学院大	11.15.40	13	5.40.18	8	5.35.22
13	東海大	11.17.52	9	5.37.00	18	5.40.52
14	東京農業大	11.18.02	14	5.41.39	12	5.36.23
15	中央大	11.18.43	17	5.42.27	11	5.36.16
16	順天堂大	11.19.03	19	5.43.30	9	5.35.33
17	國學院大	11.20.44	18	5.42.36	15	5.38.08
18	神奈川大	11.23.47	15	5.41.56	20	5.41.51
19	城西大	11.25.42	20	5.44.27	19	5.41.15
20	上武大	11.25.56	16	5.41.59	22	5.43.57
21	専修大	11.28.39	21	5.47.57	17	5.40.42
22	国士舘大	11.38.35	22	5.55.47	21	5.42.48
棄	山梨学院大	–	棄	–	参	5.35.23

●第91回大会 2015年（平成27年）						
1	青山学院大	10.49.27	1	5.23.58	1	5.25.29
2	駒澤大	11.00.17	4	5.31.23	2	5.28.54
3	東洋大	11.01.22	3	5.30.47	4	5.30.35
4	明治大	11.01.57	2	5.28.57	6	5.33.00
5	早稲田大	11.02.15	6	5.33.02	3	5.29.13
6	東海大	11.07.08	7	5.33.55	8	5.33.13
7	城西大	11.08.15	8	5.35.09	7	5.33.06
8	中央学院大	11.09.18	5	5.32.26	14	5.36.52
9	山梨学院大	11.10.43	13	5.38.53	5	5.31.50
10	大東文化大	11.11.15	9	5.35.21	12	5.35.54
11	帝京大	11.13.30	16	5.39.18	9	5.34.12
12	順天堂大	11.13.32	15	5.39.18	10	5.34.14
13	日本大	11.17.59	12	5.37.29	17	5.40.30
14	國學院大	11.18.12	19	5.42.48	11	5.35.24
15	日本体育大	11.18.24	17	5.41.48	13	5.36.36
16	拓殖大	11.18.24	11	5.35.36	18	5.42.48
17	神奈川大	11.18.47	14	5.39.09	16	5.39.38
18	上武大	11.18.53	18	5.41.55	15	5.36.58
19	中央大	11.20.51	10	5.35.25	19	5.45.26
20	創価大	11.31.40	20	5.44.45	20	5.46.55
参	関東学生連合	11.19.12	参	5.38.27	参	5.40.45

●第92回大会 2016年（平成28年）						
1	青山学院大	10.53.25	1	5.25.55	1	5.27.30
2	東洋大	11.00.36	2	5.28.59	2	5.31.37
3	駒澤大	11.04.00	3	5.31.15	3	5.32.45
4	早稲田大	11.07.54	5	5.34.17	5	5.33.37
5	東海大	11.09.44	8	5.35.45	6	5.33.59
6	順天堂大	11.11.24	7	5.35.39	8	5.35.45
7	日本体育大	11.11.32	13	5.38.12	4	5.33.20
8	山梨学院大	11.11.51	4	5.33.24	10	5.38.27
9	中央学院大	11.13.31	14	5.38.19	7	5.35.12
10	帝京大	11.15.21	9	5.36.36	11	5.38.45
11	日本大	11.16.50	6	5.34.28	15	5.42.22
12	城西大	11.20.06	11	5.37.42	16	5.42.24
13	神奈川大	11.20.07	15	5.40.36	12	5.39.31
14	明治大	11.20.39	17	5.43.22	9	5.37.17
15	中央大	11.21.48	16	5.41.08	14	5.40.40
16	拓殖大	11.23.54	10	5.37.42	19	5.46.12
17	東京国際大	11.24.00	12	5.38.06	18	5.45.54
18	大東文化大	11.28.45	20	5.48.48	13	5.39.57
19	法政大	11.31.12	19	5.45.54	17	5.45.18
20	上武大	11.36.46	18	5.44.37	20	5.52.09
参	関東学生連合	11.15.30	参	5.39.01	参	5.36.29

●第93回大会 2017年（平成29年）						
1	青山学院大	11.04.10	1	5.33.45	1	5.30.25
2	東洋大	11.11.31	4	5.36.25	2	5.35.06
3	早稲田大	11.12.26	2	5.34.18	9	5.38.08
4	順天堂大	11.12.42	3	5.36.09	6	5.36.33
5	神奈川大	11.14.59	6	5.38.11	7	5.36.48
6	中央学院大	11.15.25	7	5.38.20	8	5.37.05
7	日本体育大	11.15.39	13	5.40.29	3	5.35.10
8	法政大	11.15.56	12	5.40.18	5	5.35.38
9	駒澤大	11.16.13	5	5.37.46	11	5.38.27
10	東海大	11.17.00	15	5.41.44	4	5.35.16
11	帝京大	11.20.24	11	5.40.06	12	5.40.18
12	創価大	11.20.37	9	5.39.25	13	5.41.12
13	大東文化大	11.23.45	18	5.45.29	10	5.38.16
14	拓殖大	11.24.22	14	5.40.36	15	5.43.46
15	上武大	11.24.45	8	5.39.13	17	5.45.32
16	國學院大	11.28.45	19	5.46.52	14	5.41.53
17	山梨学院大	11.29.17	16	5.41.56	18	5.47.21
18	明治大	11.29.17	17	5.44.42	16	5.44.35
19	日本大	11.30.38	10	5.39.55	19	5.50.43
20	国士舘大	11.49.18	20	5.54.57	20	5.54.21
参	関東学生連合	11.31.29	参	5.49.45	参	5.41.44

●第94回大会 2018年（平成30年）						
1	青山学院大	10.57.39	2	5.29.05	1	5.28.34
2	東洋大	11.02.32	1	5.28.29	2	5.34.03
3	早稲田大	11.09.09	3	5.30.25	7	5.38.44
4	日本体育大	11.09.28	7	5.33.47	3	5.35.41
5	東海大	11.10.09	9	5.34.09	4	5.36.00
6	法政大	11.10.20	5	5.33.06	5	5.37.14
7	城西大	11.12.12	6	5.33.19	8	5.38.53
8	拓殖大	11.12.32	4	5.33.05	11	5.39.27

19	順天堂大	11.28.09	18	5.42.05	21	5.46.04
20	帝京大	11.28.21	10	5.39.17	22	5.49.04
21	上武大	11.28.54	20	5.43.15	20	5.45.39
22	青山学院大	11.29.00	22	5.44.44	17	5.44.16
棄	城西大	–	23	5.47.25	棄	–

●第86回大会 2010年（平成22年）						
1	東洋大	11.10.13	1	5.32.02	2	5.38.11
2	駒澤大	11.13.59	8	5.39.18	1	5.34.41
3	山梨学院大	11.15.46	2	5.35.38	7	5.40.08
4	中央大	11.16.00	4	5.36.26	4	5.39.34
5	東京農業大	11.16.42	5	5.36.59	5	5.39.43
6	城西大	11.17.53	10	5.39.25	3	5.38.28
7	早稲田大	11.20.04	7	5.38.07	10	5.41.57
8	青山学院大	11.21.25	9	5.39.19	11	5.42.06
9	日本体育大	11.21.45	3	5.36.15	17	5.45.30
10	明治大	11.21.57	6	5.37.45	14	5.44.12
11	帝京大	11.24.52	15	5.44.48	6	5.40.04
12	東海大	11.25.46	12	5.42.47	12	5.42.59
13	中央学院大	11.26.41	16	5.45.24	8	5.41.17
14	上武大	11.28.14	14	5.44.12	13	5.44.02
15	日本大	11.28.48	13	5.43.25	16	5.45.23
16	関東学連選抜	11.29.37	11	5.41.37	19	5.48.00
17	専修大	11.29.51	17	5.45.36	15	5.44.15
18	大東文化大	11.32.53	20	5.51.01	9	5.41.52
19	法政大	11.33.22	18	5.47.22	18	5.46.00
20	亜細亜大	11.41.07	19	5.50.20	20	5.50.47

●第87回大会 2011年（平成23年）						
1	早稲田大	10.59.51	2	5.30.17	1	5.29.34
2	東洋大	11.00.12	1	5.29.50	2	5.30.22
3	駒澤大	11.03.53	5	5.33.15	3	5.30.38
4	東海大	11.08.12	3	5.31.47	8	5.36.25
5	明治大	11.08.24	4	5.32.11	7	5.36.13
6	中央大	11.11.24	8	5.35.52	6	5.35.32
7	拓殖大	11.11.28	9	5.36.01	4	5.35.27
8	日本体育大	11.13.19	10	5.36.19	10	5.37.00
9	青山学院大	11.13.20	16	5.37.53	5	5.35.27
10	國學院大	11.13.23	6	5.35.00	13	5.38.23
11	城西大	11.13.26	7	5.35.32	12	5.37.54
12	山梨学院大	11.13.50	13	5.36.52	9	5.36.58
13	帝京大	11.14.21	12	5.36.29	11	5.37.52
14	東京農業大	11.15.43	11	5.36.28	15	5.39.15
15	神奈川大	11.16.37	15	5.37.34	14	5.39.03
16	中央学院大	11.19.00	18	5.39.20	16	5.39.40
17	専修大	11.21.05	14	5.37.18	19	5.43.47
18	関東学連選抜	11.21.17	19	5.41.24	17	5.39.53
19	上武大	11.25.11	20	5.41.36	18	5.43.35
20	日本大	11.28.00	17	5.38.57	20	5.49.03

●第88回大会 2012年（平成24年）						
1	東洋大	10.51.36	1	5.24.45	1	5.26.51
2	駒澤大	11.00.38	4	5.31.28	2	5.29.10
3	明治大	11.02.50	3	5.30.06	3	5.32.44
4	早稲田大	11.03.10	2	5.29.52	4	5.33.18
5	青山学院大	11.08.46	7	5.33.58	7	5.34.48
6	城西大	11.10.17	5	5.32.17	10	5.38.00
7	順天堂大	11.11.15	13	5.37.13	5	5.34.02
8	中央大	11.11.17	12	5.37.06	6	5.34.11
9	山梨学院大	11.12.38	6	5.33.11	14	5.39.27
10	國學院大	11.13.42	9	5.35.02	12	5.38.40
11	国士舘大	11.16.47	14	5.37.54	13	5.38.53
12	東海大	11.17.14	8	5.34.54	18	5.42.20
13	帝京大	11.18.58	17	5.41.54	8	5.37.04
14	拓殖大	11.20.21	19	5.42.49	9	5.37.32
15	神奈川大	11.20.22	15	5.38.25	17	5.41.57
16	上武大	11.20.43	16	5.39.33	16	5.41.10
17	関東学連選抜	11.21.36	10	5.35.08	20	5.46.28
18	中央学院大	11.21.41	18	5.41.56	15	5.39.45
19	日本体育大	11.22.26	11	5.36.48	19	5.45.38
20	東京農業大	11.44.16	20	6.06.02	11	5.38.14

●第89回大会 2013年（平成25年）						
1	日本体育大	11.13.26	1	5.40.15	2	5.33.11
2	東洋大	11.18.20	3	5.42.54	4	5.35.26
3	駒澤大	11.19.23	9	5.47.12	1	5.32.11
4	帝京大	11.21.39	7	5.46.27	3	5.35.12
5	早稲田大	11.21.39	2	5.42.50	8	5.38.49
6	順天堂大	11.24.43	8	5.46.29	7	5.38.14
7	明治大	11.25.14	4	5.44.37	13	5.40.37
8	青山学院大	11.25.59	6	5.46.27	9	5.39.32
9	法政大	11.26.40	5	5.45.39	15	5.41.01
10	中央学院大	11.27.34	13	5.50.05	5	5.37.29
11	山梨学院大	11.28.24	11	5.48.09	11	5.40.15
12	大東文化大	11.30.46	12	5.48.46	16	5.42.00
13	関東学連選抜	11.31.50	10	5.47.52	17	5.43.58
14	國學院大	11.33.28	14	5.53.03	12	5.40.25
15	日本大	11.35.23	15	5.54.31	14	5.40.52
16	神奈川大	11.37.36	18	6.00.03	6	5.37.33
17	東京農業大	11.39.13	17	5.59.24	10	5.39.49
18	上武大	11.42.44	16	5.58.02	18	5.44.42
棄	城西大	–	棄	–	棄	–
棄	中央大	–	棄	–	棄	–

●第90回大会 2014年（平成26年）						
1	東洋大	10.52.51	1	5.27.13	1	5.25.38
2	駒澤大	10.57.25	2	5.28.12	2	5.29.13
3	日本体育大	11.03.51	4	5.33.45	3	5.30.06
4	早稲田大	11.04.17	3	5.32.22	4	5.31.55

9	中央学院大	11.14.35	11	5.39.44	9	5.34.51
10	神奈川大	11.14.49	10	5.39.10	10	5.35.39
11	早稲田大	11.15.11	15	5.40.26	8	5.34.45
12	大東文化大	11.17.23	14	5.40.21	11	5.37.02
13	東洋大	11.18.45	12	5.39.47	14	5.38.58
14	山梨学院大	11.20.58	8	5.38.17	17	5.42.41
15	城西大	11.22.49	9	5.39.08	18	5.43.41
16	帝京大	11.25.03	18	5.46.23	13	5.38.40
17	専修大	11.25.14	17	5.42.34	16	5.42.40
18	明治大	11.28.23	16	5.41.23	19	5.47.00
19	拓殖大	11.35.08	19	5.53.55	15	5.41.13
参	関東学連選抜	11.26.38	参	5.42.25	参	5.44.13

●第82回大会 2006年（平成18年）

1	亜細亜大	11.09.26	6	5.36.17	2	5.33.09
2	山梨学院大	11.11.06	4	5.34.50	6	5.36.16
3	日本大	11.11.53	5	5.35.27	7	5.36.26
4	順天堂大	11.12.07	1	5.33.26	10	5.38.41
5	駒澤大	11.12.42	2	5.33.56	11	5.38.46
6	東海大	11.12.45	8	5.37.46	4	5.34.59
7	法政大	11.14.17	15	5.41.22	1	5.32.55
8	中央大	11.15.02	3	5.34.45	14	5.40.17
9	日本体育大	11.15.59	14	5.41.13	3	5.34.46
10	東洋大	11.16.00	7	5.36.37	13	5.39.23
11	城西大	11.16.10	13	5.40.17	5	5.35.53
12	大東文化大	11.17.52	11	5.39.02	12	5.38.50
13	早稲田大	11.19.10	9	5.38.38	15	5.40.32
14	國學院大	11.21.03	12	5.39.31	16	5.41.32
15	専修大	11.21.40	17	5.43.49	9	5.37.51
16	神奈川大	11.21.59	10	5.38.58	17	5.43.01
17	中央学院大	11.22.22	18	5.44.34	8	5.37.48
18	明治大	11.27.38	16	5.42.49	19	5.44.49
19	国士舘大	11.33.02	19	5.48.28	18	5.44.34
参	関東学連選抜	11.29.10	参	5.44.59	参	5.44.11

●第83回大会 2007年（平成19年）

1	順天堂大	11.05.29	1	5.33.13	1	5.32.16
2	日本大	11.11.42	5	5.37.06	2	5.34.36
3	東海大	11.12.07	2	5.34.55	4	5.37.12
4	日本体育大	11.16.44	3	5.36.33	9	5.40.11
5	東洋大	11.16.59	10	5.39.48	3	5.37.11
6	早稲田大	11.17.29	4	5.36.57	10	5.40.32
7	駒澤大	11.18.09	7	5.38.45	7	5.39.24
8	中央大	11.18.41	14	5.40.59	5	5.37.42
9	専修大	11.18.42	8	5.39.15	8	5.39.27
10	亜細亜大	11.19.14	13	5.40.29	6	5.38.45
11	城西大	11.20.50	12	5.39.58	11	5.40.52
12	山梨学院大	11.21.27	9	5.39.48	12	5.41.39
13	中央学院大	11.21.30	6	5.37.30	15	5.44.00
14	大東文化大	11.25.30	15	5.42.00	14	5.43.30
15	法政大	11.27.46	16	5.45.12	13	5.42.34
16	明治大	11.27.57	11	5.39.53	19	5.48.04
17	神奈川大	11.33.20	17	5.46.02	17	5.47.18
18	國學院大	11.34.09	18	5.46.50	18	5.47.19
19	国士舘大	11.36.30	19	5.52.06	16	5.44.24
20	関東学連選抜	11.41.53	20	5.53.45	20	5.48.08

●第84回大会 2008年（平成20年）

1	駒澤大	11.05.00	2	5.34.22	1	5.30.38
2	早稲田大	11.07.29	1	5.33.08	3	5.34.21
3	中央学院大	11.11.05	5	5.37.16	2	5.33.49
4	関東学連選抜	11.12.25	4	5.36.25	4	5.36.00
5	亜細亜大	11.14.10	7	5.37.54	6	5.36.16
6	山梨学院大	11.15.00	3	5.35.07	14	5.39.53
7	中央大	11.16.32	10	5.39.03	8	5.37.29
8	帝京大	11.16.48	12	5.40.34	5	5.36.14
9	日本大	11.16.52	6	5.37.47	12	5.39.05
10	東洋大	11.17.12	9	5.38.23	10	5.38.49
11	城西大	11.20.19	16	5.43.19	7	5.37.00
12	日本体育大	11.20.30	14	5.41.50	9	5.38.40
13	国士舘大	11.23.43	13	5.41.35	15	5.42.08
14	専修大	11.25.37	17	5.45.57	13	5.39.40
15	神奈川大	11.27.22	19	5.48.23	11	5.38.59
16	法政大	11.28.06	15	5.42.23	17	5.45.43
17	東京農業大	11.30.58	18	5.47.34	16	5.43.24
棄	東海大	–	8	5.38.04	棄	–
棄	大東文化大	–	11	5.40.26	棄	–
棄	順天堂大	–	棄	–	棄	–

●第85回大会 2009年（平成21年）

1	東洋大	11.09.14	1	5.33.24	1	5.35.50
2	早稲田大	11.09.55	2	5.33.46	2	5.36.09
3	日本体育大	11.13.05	3	5.35.07	4	5.37.58
4	大東文化大	11.17.48	9	5.39.08	5	5.38.40
5	中央学院大	11.17.50	4	5.35.45	13	5.42.05
6	山梨学院大	11.17.56	5	5.37.37	11	5.40.19
7	日本大	11.18.14	8	5.38.58	8	5.39.16
8	明治大	11.18.16	7	5.38.58	9	5.39.18
9	関東学連選抜	11.18.20	13	5.40.33	3	5.37.47
10	中央大	11.18.33	11	5.39.52	6	5.38.41
11	国士舘大	11.19.07	6	5.38.02	12	5.41.05
12	東京農業大	11.19.17	12	5.39.56	10	5.39.21
13	駒澤大	11.20.20	15	5.41.19	7	5.39.01
14	専修大	11.24.59	14	5.41.15	16	5.43.44
15	神奈川大	11.25.07	16	5.41.32	15	5.43.35
16	亜細亜大	11.25.39	19	5.42.53	14	5.42.46
17	拓殖大	11.26.31	17	5.41.53	18	5.44.38
18	東海大	11.28.04	21	5.43.19	19	5.44.45

6	早稲田大	11.18.12	8	5.37.56	5	5.40.16
7	東海大	11.20.00	2	5.34.08	10	5.45.52
8	神奈川大	11.20.18	13	5.42.22	4	5.37.56
9	山梨学院大	11.22.58	12	5.40.23	8	5.42.35
10	法政大	11.23.27	6	5.36.25	12	5.47.02
11	日本体育大	11.25.37	10	5.39.45	10	5.45.52
12	大東文化大	11.26.54	9	5.39.13	13	5.47.41
13	関東学院大	11.26.58	14	5.44.08	9	5.42.50
14	拓殖大	11.28.34	11	5.39.59	14	5.48.35
15	東洋大	11.40.45	15	5.47.45	15	5.53.00

●第77回大会 2001年（平成13年）						
1	順天堂大	11.14.05	2	5.43.08	1	5.30.57
2	駒澤大	11.17.00	4	5.45.24	4	5.31.36
3	中央大	11.19.17	1	5.43.00	6	5.36.17
4	法政大	11.20.23	3	5.43.55	7	5.36.28
5	神奈川大	11.26.32	12	5.54.58	3	5.31.34
6	大東文化大	11.28.05	13	5.56.43	2	5.31.22
7	帝京大	11.28.34	6	5.48.55	12	5.39.39
8	日本大	11.29.17	8	5.51.15	10	5.38.02
9	山梨学院大	11.29.18	7	5.49.51	11	5.39.27
10	早稲田大	11.29.48	11	5.53.45	5	5.36.03
11	日本体育大	11.30.15	9	5.53.25	8	5.36.50
12	拓殖大	11.31.05	10	5.53.38	9	5.37.27
13	平成国際大	11.34.25	5	5.48.15	14	5.46.10
14	國學院大	11.45.55	14	6.02.24	13	5.43.31
棄	東海大	–	棄	–	棄	–

●第78回大会 2002年（平成14年）						
1	駒澤大	11.05.35	2	5.36.48	1	5.28.47
2	順天堂大	11.09.34	3	5.37.12	3	5.32.22
3	早稲田大	11.09.54	4	5.37.44	2	5.32.10
4	中央大	11.12.58	6	5.39.47	4	5.33.11
5	大東文化大	11.13.15	5	5.39.33	5	5.33.42
6	神奈川大	11.16.29	1	5.36.25	11	5.40.04
7	亜細亜大	11.21.33	9	5.43.22	7	5.38.11
8	帝京大	11.21.39	7	5.42.26	10	5.39.13
9	山梨学院大	11.21.44	8	5.42.53	9	5.38.51
10	日本大	11.22.40	10	5.44.21	8	5.38.19
11	日本体育大	11.23.36	12	5.47.20	6	5.36.16
12	関東学院大	11.29.23	13	5.48.44	12	5.40.39
13	専修大	11.33.42	11	5.45.03	14	5.48.39
14	東海大	11.34.19	14	5.50.50	13	5.43.29
棄	法政大	–	棄	–	棄	–

●第79回大会 2003年（平成15年）						
1	駒澤大	11.03.47	2	5.32.45	1	5.31.02
2	山梨学院大	11.08.28	1	5.31.06	3	5.37.22
3	日本大	11.12.52	3	5.34.19	5	5.38.33
4	大東文化大	11.15.15	4	5.35.40	9	5.39.35
5	中央大	11.16.27	12	5.39.37	2	5.36.50
6	東洋大	11.16.56	9	5.38.28	4	5.38.28
7	東海大	11.17.05	5	5.36.16	13	5.40.49
8	順天堂大	11.17.13	7	5.37.12	10	5.40.01
9	日本体育大	11.17.31	6	5.36.21	14	5.41.10
10	中央学院大	11.17.33	11	5.38.53	6	5.38.40
11	神奈川大	11.17.57	8	5.37.49	11	5.40.08
12	拓殖大	11.19.05	14	5.39.56	7	5.39.09
13	帝京大	11.20.17	15	5.40.56	8	5.39.21
14	國學院大	11.22.40	13	5.39.45	15	5.42.55
15	早稲田大	11.22.42	10	5.38.50	16	5.43.52
16	法政大	11.27.30	18	5.47.09	12	5.40.21
17	亜細亜大	11.27.32	16	5.42.34	17	5.44.58
18	関東学院大	11.28.37	17	5.42.59	19	5.45.38
19	専修大	11.34.12	19	5.49.13	18	5.44.59
参	関東学連選抜	11.27.21	参	5.41.33	参	5.45.48

●第80回大会 2004年（平成16年）						
1	駒澤大	11.07.51	1	5.34.34	1	5.33.17
2	東海大	11.13.48	2	5.38.00	4	5.35.48
3	亜細亜大	11.16.17	3	5.38.50	6	5.37.27
4	法政大	11.17.42	5	5.39.06	8	5.38.36
5	順天堂大	11.17.45	12	5.42.59	2	5.34.46
6	東洋大	11.18.18	6	5.39.44	7	5.38.34
7	中央大	11.18.21	13	5.43.27	3	5.34.54
8	神奈川大	11.18.33	7	5.41.34	5	5.36.59
9	日本体育大	11.19.18	4	5.39.00	10	5.40.18
10	日本大	11.21.48	9	5.41.52	9	5.39.56
11	中央学院大	11.23.58	8	5.41.37	13	5.42.21
12	山梨学院大	11.25.56	11	5.42.59	15	5.42.57
13	大東文化大	11.27.25	16	5.46.09	12	5.41.16
14	帝京大	11.28.21	10	5.42.56	17	5.45.25
15	東京農業大	11.28.22	17	5.47.08	11	5.41.14
16	早稲田大	11.28.47	15	5.45.22	16	5.43.25
17	国士舘大	11.33.34	14	5.44.35	18	5.48.59
18	関東学院大	11.36.15	19	5.53.30	14	5.42.45
19	城西大	11.42.15	18	5.49.53	19	5.52.22
参	日本学連選抜	11.17.50	参	5.40.39	参	5.37.11

●第81回大会 2005年（平成17年）						
1	駒澤大	11.03.48	2	5.32.41	1	5.31.07
2	日本体育大	11.07.23	5	5.35.41	3	5.31.42
3	日本大	11.07.48	3	5.34.09	5	5.33.39
4	中央大	11.07.49	6	5.36.36	2	5.31.13
5	順天堂大	11.08.47	4	5.34.46	6	5.34.01
6	東海大	11.10.32	1	5.32.11	12	5.38.21
7	亜細亜大	11.11.40	7	5.38.04	4	5.33.36
8	法政大	11.13.53	13	5.39.48	7	5.34.05

15	東洋大	11.36.02	12	5.47.12	17	5.48.50
16	中央学院大	11.38.35	18	5.52.16	15	5.46.19
17	関東学院大	11.43.42	17	5.51.43	19	5.51.59
18	大東文化大	11.45.07	20	6.01.11	14	5.43.56
19	慶應義塾大	11.48.32	19	5.58.06	18	5.50.26
20	筑波大	11.48.40	16	5.49.22	20	5.59.18

●第71回大会 1995年（平成7年）						
1	山梨学院大	11.03.46	2	5.31.23	2	5.32.23
2	早稲田大	11.05.48	1	5.29.36	6	5.36.12
3	中央大	11.06.36	5	5.36.40	1	5.29.56
4	日本大	11.13.09	8	5.40.01	3	5.33.08
5	日本体育大	11.14.00	6	5.39.22	4	5.34.38
6	神奈川大	11.14.42	7	5.39.39	5	5.35.03
7	専修大	11.17.08	3	5.35.57	9	5.41.11
8	東海大	11.20.44	11	5.43.53	7	5.36.51
9	東京農業大	11.26.51	9	5.41.47	11	5.45.04
10	東洋大	11.27.16	14	5.48.49	8	5.38.27
11	亜細亜大	11.32.58	10	5.43.01	14	5.49.57
12	中央学院大	11.34.10	12	5.47.24	12	5.46.46
13	駒澤大	11.34.43	13	5.47.49	13	5.46.54
14	大東文化大	11.38.09	15	5.56.31	10	5.41.38
棄	順天堂大	–	4	5.36.10	棄	–

●第72回大会 1996年（平成8年）						
1	中央大	11.04.15	2	5.33.31	1	5.30.44
2	早稲田大	11.08.52	1	5.31.16	5	5.37.36
3	順天堂大	11.16.39	6	5.39.24	4	5.37.15
4	東海大	11.16.49	3	5.37.30	7	5.39.19
5	大東文化大	11.17.16	7	5.39.28	6	5.37.48
6	法政大	11.18.17	4	5.37.52	9	5.40.25
7	亜細亜大	11.19.58	8	5.40.23	8	5.39.35
8	東京農業大	11.20.50	5	5.38.06	13	5.42.44
9	日本体育大	11.24.22	11	5.43.51	10	5.40.31
10	専修大	11.24.46	9	5.40.48	14	5.43.58
11	東洋大	11.27.27	12	5.45.50	12	5.41.37
12	駒澤大	11.28.02	10	5.43.39	15	5.44.23
13	日本大	11.37.29	13	5.55.56	11	5.41.33
棄	山梨学院大	–	棄	–	3	5.34.45
棄	神奈川大	–	棄	–	2	5.33.14

●第73回大会 1997年（平成9年）						
1	神奈川大	11.14.02	1	5.45.51	2	5.28.11
2	山梨学院大	11.22.20	5	5.53.35	3	5.28.45
3	大東文化大	11.23.49	3	5.50.00	6	5.33.49
4	中央大	11.24.32	2	5.47.59	11	5.36.33
5	早稲田大	11.25.25	4	5.52.10	5	5.33.15
6	駒澤大	11.28.00	9	6.00.52	1	5.27.08
7	東洋大	11.31.39	6	5.55.09	10	5.36.30
8	東海大	11.34.25	7	5.58.47	9	5.35.38
9	順天堂大	11.35.11	8	6.00.39	7	5.34.32
10	日本体育大	11.38.38	10	6.03.08	8	5.35.30
11	専修大	11.41.33	13	6.08.47	4	5.32.46
12	亜細亜大	11.45.59	11	6.07.00	13	5.38.59
13	拓殖大	11.49.02	14	6.12.10	12	5.36.52
14	法政大	11.54.56	15	6.14.29	14	5.40.27
15	東京農業大	11.57.55	12	6.07.08	15	5.50.47

●第74回大会 1998年（平成10年）						
1	神奈川大	11.01.43	1	5.33.48	1	5.27.55
2	駒澤大	11.05.48	2	5.34.01	2	5.31.47
3	山梨学院大	11.08.18	4	5.35.23	3	5.32.55
4	中央大	11.10.33	5	5.36.32	5	5.34.01
5	順天堂大	11.14.20	10	5.40.54	4	5.33.26
6	早稲田大	11.15.18	3	5.35.17	10	5.40.01
7	日本大	11.17.12	6	5.38.11	9	5.39.01
8	拓殖大	11.19.09	9	5.40.39	8	5.38.30
9	大東文化大	11.21.35	7	5.40.02	12	5.41.33
10	東洋大	11.21.58	12	5.45.05	7	5.36.53
11	日本体育大	11.22.40	13	5.47.15	6	5.35.25
12	専修大	11.24.29	8	5.40.29	13	5.44.00
13	関東学院大	11.30.16	14	5.50.04	11	5.40.12
14	東海大	11.31.18	11	5.44.40	15	5.46.38
15	帝京大	11.38.52	15	5.52.34	14	5.46.18

●第75回大会 1999年（平成11年）						
1	順天堂大	11.07.47	2	5.34.13	1	5.33.34
2	駒澤大	11.12.33	1	5.32.23	5	5.40.10
3	神奈川大	11.17.00	6	5.40.29	2	5.36.31
4	中央大	11.17.15	4	5.37.47	4	5.39.28
5	東海大	11.20.51	3	5.35.44	9	5.45.07
6	山梨学院大	11.22.00	8	5.43.25	3	5.38.35
7	大東文化大	11.26.28	9	5.44.15	6	5.42.13
8	日本大	11.28.17	5	5.40.20	12	5.47.57
9	東洋大	11.29.07	12	5.46.44	7	5.42.23
10	早稲田大	11.29.47	7	5.41.38	13	5.48.09
11	拓殖大	11.30.13	13	5.46.51	8	5.43.22
12	日本体育大	11.30.55	10	5.44.25	10	5.46.30
13	中央学院大	11.38.18	15	5.50.51	11	5.47.27
14	法政大	11.39.32	11	5.45.58	15	5.53.34
15	帝京大	11.40.45	14	5.50.05	14	5.50.40

●第76回大会 2000年（平成12年）						
1	駒澤大	11.03.17	1	5.33.40	1	5.29.37
2	順天堂大	11.07.35	5	5.35.39	2	5.31.56
3	中央大	11.09.58	4	5.35.23	3	5.34.35
4	帝京大	11.16.48	3	5.34.52	7	5.41.56
5	日本大	11.17.42	7	5.36.36	6	5.41.06

2	日本体育大	11.17.39	2	5.39.57	2	5.37.42
3	中央大	11.26.42	3	5.44.06	4	5.42.36
4	大東文化大	11.29.19	5	5.46.32	5	5.42.47
5	日本大	11.30.06	9	5.51.50	3	5.38.16
6	駒澤大	11.35.01	6	5.49.56	7	5.45.05
7	山梨学院大	11.35.43	4	5.44.30	12	5.51.13
8	東海大	11.36.32	8	5.51.45	6	5.44.47
9	東京農業大	11.41.17	7	5.51.01	10	5.50.16
10	早稲田大	11.42.47	10	5.51.53	11	5.50.54
11	明治大	11.43.21	13	5.56.42	8	5.46.39
12	国士舘大	11.46.16	11	5.53.36	13	5.52.40
13	筑波大	11.47.07	14	5.59.08	9	5.47.59
14	東洋大	11.49.36	12	5.55.31	14	5.54.05
15	法政大	12.04.22	15	6.05.13	15	5.59.09

●第66回大会 1990年（平成 2 年）

1	大東文化大	11.14.39	1	5.36.30	2	5.38.09
2	日本大	11.20.57	3	5.41.44	3	5.39.13
3	中央大	11.21.00	6	5.45.47	1	5.35.13
4	山梨学院大	11.25.34	2	5.40.40	5	5.44.54
5	順天堂大	11.30.14	4	5.42.34	7	5.47.40
6	日本体育大	11.32.23	9	5.48.36	4	5.43.47
7	国士舘大	11.36.26	8	5.47.22	9	5.49.04
8	東海大	11.36.51	10	5.48.53	8	5.47.58
9	早稲田大	11.38.17	5	5.43.16	12	5.55.01
10	法政大	11.40.12	11	5.50.56	10	5.49.16
11	専修大	11.41.50	13	5.54.28	6	5.47.22
12	東京農業大	11.42.57	7	5.46.15	14	5.56.42
13	東洋大	11.48.24	15	5.56.08	11	5.52.16
14	駒澤大	11.49.14	12	5.53.11	13	5.56.03
15	亜細亜大	11.54.47	14	5.55.00	15	5.59.47

●第67回大会 1991年（平成 3 年）

1	大東文化大	11.19.07	1	5.39.32	2	5.39.35
2	山梨学院大	11.25.33	5	5.44.56	3	5.40.37
3	中央大	11.26.31	2	5.43.40	5	5.42.51
4	日本大	11.27.16	3	5.44.14	6	5.43.02
5	日本体育大	11.27.50	4	5.44.22	7	5.43.28
6	順天堂大	11.28.30	9	5.49.40	1	5.38.50
7	東京農業大	11.32.49	7	5.48.33	9	5.44.16
8	東海大	11.33.44	12	5.52.02	4	5.41.42
9	駒澤大	11.34.43	11	5.50.55	8	5.43.48
10	法政大	11.38.06	8	5.49.06	13	5.49.00
11	早稲田大	11.38.36	10	5.49.55	12	5.48.41
12	専修大	11.43.06	13	5.55.10	10	5.47.56
13	国士舘大	11.45.26	14	5.57.18	11	5.48.08
14	明治大	11.48.13	6	5.45.20	15	6.02.53
15	東洋大	11.59.57	15	6.04.00	14	5.55.57

●第68回大会 1992年（平成 4 年）

1	山梨学院大	11.14.07	1	5.38.13	2	5.35.54
2	日本大	11.17.54	3	5.40.20	3	5.37.34
3	順天堂大	11.18.38	8	5.43.19	1	5.35.19
4	中央大	11.21.24	5	5.41.46	5	5.39.38
5	大東文化大	11.23.01	4	5.41.40	7	5.41.21
6	早稲田大	11.23.08	2	5.40.06	9	5.43.02
7	専修大	11.23.43	9	5.45.47	4	5.37.56
8	駒澤大	11.27.03	6	5.43.01	10	5.44.02
9	東京農業大	11.27.09	10	5.46.02	6	5.41.07
10	東海大	11.29.48	11	5.47.07	8	5.42.41
11	日本体育大	11.30.41	7	5.43.18	12	5.47.23
12	法政大	11.36.58	12	5.49.51	11	5.47.07
13	国士舘大	11.38.31	13	5.50.41	13	5.47.50
14	神奈川大	11.40.56	15	5.53.06	13	5.47.50
15	亜細亜大	11.45.23	14	5.52.22	15	5.53.01

●第69回大会 1993年（平成 5 年）

1	早稲田大	11.03.34	1	5.32.48	1	5.30.46
2	山梨学院大	11.05.39	2	5.34.46	2	5.30.53
3	中央大	11.14.36	4	5.40.17	3	5.34.19
4	専修大	11.18.09	5	5.42.04	4	5.36.05
5	日本大	11.24.19	3	5.38.36	14	5.45.43
6	駒澤大	11.24.37	9	5.44.31	6	5.40.06
7	法政大	11.25.31	7	5.42.48	8	5.42.43
8	神奈川大	11.25.41	6	5.42.15	11	5.43.26
9	順天堂大	11.29.05	13	5.50.03	5	5.39.02
10	日本体育大	11.29.09	8	5.43.34	13	5.45.35
11	東洋大	11.29.51	11	5.47.54	7	5.41.57
12	東京農業大	11.32.17	10	5.47.07	12	5.45.10
13	亜細亜大	11.33.32	14	5.50.26	10	5.43.06
14	東海大	11.38.06	15	5.55.16	9	5.42.50
15	大東文化大	11.45.08	12	5.49.29	15	5.55.39

●第70回大会 1994年（平成 6 年）

1	山梨学院大	10.59.13	1	5.30.22	1	5.28.51
2	早稲田大	11.03.42	2	5.32.35	2	5.31.07
3	順天堂大	11.08.06	3	5.34.36	3	5.33.30
4	中央大	11.13.18	4	5.38.25	4	5.34.53
5	東海大	11.20.27	10	5.43.08	5	5.37.19
6	専修大	11.21.06	7	5.42.13	9	5.38.53
7	神奈川大	11.21.36	9	5.42.49	8	5.38.47
8	日本体育大	11.22.25	6	5.41.50	11	5.40.35
9	日本大	11.23.15	8	5.42.29	12	5.40.46
10	法政大	11.23.38	11	5.45.29	6	5.38.09
11	駒澤大	11.26.55	14	5.47.40	10	5.39.15
12	亜細亜大	11.26.57	15	5.48.26	7	5.38.31
13	東京農業大	11.28.17	5	5.41.49	16	5.46.28
14	国士舘大	11.29.08	13	5.47.31	13	5.41.37

11	国士舘大	11.50.55	14	6.00.18	9	5.50.37
12	駒澤大	11.50.59	10	5.53.26	12	5.57.33
13	亜細亜大	12.02.31	13	5.58.06	14	6.04.25
14	専修大	12.03.01	12	5.57.03	15	6.05.58
15	法政大	12.06.18	15	6.03.25	13	6.02.53

●第60回大会 1984年（昭和59年）

1	早稲田大	11.07.37	1	5.36.37	1	5.31.00
2	日本体育大	11.22.55	3	5.43.31	2	5.39.24
3	順天堂大	11.27.06	5	5.45.10	3	5.41.56
4	大東文化大	11.28.28	4	5.44.19	6	5.44.09
5	日本大	11.29.03	6	5.45.19	5	5.43.44
6	東海大	11.31.48	2	5.42.48	9	5.49.00
7	東京農業大	11.35.14	10	5.52.05	4	5.43.09
8	東洋大	11.35.53	9	5.49.55	7	5.45.58
9	筑波大	11.36.52	8	5.48.26	8	5.48.26
10	専修大	11.36.59	7	5.47.53	10	5.49.06
11	中央大	11.44.17	11	5.53.09	11	5.51.08
12	駒澤大	11.45.23	12	5.53.42	12	5.51.41
13	国士舘大	11.56.33	13	6.00.03	14	5.56.30
14	亜細亜大	11.57.45	14	6.00.24	15	5.57.21
15	拓殖大	11.57.46	16	6.02.35	13	5.55.11
16	法政大	12.06.03	15	6.00.31	16	6.05.32
17	東京大	12.15.08	17	6.05.45	18	6.09.23
18	明治大	12.19.43	18	6.12.40	17	6.07.03
19	東京学芸大	12.29.13	19	6.19.08	19	6.10.05
20	慶應義塾大	12.39.18	20	6.20.33	20	6.18.45

●第61回大会 1985年（昭和60年）

1	早稲田大	11.11.16	1	5.35.56	2	5.35.20
2	順天堂大	11.15.44	2	5.40.18	3	5.35.26
3	日本体育大	11.17.09	3	5.42.09	1	5.35.00
4	日本大	11.29.38	7	5.47.06	5	5.42.32
5	大東文化大	11.30.55	5	5.45.43	6	5.45.12
6	中央大	11.31.11	10	5.52.35	4	5.38.36
7	東京農業大	11.32.54	4	5.45.28	12	5.47.26
8	筑波大	11.33.49	6	5.47.06	9	5.46.43
9	東洋大	11.38.01	8	5.50.39	10	5.47.22
10	専修大	11.41.15	13	5.55.46	7	5.45.29
11	駒澤大	11.41.29	12	5.55.22	8	5.46.07
12	国士舘大	11.42.20	11	5.54.56	11	5.47.24
13	東海大	11.42.21	9	5.51.43	13	5.50.38
14	亜細亜大	11.53.06	14	6.01.05	15	5.52.01
15	明治大	11.54.36	15	6.03.18	14	5.51.18

●第62回大会 1986年（昭和61年）

1	順天堂大	11.19.33	5	5.48.07	1	5.31.26
2	早稲田大	11.22.14	1	5.41.35	9	5.40.39
3	大東文化大	11.23.25	6	5.49.41	2	5.33.44
4	駒澤大	11.26.02	2	5.45.28	8	5.40.34
5	東京農業大	11.26.10	3	5.46.53	4	5.39.17
6	日本体育大	11.26.42	4	5.46.57	6	5.39.45
7	東海大	11.31.53	8	5.52.36	4	5.39.17
8	中央大	11.35.07	11	5.59.46	3	5.35.21
9	国士舘大	11.39.45	7	5.52.36	11	5.47.09
10	専修大	11.41.57	9	5.55.25	10	5.46.32
11	筑波大	11.44.54	10	5.57.33	12	5.47.21
12	日本大	11.46.26	14	6.06.01	7	5.40.25
13	東洋大	11.55.04	13	6.02.13	13	5.52.51
14	亜細亜大	12.04.49	15	6.10.10	14	5.54.39
15	明治大	12.05.01	12	6.01.49	15	6.03.12

●第63回大会 1987年（昭和62年）

1	順天堂大	11.16.34	3	5.41.59	1	5.34.35
2	日本体育大	11.17.39	1	5.38.04	3	5.39.35
3	中央大	11.18.07	2	5.39.54	2	5.38.13
4	日本大	11.26.49	5	5.44.04	6	5.42.45
5	大東文化大	11.29.57	4	5.42.10	9	5.47.47
6	東海大	11.31.30	8	5.47.42	8	5.43.48
7	専修大	11.32.16	11	5.49.46	4	5.42.30
8	早稲田大	11.32.23	6	5.44.33	10	5.47.50
9	筑波大	11.32.40	12	5.49.53	7	5.42.47
10	東洋大	11.35.02	13	5.52.27	5	5.42.35
11	国士舘大	11.37.41	10	5.49.23	11	5.48.18
12	駒澤大	11.37.42	7	5.47.00	14	5.50.42
13	東京農業大	11.40.09	9	5.47.50	15	5.52.19
14	明治大	11.43.17	14	5.54.51	12	5.48.26
15	山梨学院大	11.47.57	15	5.57.30	13	5.50.27

●第64回大会 1988年（昭和63年）

1	順天堂大	11.04.11	1	5.36.57	1	5.27.14
2	大東文化大	11.21.20	2	5.43.06	3	5.38.14
3	日本体育大	11.22.46	3	5.44.39	2	5.38.07
4	日本大	11.29.13	7	5.49.42	4	5.39.31
5	中央大	11.30.00	4	5.45.09	8	5.44.51
6	東京農業大	11.35.22	9	5.52.28	5	5.42.54
7	国士舘大	11.36.58	6	5.46.54	12	5.50.04
8	東海大	11.37.42	11	5.53.56	7	5.43.46
9	早稲田大	11.38.14	5	5.45.36	14	5.52.38
10	明治大	11.38.25	12	5.54.44	6	5.43.41
11	山梨学院大	11.41.38	8	5.50.52	13	5.50.46
12	駒澤大	11.42.11	10	5.52.48	10	5.49.23
13	東洋大	11.45.27	14	5.57.31	9	5.47.56
14	専修大	11.53.56	15	6.04.33	10	5.49.23
15	筑波大	11.54.46	13	5.54.50	15	5.59.56

●第65回大会 1989年（昭和64年）

1	順天堂大	11.14.50	1	5.39.45	1	5.35.05

15	拓殖大	12.22.04	13	6.04.17	15	6.17.47

●第54回大会 1978年（昭和53年）

1	日本体育大	11.24.32	2	5.44.57	1	5.39.35
2	順天堂大	11.29.59	1	5.42.00	5	5.47.59
3	大東文化大	11.36.38	3	5.51.08	2	5.45.30
4	東京農業大	11.42.38	4	5.55.13	4	5.47.25
5	日本大	11.45.01	7	5.58.55	3	5.46.06
6	早稲田大	11.51.41	5	5.56.52	6	5.54.49
7	中央大	11.57.08	11	6.02.19	6	5.54.49
8	法政大	11.57.52	6	5.57.50	11	6.00.02
9	東洋大	11.59.46	10	6.01.44	8	5.58.02
10	東海大	12.01.37	12	6.03.20	9	5.58.17
11	専修大	12.04.59	13	6.05.06	10	5.59.53
12	国士舘大	12.07.07	14	6.05.58	12	6.01.09
13	駒澤大	12.08.24	9	6.00.48	13	6.07.36
14	拓殖大	12.11.08	8	6.00.36	14	6.10.32
15	筑波大	12.38.31	15	6.19.26	15	6.19.05

●第55回大会 1979年（昭和54年）

1	順天堂大	11.30.38	1	5.50.01	2	5.40.37
2	日本体育大	11.32.19	3	5.53.43	1	5.38.36
3	大東文化大	11.42.46	5	5.57.55	3	5.44.51
4	早稲田大	11.43.08	2	5.53.26	5	5.49.42
5	日本大	11.49.11	4	5.56.27	7	5.52.44
6	東洋大	11.54.21	8	6.01.43	6	5.52.38
7	東京農業大	11.54.31	14	6.08.08	4	5.46.23
8	拓殖大	11.57.53	7	5.59.29	11	5.58.24
9	専修大	11.58.46	6	5.59.21	13	5.59.25
10	国士舘大	12.00.44	10	6.04.33	8	5.56.11
11	東海大	12.02.57	9	6.04.15	12	5.58.42
12	駒澤大	12.04.40	12	6.07.35	9	5.57.05
13	中央大	12.05.01	11	6.06.45	10	5.58.16
14	法政大	12.14.19	13	6.07.45	14	6.06.34
15	亜細亜大	12.19.49	15	6.09.36	15	6.10.13

●第56回大会 1980年（昭和55年）

1	日本体育大	11.23.51	1	5.45.58	1	5.37.53
2	順天堂大	11.30.28	3	5.50.01	2	5.40.27
3	早稲田大	11.37.02	2	5.47.44	4	5.49.18
4	大東文化大	11.41.09	4	5.50.17	5	5.50.52
5	日本大	11.45.15	10	5.57.26	3	5.47.49
6	東京農業大	11.47.17	7	5.56.15	6	5.51.02
7	東洋大	11.51.11	5	5.53.32	9	5.57.39
8	筑波大	11.51.53	6	5.54.48	8	5.57.05
9	専修大	11.53.45	12	5.58.35	7	5.55.10
10	東海大	11.54.56	8	5.56.22	11	5.58.34
11	駒澤大	11.57.51	9	5.56.44	13	6.01.07
12	国士舘大	11.57.54	11	5.57.49	12	6.00.05
13	拓殖大	12.09.03	13	6.10.37	10	5.58.26
14	法政大	12.13.20	14	6.11.59	14	6.01.21
参	中央大	12.19.00	15	6.14.26	参	6.04.34

●第57回大会 1981年（昭和56年）

1	順天堂大	11.24.46	1	5.49.12	2	5.35.34
2	日本体育大	11.26.14	2	5.50.09	3	5.36.05
3	大東文化大	11.28.50	3	5.54.39	1	5.34.11
4	東京農業大	11.40.22	4	5.56.10	7	5.44.12
5	早稲田大	11.40.26	6	5.58.26	5	5.42.00
6	筑波大	11.41.02	5	5.57.24	6	5.43.38
7	日本大	11.44.19	9	6.03.52	4	5.40.27
8	駒澤大	11.48.02	7	6.01.30	8	5.46.32
9	専修大	11.49.14	8	6.01.44	9	5.47.30
10	東洋大	11.54.54	12	6.07.24	9	5.47.30
11	中央大	11.58.14	11	6.05.36	11	5.52.38
12	東海大	11.59.15	10	6.04.58	13	5.54.17
13	国士舘大	12.04.42	13	6.10.30	12	5.54.12
14	法政大	12.12.00	14	6.13.48	15	5.58.12
15	拓殖大	12.16.28	15	6.18.18	14	5.58.10

●第58回大会 1982年（昭和57年）

1	順天堂大	11.30.00	2	5.46.15	2	5.43.45
2	日本体育大	11.30.56	1	5.45.49	4	5.45.07
3	日本大	11.32.32	3	5.48.15	3	5.44.17
4	大東文化大	11.37.02	4	5.51.10	5	5.45.52
5	早稲田大	11.38.57	7	5.56.29	1	5.42.28
6	東洋大	11.47.22	6	5.55.45	8	5.51.37
7	筑波大	11.47.42	9	5.58.38	6	5.49.04
8	中央大	11.50.44	5	5.54.24	10	5.56.20
9	専修大	11.52.28	12	6.01.27	7	5.51.01
10	国士舘大	11.55.17	10	5.59.45	9	5.55.32
11	東海大	11.58.13	11	6.00.00	12	5.58.13
12	亜細亜大	12.02.35	8	5.58.21	15	6.04.14
13	駒澤大	12.13.03	13	6.11.11	14	6.01.52
14	拓殖大	12.25.03	14	6.26.09	13	5.58.54
15	東京農業大	12.25.25	15	6.27.44	11	5.57.41

●第59回大会 1983年（昭和58年）

1	日本体育大	11.06.25	1	5.33.13	2	5.33.12
2	早稲田大	11.13.02	2	5.39.52	1	5.33.10
3	順天堂大	11.21.26	3	5.42.18	3	5.39.08
4	日本大	11.28.27	4	5.44.42	4	5.43.45
5	東海大	11.31.11	5	5.44.42	6	5.46.29
6	大東文化大	11.35.52	9	5.50.33	5	5.45.19
7	東洋大	11.37.44	8	5.50.27	8	5.47.17
8	筑波大	11.39.57	6	5.44.51	10	5.55.06
9	東京農業大	11.40.40	11	5.53.54	7	5.46.46
10	中央大	11.45.52	7	5.49.41	11	5.56.11

7	専修大	11.57.59	7	6.01.47	7	5.56.12
8	東洋大	12.05.37	8	6.07.15	8	5.58.22
9	駒澤大	12.13.05	12	6.10.33	9	6.02.32
10	亜細亜大	12.14.15	9	6.08.07	10	6.06.08
11	東京農業大	12.19.29	11	6.08.17	11	6.11.12
12	東京教育大	12.25.35	13	6.11.11	12	6.14.24
13	青山学院大	12.32.43	10	6.08.17	14	6.24.26
14	拓殖大	12.34.07	14	6.15.15	13	6.18.52
15	明治大	12.58.09	15	6.25.26	15	6.32.43

●第49回大会 1973年（昭和48年）						
1	日本体育大	11.47.32	1	6.04.56	3	5.42.36
2	大東文化大	12.00.31	4	6.19.46	1	5.40.45
3	日本大	12.03.08	2	6.12.40	6	5.50.28
4	順天堂大	12.04.24	3	6.16.13	5	5.48.11
5	国士舘大	12.10.28	5	6.22.34	4	5.47.54
6	中央大	12.11.14	11	6.28.46	2	5.42.28
7	亜細亜大	12.26.48	8	6.27.18	7	5.59.30
8	東京農業大	12.28.53	6	6.24.03	10	6.04.50
9	駒澤大	12.29.47	7	6.24.21	11	6.05.26
10	専修大	12.32.39	10	6.28.21	9	6.04.18
11	東洋大	12.36.12	12	6.34.25	8	6.01.47
12	東京教育大	12.42.16	9	6.28.10	12	6.14.06
13	青山学院大	13.02.43	14	6.43.37	13	6.19.06
14	東海大	13.05.41	15	6.45.15	14	6.20.26
15	早稲田大	13.10.19	13	6.40.22	15	6.29.57

●第50回大会 1974年（昭和49年）						
1	日本大	11.46.02	2	5.56.58	2	5.49.04
2	大東文化大	11.48.06	5	6.00.10	1	5.47.56
3	順天堂大	11.56.38	3	5.58.17	3	5.58.21
4	東京農業大	11.57.09	1	5.54.22	8	6.02.47
5	日本体育大	12.00.41	4	5.59.47	7	6.00.54
6	国士舘大	12.00.57	7	6.01.35	4	5.59.22
7	中央大	12.04.12	8	6.04.11	5	6.00.01
8	東洋大	12.05.44	9	6.05.21	6	6.00.23
9	東海大	12.16.30	6	6.00.50	11	6.15.40
10	亜細亜大	12.25.25	11	6.10.25	10	6.15.00
11	専修大	12.26.18	13	6.18.44	9	6.07.34
12	駒澤大	12.32.38	12	6.14.56	12	6.17.42
13	東京教育大	12.44.27	10	6.09.35	18	6.34.52
14	青山学院大	12.49.13	14	6.21.44	13	6.27.29
15	法政大	12.50.00	16	6.22.23	14	6.27.37
16	早稲田大	12.52.57	17	6.22.43	16	6.30.14
17	明治大	12.54.13	15	6.22.16	17	6.31.57
18	拓殖大	13.02.33	18	6.27.36	19	6.34.57
19	慶應義塾大	13.05.44	19	6.35.37	15	6.30.07
20	神奈川大	13.44.59	20	6.39.45	20	7.05.14

●第51回大会 1975年（昭和50年）						
1	大東文化大	11.26.10	1	5.44.36	1	5.41.34
2	順天堂大	11.35.50	3	5.51.03	3	5.44.47
3	日本体育大	11.39.09	4	5.55.32	2	5.43.37
4	東京農業大	11.42.19	2	5.49.33	6	5.52.46
5	日本大	11.44.28	5	5.56.10	5	5.48.18
6	中央大	11.46.08	8	6.00.31	4	5.45.37
7	国士舘大	11.54.34	9	6.00.52	7	5.53.42
8	東洋大	11.59.07	10	6.03.31	8	5.55.36
9	駒澤大	12.01.48	7	6.00.25	9	6.01.23
10	東海大	12.08.48	12	6.04.29	10	6.04.19
11	筑波大	12.09.38	6	5.58.28	13	6.11.10
12	亜細亜大	12.12.29	11	6.04.23	11	6.08.06
13	専修大	12.30.56	15	6.22.13	12	6.08.43
14	青山学院大	12.33.29	13	6.08.42	14	6.24.47
15	早稲田大	12.51.43	14	6.20.44	15	6.30.59

●第52回大会 1976年（昭和51年）						
1	大東文化大	11.35.56	1	5.50.08	2	5.45.48
2	日本体育大	11.39.56	3	5.55.33	1	5.44.23
3	東京農業大	11.45.18	2	5.53.12	3	5.52.06
4	中央大	11.52.51	4	5.56.17	5	5.56.34
5	順天堂大	11.53.13	5	5.59.19	4	5.53.54
6	日本大	12.00.04	6	6.03.16	6	5.56.48
7	駒澤大	12.05.05	7	6.03.27	8	6.01.38
8	国士舘大	12.06.44	9	6.09.21	7	5.57.23
9	亜細亜大	12.09.26	8	6.03.59	10	6.05.27
10	東洋大	12.16.18	10	6.11.52	9	6.04.26
11	筑波大	12.27.29	11	6.13.27	12	6.14.02
12	専修大	12.37.18	14	6.24.41	11	6.12.37
13	東海大	12.59.08	15	6.31.05	13	6.28.03
14	法政大	13.15.28	13	6.21.03	14	6.54.25
棄	青山学院大	–	12	6.17.01	棄	–

●第53回大会 1977年（昭和52年）						
1	日本体育大	11.31.11	1	5.46.29	1	5.44.42
2	東京農業大	11.34.05	2	5.49.18	2	5.44.47
3	大東文化大	11.38.45	3	5.49.53	5	5.48.52
4	順天堂大	11.39.04	4	5.50.20	4	5.48.44
5	日本大	11.46.37	9	5.58.30	3	5.48.07
6	東海大	11.49.49	5	5.56.08	6	5.53.41
7	駒澤大	11.51.47	6	5.56.19	8	5.55.28
8	中央大	11.52.27	7	5.57.23	7	5.55.04
9	東洋大	11.57.19	8	5.57.54	9	5.59.25
10	専修大	12.00.31	10	6.00.46	11	5.59.45
11	亜細亜大	12.03.11	12	6.03.35	10	5.59.36
12	国士舘大	12.08.23	14	6.05.22	12	6.03.01
13	早稲田大	12.12.23	11	6.01.25	13	6.10.58
14	法政大	12.21.05	15	6.05.46	14	6.15.19

11	立教大	12.12.43	12	6.13.26	11	5.59.17
12	東京教育大	12.24.47	11	6.11.14	12	6.13.33
13	青山学院大	12.32.26	13	6.18.25	13	6.14.01
14	神奈川大	12.47.00	14	6.30.51	14	6.16.09
15	慶應義塾大	13.09.02	15	6.38.56	15	6.30.06

●第43回大会 1967年（昭和42年）						
1	日本大	11.24.32	1	5.49.45	1	5.34.47
2	順天堂大	11.32.55	4	5.54.56	2	5.37.59
3	国士舘大	11.35.03	3	5.54.03	3	5.41.00
4	中央大	11.41.21	2	5.52.57	6	5.48.24
5	日本体育大	11.45.06	5	5.58.15	5	5.46.51
6	東洋大	11.46.00	7	6.04.04	4	5.41.56
7	専修大	11.55.14	6	6.01.35	7	5.53.39
8	法政大	12.01.52	8	6.05.32	8	5.56.20
9	東京教育大	12.15.48	9	6.12.42	9	6.03.06
10	早稲田大	12.19.36	10	6.13.42	10	6.05.54
11	亜細亜大	12.23.00	11	6.13.46	13	6.09.14
12	神奈川大	12.38.18	14	6.30.46	11	6.07.32
13	駒澤大	12.38.53	13	6.27.39	14	6.11.14
14	青山学院大	12.39.52	12	6.16.50	15	6.23.02
15	明治大	12.45.00	15	6.37.03	12	6.07.57

●第44回大会 1968年（昭和43年）						
1	日本大	11.26.06	1	5.45.03	1	5.41.03
2	日本体育大	11.37.39	4	5.50.52	3	5.46.47
3	順天堂大	11.44.58	2	5.47.21	5	5.57.37
4	東洋大	11.45.13	6	5.59.00	2	5.46.13
5	中央大	11.45.14	5	5.52.25	4	5.52.49
6	国士舘大	11.49.04	3	5.50.14	6	5.58.50
7	青山学院大	12.02.01	7	5.59.49	8	6.02.12
8	亜細亜大	12.08.10	10	6.06.10	7	6.02.00
9	法政大	12.10.39	8	6.04.40	11	6.05.59
10	早稲田大	12.12.02	11	6.09.08	9	6.02.54
11	立教大	12.12.10	9	6.06.07	12	6.06.03
12	東京教育大	12.17.15	12	6.09.56	13	6.07.19
13	専修大	12.21.25	13	6.16.31	10	6.04.54
14	駒澤大	12.30.17	14	6.17.45	14	6.12.32
15	大東文化大	12.35.11	15	6.18.40	15	6.16.31

●第45回大会 1969年（昭和44年）						
1	日本体育大	11.30.58	1	5.53.47	1	5.37.11
2	日本大	11.38.48	3	5.57.39	2	5.41.09
3	順天堂大	11.39.00	2	5.56.38	3	5.42.22
4	国士舘大	11.51.35	4	6.02.50	7	5.48.45
5	東洋大	11.52.50	9	6.06.54	5	5.45.56
6	専修大	11.57.41	11	6.10.24	6	5.47.17
7	大東文化大	11.59.07	6	6.04.27	10	5.54.40
8	法政大	12.00.04	7	6.05.09	11	5.54.55
9	青山学院大	12.01.11	5	6.03.35	13	5.57.36
10	亜細亜大	12.03.44	8	6.06.25	12	5.57.19
11	中央大	12.04.51	13	6.13.33	8	5.51.18
12	東京教育大	12.11.46	10	6.07.04	14	6.04.42
13	駒澤大	12.22.29	12	6.12.40	15	6.09.49
14	早稲田大	12.28.46	14	6.43.15	4	5.45.31
15	明治大	12.50.52	15	6.56.41	9	5.54.11

●第46回大会 1970年（昭和45年）						
1	日本体育大	11.31.21	1	5.48.25	1	5.42.56
2	順天堂大	11.41.10	4	5.57.00	3	5.44.10
3	日本大	11.41.43	6	5.57.56	2	5.43.47
4	国士舘大	11.42.01	2	5.51.04	5	5.50.57
5	大東文化大	11.51.27	3	5.53.18	7	5.58.09
6	専修大	11.53.32	8	6.01.34	6	5.51.58
7	東洋大	11.56.25	11	6.08.04	4	5.48.21
8	亜細亜大	11.57.46	7	5.59.18	8	5.58.28
9	中央大	12.02.57	5	5.57.08	10	6.05.49
10	駒澤大	12.11.15	9	6.03.19	11	6.07.56
11	東京教育大	12.15.42	12	6.09.59	9	6.05.43
12	青山学院大	12.26.32	10	6.06.11	13	6.20.21
13	法政大	12.31.45	13	6.16.18	12	6.15.27
14	神奈川大	13.00.51	14	6.29.00	14	6.31.51
15	拓殖大	13.11.31	15	6.31.40	15	6.39.51

●第47回大会 1971年（昭和46年）						
1	日本体育大	11.32.10	4	5.53.45	1	5.38.25
2	順天堂大	11.32.33	3	5.50.41	2	5.41.52
3	日本大	11.33.31	1	5.45.50	3	5.47.41
4	国士舘大	11.37.15	2	5.47.41	5	5.49.34
5	亜細亜大	11.49.44	5	5.55.59	7	5.53.45
6	東洋大	11.50.57	7	6.00.30	6	5.50.27
7	大東文化大	11.54.57	9	6.05.27	4	5.49.30
8	中央大	11.56.55	6	5.59.16	8	5.57.39
9	駒澤大	12.05.27	8	6.02.04	10	6.03.23
10	専修大	12.15.56	13	6.16.41	9	5.59.15
11	東京教育大	12.24.52	12	6.13.59	11	6.10.53
12	青山学院大	12.26.23	10	6.10.35	12	6.15.48
13	早稲田大	12.29.02	11	6.11.23	13	6.17.39
14	法政大	12.39.45	14	6.20.14	14	6.19.31
15	慶應義塾大	12.53.54	15	6.29.29	15	6.24.25

●第48回大会 1972年（昭和47年）						
1	日本体育大	11.31.03	1	5.47.51	1	5.43.12
2	日本大	11.37.12	2	5.52.09	2	5.45.03
3	大東文化大	11.40.19	3	5.52.09	3	5.48.10
4	順天堂大	11.43.21	4	5.53.43	4	5.49.38
5	国士舘大	11.44.11	5	5.54.10	5	5.50.01
6	中央大	11.49.55	6	5.55.38	6	5.54.17

●第37回大会 1961年（昭和36年）

1	中央大	11.55.40	1	6.04.23	1	5.51.17
2	日本大	12.01.14	2	6.05.47	2	5.55.27
3	専修大	12.13.52	4	6.12.54	4	6.00.58
4	日本体育大	12.16.03	5	6.15.42	3	6.00.21
5	明治大	12.17.39	3	6.12.10	5	6.05.29
6	東洋大	12.24.13	7	6.18.16	7	6.05.57
7	早稲田大	12.27.33	9	6.19.40	8	6.07.53
8	法政大	12.27.46	10	6.22.13	6	6.05.33
9	東京農業大	12.30.34	8	6.18.39	9	6.11.55
10	順天堂大	12.44.47	12	6.27.13	10	6.17.34
11	国士舘大	12.44.52	6	6.17.21	12	6.27.31
12	東京教育大	12.54.30	11	6.24.53	13	6.29.37
13	東京学芸大	13.02.11	13	6.31.46	14	6.30.25
14	立教大	13.02.40	14	6.35.51	11	6.26.49
15	防衛大	13.40.07	15	6.47.01	15	6.53.06

●第38回大会 1962年（昭和37年）

1	中央大	12.14.05	1	6.14.53	1	5.59.12
2	明治大	12.26.13	4	6.21.23	2	6.04.50
3	日本体育大	12.33.57	5	6.22.07	5	6.11.50
4	専修大	12.36.39	7	6.26.08	4	6.10.31
5	日本大	12.36.40	3	6.18.59	9	6.17.41
6	立教大	12.39.40	9	6.32.08	3	6.07.32
7	東京農業大	12.41.42	6	6.24.59	8	6.16.43
8	法政大	12.42.09	2	6.18.38	12	6.23.31
9	東洋大	12.44.11	8	6.31.47	6	6.12.24
10	国士舘大	12.51.11	12	6.37.48	7	6.13.23
11	順天堂大	12.51.36	10	6.33.49	10	6.17.47
12	早稲田大	13.03.25	14	6.42.32	11	6.20.53
13	東京教育大	13.05.50	11	6.37.33	14	6.28.17
14	慶應義塾大	13.10.45	13	6.42.13	15	6.28.32
15	神奈川大	13.14.07	15	6.46.20	13	6.27.47

●第39回大会 1963年（昭和38年）

1	中央大	12.00.25	1	6.08.47	2	5.51.38
2	明治大	12.04.28	4	6.13.52	1	5.50.36
3	日本大	12.06.35	2	6.11.20	3	5.55.15
4	日本体育大	12.13.28	5	6.15.51	4	5.57.37
5	順天堂大	12.16.36	6	6.16.20	6	6.00.16
6	国士舘大	12.17.55	3	6.13.37	8	6.04.18
7	法政大	12.19.52	8	6.20.56	5	5.58.56
8	東京教育大	12.27.11	9	6.21.17	9	6.05.54
9	専修大	12.29.34	10	6.25.48	7	6.03.46
10	早稲田大	12.32.26	7	6.20.31	11	6.11.55
11	東洋大	12.46.39	14	6.39.08	10	6.07.31
12	東京農業大	12.55.26	12	6.34.46	12	6.20.40
13	慶應義塾大	13.00.20	13	6.37.16	13	6.23.04
14	立教大	13.08.53	11	6.29.54	14	6.38.59
15	防衛大	13.42.55	15	6.54.31	15	6.48.24

●第40回大会 1964年（昭和39年）

1	中央大	11.33.34	1	5.50.57	1	5.42.37
2	日本大	11.34.02	2	5.51.10	2	5.42.52
3	国士舘大	11.47.09	3	5.59.25	3	5.47.44
4	東洋大	11.52.29	5	6.00.52	6	5.51.37
5	順天堂大	11.57.48	12	6.09.40	4	5.48.08
5	日本体育大	11.57.48	4	6.00.32	9	5.57.16
7	早稲田大	11.58.39	10	6.07.42	5	5.50.57
8	法政大	12.01.45	7	6.03.17	10	5.58.28
9	明治大	12.01.47	9	6.05.13	8	5.56.34
10	専修大	12.06.45	13	6.11.09	7	5.55.36
11	東京教育大	12.11.27	14	6.11.41	11	5.59.46
12	立教大	12.14.58	11	6.08.50	13	6.06.08
13	東京農業大	12.24.43	15	6.15.21	15	6.09.22
14	慶應義塾大	12.36.30	16	6.17.26	16	6.19.04
15	横浜市立大	13.04.11	17	6.22.13	17	6.41.58
参	立命館大	12.09.41	8	6.03.44	12	6.05.57
参	福岡大	12.11.54	6	6.02.54	14	6.09.00

●第41回大会 1965年（昭和40年）

1	日本大	11.30.41	1	5.52.01	1	5.38.40
2	中央大	11.39.09	3	5.56.57	2	5.42.12
3	順天堂大	11.43.58	4	5.59.09	3	5.44.49
4	国士舘大	11.45.55	2	5.56.37	5	5.49.18
5	日本体育大	11.47.39	6	6.01.15	4	5.46.24
6	早稲田大	12.03.54	9	6.10.51	6	5.53.03
7	専修大	12.03.56	7	6.05.38	8	5.58.18
8	明治大	12.05.33	10	6.12.07	7	5.53.26
9	東洋大	12.13.05	11	6.13.25	9	5.59.40
10	東京教育大	12.22.21	8	6.07.04	11	6.15.17
11	立教大	12.23.46	5	6.01.10	12	6.22.36
12	法政大	12.29.39	13	6.25.05	10	6.04.34
13	東京農業大	12.43.11	12	6.20.34	13	6.22.37
14	青山学院大	13.07.25	14	6.28.43	15	6.38.42
15	神奈川大	13.13.39	15	6.46.09	14	6.27.30

●第42回大会 1966年（昭和41年）

1	順天堂大	11.20.01	1	5.41.44	2	5.38.17
2	日本大	11.26.09	2	5.48.37	1	5.37.32
3	日本体育大	11.35.15	4	5.54.25	3	5.40.50
4	中央大	11.38.44	5	5.56.43	4	5.42.01
5	国士舘大	11.40.03	3	5.50.07	6	5.49.56
6	東洋大	11.48.51	7	6.05.59	5	5.42.52
7	早稲田大	11.57.47	8	6.06.45	7	5.51.02
8	専修大	11.59.32	6	6.02.27	10	5.57.05
9	法政大	12.04.44	9	6.07.44	9	5.57.00
10	明治大	12.06.35	10	6.11.08	8	5.55.27

6	専修大	12.47.13	3	6.16.45	9	6.30.28
7	東洋大	12.52.18	5	6.24.11	7	6.28.07
8	立教大	12.52.52	9	6.30.53	6	6.21.59
9	東京農業大	12.55.48	7	6.27.20	8	6.28.28
10	日本体育大	13.08.27	10	6.36.18	10	6.32.09
11	神奈川大	13.40.39	12	6.46.47	12	6.53.52
12	東京学芸大	13.42.33	13	6.53.10	11	6.49.23
13	横浜市立大	13.51.00	11	6.45.00	13	7.06.00
14	横浜国立大	14.05.52	14	6.59.50	14	7.06.02
15	拓殖大	15.20.50	15	7.54.45	15	7.26.05

●第32回大会 1956年（昭和31年）						
1	中央大	12.04.49	1	6.06.38	1	5.58.11
2	日本大	12.10.44	2	6.12.02	2	5.58.42
3	東京教育大	12.24.46	4	6.17.18	4	6.07.28
4	法政大	12.26.03	5	6.17.45	5	6.08.18
5	日本体育大	12.28.23	6	6.18.05	6	6.10.18
6	早稲田大	12.31.21	7	6.25.00	3	6.06.21
7	立教大	12.35.59	8	6.25.07	7	6.10.52
8	専修大	12.44.50	3	6.15.50	9	6.29.00
9	東洋大	12.53.01	9	6.32.18	8	6.20.43
10	東京農業大	13.13.51	12	6.42.47	10	6.31.04
11	東京学芸大	13.21.08	10	6.40.02	12	6.41.06
12	神奈川大	13.23.05	11	6.42.42	11	6.40.23
13	横浜市立大	13.35.36	13	6.45.41	14	6.49.55
14	明治大	13.44.28	15	6.54.35	13	6.49.53
15	横浜国立大	14.10.10	14	6.52.08	15	7.18.02

●第33回大会 1957年（昭和32年）						
1	日本大	12.14.04	1	6.07.42	2	6.06.22
2	中央大	12.22.52	2	6.13.02	3	6.09.50
3	立教大	12.28.17	4	6.18.15	4	6.10.02
4	東京教育大	12.31.26	3	6.17.10	5	6.14.16
5	早稲田大	12.35.03	8	6.30.25	1	6.04.38
6	法政大	12.44.14	5	6.21.57	6	6.22.17
7	日本体育大	12.48.41	6	6.25.06	7	6.23.35
8	専修大	13.00.53	7	6.29.06	8	6.31.47
9	東京農業大	13.13.26	9	6.33.40	10	6.39.46
10	東洋大	13.15.14	12	6.41.23	9	6.33.51
11	東京学芸大	13.16.56	10	6.37.00	11	6.39.56
12	国士舘大	13.48.14	13	6.48.29	12	6.59.45
13	横浜市立大	13.54.08	14	6.48.53	13	7.05.15
14	明治大	14.19.29	11	6.37.24	15	7.42.05
15	神奈川大	14.47.28	15	7.08.21	14	7.39.07

●第34回大会 1958年（昭和33年）						
1	日本大	12.02.17	1	6.07.39	1	5.54.38
2	中央大	12.16.23	2	6.20.47	2	5.55.36
3	東京教育大	12.29.03	3	6.24.58	4	6.04.05
4	日本体育大	12.33.00	4	6.27.26	5	6.05.34
5	法政大	12.35.21	6	6.33.07	3	6.02.14
6	早稲田大	12.41.50	7	6.34.59	6	6.06.51
7	立教大	12.48.05	8	6.35.30	7	6.12.35
8	東洋大	12.49.39	5	6.31.00	8	6.18.39
9	専修大	13.01.19	9	6.36.36	9	6.24.43
10	順天堂大	13.21.25	12	6.51.38	10	6.29.47
11	東京農業大	13.23.26	10	6.42.50	13	6.40.36
12	国士舘大	13.24.18	11	6.45.27	12	6.38.51
13	東京学芸大	13.33.05	14	6.58.58	11	6.34.07
14	神奈川大	13.51.43	13	6.54.12	14	6.57.31
棄	横浜市立大	–	15	7.42.47	棄	–

●第35回大会 1959年（昭和34年）						
1	中央大	12.01.23	1	6.02.12	2	5.59.11
2	日本大	12.03.45	2	6.07.40	1	5.56.05
3	東京教育大	12.14.40	3	6.12.50	5	6.01.50
4	立教大	12.18.00	6	6.17.42	3	6.00.18
5	法政大	12.26.34	8	6.25.15	4	6.01.19
6	早稲田大	12.26.37	4	6.15.04	7	6.11.33
7	日本体育大	12.27.54	7	6.20.50	6	6.07.04
8	東洋大	12.30.21	5	6.17.08	8	6.13.13
9	専修大	12.46.31	10	6.31.19	9	6.15.12
10	東京農業大	12.50.03	9	6.28.13	11	6.21.50
11	国士舘大	13.00.14	11	6.33.59	12	6.26.15
12	順天堂大	13.03.12	15	6.42.23	10	6.20.49
13	東京学芸大	13.13.43	12	6.40.23	13	6.33.20
14	埼玉大	13.22.32	14	6.41.27	15	6.41.05
15	神奈川大	13.24.20	13	6.41.19	16	6.43.01
16	慶應義塾大	13.29.56	16	6.56.16	14	6.33.40

●第36回大会 1960年（昭和35年）						
1	中央大	11.59.33	3	6.08.47	1	5.50.46
2	日本大	12.01.47	1	6.01.06	3	6.00.41
3	東洋大	12.12.36	5	6.12.41	2	5.59.55
4	東京教育大	12.13.55	2	6.06.52	6	6.07.03
5	早稲田大	12.21.19	6	6.17.13	5	6.04.06
6	専修大	12.26.04	4	6.11.18	11	6.14.46
7	立教大	12.31.06	7	6.18.18	9	6.12.48
8	法政大	12.32.01	8	6.20.34	8	6.11.27
9	日本体育大	12.32.59	13	6.29.43	4	6.03.16
10	明治大	12.36.38	10	6.22.19	10	6.14.19
11	国士舘大	12.39.16	11	6.23.34	12	6.15.42
12	東京農業大	12.40.24	9	6.20.48	13	6.19.36
13	順天堂大	12.46.10	15	6.34.46	7	6.11.24
14	東京学芸大	12.54.38	12	6.26.25	14	6.28.13
15	神奈川大	13.04.48	14	6.32.12	15	6.32.36

●第25回大会 1949年(昭和24年)						
1	明治大	13.36.11	1	6.52.59	2	6.43.12
2	早稲田大	14.02.53	2	7.01.51	6	7.01.02
3	東京体育専門学校	14.11.26	4	7.18.55	4	6.52.31
4	中央大	14.14.12	9	7.32.37	1	6.41.35
5	東京文理科大	14.18.04	7	7.29.29	3	6.48.35
6	法政大	14.18.57	3	7.15.06	8	7.03.51
7	日本体育専門学校	14.19.05	5	7.19.27	5	6.59.38
8	専修大	14.40.21	10	7.37.37	7	7.02.44
9	立教大	14.55.16	8	7.30.49	9	7.24.27
10	東洋大	15.09.49	6	7.20.29	10	7.49.20
11	横浜専門学校	15.49.40	11	7.49.01	11	8.00.39
棄	神奈川師範学校	–	棄	–	棄	–

●第26回大会 1950年(昭和25年)						
1	中央大	12.35.36	1	6.19.58	1	6.15.38
2	早稲田大	13.06.27	2	6.39.06	2	6.27.21
3	明治大	13.16.59	3	6.43.48	4	6.33.11
4	日本大	13.19.16	4	6.46.49	3	6.32.27
5	東京教育大	13.36.20	10	7.00.19	5	6.36.01
6	慶應義塾大	13.46.16	5	6.53.28	7	6.52.48
7	立教大	13.53.58	6	6.54.05	8	6.59.53
8	法政大	14.00.58	11	7.14.20	6	6.46.38
9	専修大	14.03.26	9	6.58.11	9	7.05.15
10	日本体育大	14.07.51	8	6.56.31	10	7.11.20
11	東京農業大	14.41.05	7	6.56.24	12	7.44.41
12	東洋大	14.46.50	13	7.32.50	11	7.14.00
13	横浜国立大	15.25.38	12	7.15.30	14	8.10.08
14	神奈川大	16.04.54	14	8.10.57	13	7.53.57

●第27回大会 1951年(昭和26年)						
1	中央大	12.20.13	1	6.14.00	1	6.06.13
2	明治大	12.41.42	2	6.21.10	3	6.20.32
3	早稲田大	13.00.19	5	6.43.41	2	6.16.38
4	日本大	13.02.25	3	6.24.40	4	6.37.45
5	法政大	13.30.31	4	6.42.40	6	6.47.51
6	立教大	13.33.16	9	6.54.36	5	6.38.40
7	神奈川大	13.53.24	8	6.53.35	7	6.59.49
8	日本体育大	13.54.04	7	6.49.02	8	7.05.02
9	東京農業大	13.55.17	6	6.47.51	9	7.07.26
10	横浜国立大	14.25.22	10	7.02.37	10	7.22.45
11	東洋大	15.09.29	11	7.03.03	11	8.06.26

●第28回大会 1952年(昭和27年)						
1	早稲田大	12.35.07	2	6.21.42	1	6.13.25
2	中央大	12.36.12	1	6.19.00	3	6.17.12
3	日本大	12.50.54	4	6.35.02	2	6.15.52
4	明治大	12.52.26	3	6.32.22	4	6.20.04
5	専修大	13.10.52	6	6.39.58	5	6.30.54
6	立教大	13.16.10	5	6.36.56	6	6.39.14
7	東京農業大	13.36.18	7	6.49.22	8	6.46.56
8	法政大	13.52.33	9	7.08.35	7	6.43.58
9	日本体育大	13.56.51	10	7.08.36	9	6.48.15
10	神奈川大	14.02.20	8	7.05.13	10	6.57.07
11	横浜国立大	14.26.59	11	7.10.45	11	7.16.14
12	東洋大	15.35.57	12	7.19.44	13	8.16.13
13	紅陵大	15.35.58	13	7.35.27	12	8.00.31
14	成蹊大	17.35.35	14	8.42.19	14	8.53.16

●第29回大会 1953年(昭和28年)						
1	中央大	12.03.41	1	6.05.15	1	5.58.26
2	早稲田大	12.19.38	2	6.10.36	2	6.09.02
3	日本大	12.27.49	3	6.16.31	3	6.11.18
4	明治大	12.52.19	5	6.22.17	7	6.30.02
5	東京教育大	12.55.55	6	6.27.41	5	6.28.14
6	専修大	12.57.12	7	6.27.58	6	6.29.14
7	立教大	13.01.15	8	6.29.11	8	6.32.04
8	東京農業大	13.21.28	11	6.39.53	9	6.41.35
9	東洋大	13.33.43	9	6.38.05	10	6.55.38
10	神奈川大	13.38.59	10	6.39.20	11	6.59.39
11	横浜国立大	13.49.04	12	6.45.52	12	7.03.12
12	法政大	14.22.19	4	6.21.53	13	8.00.26
13	日本体育大	14.47.10	14	8.22.20	4	6.24.50
14	拓殖大	15.46.11	13	7.40.33	14	8.05.38

●第30回大会 1954年(昭和29年)						
1	早稲田大	12.21.10	1	6.13.23	1	6.07.47
2	日本大	12.25.55	3	6.17.35	2	6.08.20
3	中央大	12.27.28	2	6.14.18	3	6.13.10
4	法政大	12.34.58	5	6.19.32	4	6.15.26
5	明治大	12.38.26	4	6.17.50	5	6.20.36
6	東洋大	12.57.03	6	6.29.15	7	6.27.48
7	立教大	12.58.49	7	6.29.53	8	6.28.56
8	東京教育大	13.14.02	12	6.50.35	6	6.23.27
9	専修大	13.20.35	8	6.37.49	9	6.42.46
10	日本体育大	13.27.16	9	6.43.30	10	6.43.46
11	神奈川大	13.41.48	11	6.50.08	11	6.51.40
12	東京農業大	13.50.38	10	6.46.55	13	7.03.43
13	横浜国立大	14.03.30	14	7.00.58	12	7.02.32
14	横浜市立大	14.18.06	15	7.12.05	14	7.06.01
15	拓殖大	14.21.33	13	6.57.02	15	7.24.31

●第31回大会 1955年(昭和30年)						
1	中央大	12.08.40	1	6.05.40	1	6.03.00
2	日本大	12.13.45	2	6.09.05	2	6.04.40
3	早稲田大	12.39.21	6	6.24.54	4	6.14.27
4	東京教育大	12.40.13	4	6.21.35	5	6.18.38
5	法政大	12.42.32	8	6.28.19	3	6.14.13

12	立教大	14.50.10	14	7.57.53	8	6.52.17
13	東京農業大	14.51.44	12	7.29.14	12	7.22.30
14	横浜専門学校	15.04.05	13	7.31.53	13	7.32.12

●第18回大会 1937年（昭和12年）

1	日本大	12.33.24	1	6.19.32	1	6.13.52
2	早稲田大	12.57.41	3	6.35.04	2	6.22.37
3	明治大	13.06.36	2	6.23.01	5	6.43.35
4	立教大	13.24.02	5	6.43.16	4	6.40.46
5	専修大	13.25.30	7	6.51.29	3	6.34.01
6	中央大	13.53.32	4	6.37.55	9	7.15.37
7	東京文理科大	14.01.37	10	7.08.19	7	6.53.18
8	法政大	14.14.19	8	7.04.36	8	7.09.43
9	慶應義塾大	14.17.07	13	7.27.16	6	6.49.51
10	日本歯科医専門学校	14.26.02	9	7.06.57	10	7.19.05
11	東洋大	14.29.19	6	6.48.09	14	7.41.10
12	東京農業大	14.47.07	11	7.17.28	13	7.29.39
13	横浜専門学校	14.48.55	12	7.23.59	12	7.24.56
14	拓殖大	14.58.14	14	7.36.56	11	7.21.18

●第19回大会 1938年（昭和13年）

1	日本大	12.40.13	1	6.25.35	1	6.14.38
2	専修大	13.18.12	3	6.43.28	3	6.34.44
3	東京文理科大	13.43.50	4	6.48.43	5	6.55.07
4	立教大	13.44.27	5	6.54.21	4	6.50.06
5	中央大	14.01.03	6	6.59.31	6	7.01.32
6	日本歯科医専門学校	14.32.55	7	7.06.21	7	7.26.34
7	東洋大	14.44.28	8	7.10.34	11	7.33.54
8	東京農業大	14.54.57	9	7.24.37	9	7.30.20
9	拓殖大	15.00.38	10	7.27.34	10	7.33.04
10	横浜専門学校	15.14.17	12	7.45.15	8	7.29.02
11	法政大	15.18.44	11	7.32.52	12	7.45.52
失	明治大	12.41.38	2	6.25.59	2	6.15.39

●第20回大会 1939年（昭和14年）

1	専修大	13.01.00	1	6.25.28	2	6.35.32
2	日本大	13.02.47	2	6.38.54	1	6.23.53
3	中央大	13.40.19	3	6.40.01	5	7.00.18
4	東京文理科大	13.42.07	4	6.55.23	3	6.46.44
5	立教大	13.57.29	5	7.08.12	4	6.49.17
6	東京農業大	14.47.30	8	7.21.16	6	7.26.14
7	日本歯科医専門学校	14.49.13	7	7.14.50	7	7.34.23
8	東洋大	15.12.05	6	7.09.30	9	8.02.35
9	拓殖大	15.24.53	10	7.46.29	8	7.38.24
10	横浜専門学校	15.33.16	9	7.29.40	10	8.03.36

●第21回大会 1940年（昭和15年）

1	日本大	13.12.27	1	6.37.03	1	6.35.24
2	東京文理科大	13.44.26	3	6.56.09	2	6.48.17
3	中央大	13.56.35	5	6.58.15	3	6.58.20
4	専修大	14.06.51	2	6.47.21	4	7.19.30
5	東洋大	14.21.42	4	6.57.44	5	7.23.58
6	法政大	14.36.28	6	7.12.01	6	7.24.27
7	横浜専門学校	14.41.28	7	7.15.06	7	7.26.22
8	東京農業大	15.32.23	8	7.24.33	8	8.07.50
9	拓殖大	16.01.25	10	7.51.27	9	8.09.58
10	日本歯科医専門学校	16.06.38	9	7.44.29	10	8.22.09

●第22回大会 1943年（昭和18年）

1	日本大	13.45.05	2	6.58.28	3	6.46.37
2	慶應義塾大	13.47.51	1	6.52.43	5	6.55.08
3	法政大	13.50.55	3	6.58.45	4	6.52.10
4	中央大	13.54.46	5	7.09.36	2	6.45.10
5	東京文理科大	14.15.11	4	7.04.47	6	7.10.24
6	立教大	14.35.12	7	7.18.10	7	7.17.02
7	早稲田大	14.37.24	6	7.12.45	8	7.24.39
8	専修大	14.45.05	9	8.04.28	1	6.40.37
9	東京農業大	15.45.49	8	7.34.43	10	8.11.06
10	拓殖大	16.16.57	10	8.25.30	9	7.51.27
11	青山学院大	16.41.59	11	8.26.56	11	8.15.03

●第23回大会 1947年（昭和22年）

1	明治大	14.42.48	1	7.20.42	3	7.22.06
2	中央大	14.43.45	2	7.22.46	2	7.20.59
3	慶應義塾大	14.52.32	5	7.42.33	1	7.09.59
4	早稲田大	14.58.08	4	7.33.17	4	7.24.51
5	専修大	15.11.53	6	7.44.14	5	7.27.39
6	日本大	15.26.36	7	7.50.51	6	7.35.45
7	東京文理科大	15.27.12	3	7.30.06	10	7.57.06
8	神奈川師範学校	15.29.45	8	7.53.43	7	7.36.02
9	東京体育専門学校	15.32.16	9	7.54.37	8	7.37.39
10	法政大	15.42.55	10	7.58.02	9	7.44.53

●第24回大会 1948年（昭和23年）

1	中央大	13.21.10	1	6.52.24	1	6.28.46
2	日本大	13.55.01	2	7.02.13	3	6.52.48
3	明治大	14.25.21	6	7.32.03	4	6.53.18
4	専修大	14.25.52	5	7.26.01	6	6.59.51
5	慶應義塾大	14.29.48	7	7.35.37	5	6.54.11
6	法政大	14.30.24	4	7.20.57	7	7.09.27
7	早稲田大	14.42.02	9	7.56.17	2	6.45.45
8	東京体育専門学校	14.42.52	3	7.20.54	9	7.21.58
9	神奈川師範学校	15.30.02	11	8.19.57	8	7.10.05
10	東洋大	15.31.37	8	7.43.42	10	7.47.55
11	立教大	16.18.19	10	8.10.06	11	8.08.13
12	紅陵大	18.07.33	12	8.58.01	12	8.58.38

2	早稲田大	13.35.16	1	6.57.53	2	6.37.23
3	日本大	13.55.00	4	7.15.17	3	6.39.43
4	東京農業大	13.55.41	5	7.15.47	4	6.39.54
5	法政大	14.01.08	3	7.12.31	5	6.48.37
6	東京高等師範学校	14.09.31	6	7.16.49	6	6.52.42
7	中央大	14.23.37	7	7.19.01	7	7.04.36
8	慶應義塾大	14.38.12	9	7.30.02	8	7.08.10
9	日本歯科医専門学校	14.46.14	8	7.26.04	9	7.20.10

●第11回大会 1930年（昭和 5 年）						
1	早稲田大	13.23.29	2	6.46.51	1	6.36.38
2	明治大	13.42.17	4	7.00.18	3	6.41.59
3	中央大	13.46.53	5	7.02.08	4	6.44.45
4	慶應義塾大	13.52.42	1	6.46.03	7	7.06.39
5	法政大	13.56.20	7	7.16.34	2	6.39.46
6	東京文理科大	14.02.08	6	7.06.52	5	6.55.16
7	日本歯科医専門学校	14.22.52	8	7.17.20	6	7.05.32
8	東京農業大	14.28.42	9	7.21.42	8	7.07.00
9	日本大	15.39.22	3	6.54.46	9	8.44.36

●第12回大会 1931年（昭和 6 年）						
1	早稲田大	13.21.15	2	6.55.35	1	6.25.40
2	慶應義塾大	13.31.10	3	6.58.00	2	6.33.10
3	法政大	13.39.33	1	6.53.25	5	6.46.08
4	日本大	13.39.37	5	7.05.05	3	6.34.32
5	明治大	13.51.45	6	7.11.34	4	6.40.11
6	中央大	14.01.35	7	7.15.17	6	6.46.18
7	東京農業大	14.27.20	8	7.24.25	7	7.02.55
8	関西大	14.58.04	9	7.44.49	8	7.13.15
9	東京文理科大	15.32.18	4	7.01.50	10	8.30.28
10	日本歯科医専門学校	15.45.06	10	7.52.17	9	7.52.49

●第13回大会 1932年（昭和 7 年）						
1	慶應義塾大	13.17.49	2	6.46.23	2	6.31.26
2	日本大	13.19.24	1	6.39.24	3	6.40.00
3	早稲田大	13.20.47	3	6.50.00	1	6.30.47
4	法政大	13.55.42	4	7.00.40	5	6.55.02
5	中央大	14.00.43	5	7.03.06	6	6.57.37
6	東京文理科大	14.06.42	7	7.14.37	4	6.52.05
7	日本歯科医専門学校	14.39.24	6	7.09.15	8	7.30.09
8	関西大	15.07.36	8	7.29.11	9	7.38.25
9	明治大	15.45.37	9	8.46.02	7	6.59.35

●第14回大会 1933年（昭和 8 年）						
1	早稲田大	12.47.53	1	6.38.48	1	6.09.05
2	慶應義塾大	13.01.16	3	6.42.47	2	6.18.29
3	日本大	13.16.29	2	6.42.06	5	6.34.23
4	明治大	13.19.48	4	6.50.07	4	6.29.41
5	中央大	13.23.03	5	6.53.33	3	6.29.30
6	東京文理科大	13.51.19	6	6.57.19	7	6.54.00
7	法政大	13.53.50	8	7.14.36	6	6.39.14
8	日本歯科医専門学校	14.20.30	7	7.08.02	8	7.12.28
9	東京農業大	14.38.31	9	7.15.06	9	7.23.25
10	東洋大	15.03.48	10	7.36.49	10	7.26.59
11	拓殖大	15.33.30	11	7.50.06	11	7.43.24

●第15回大会 1934年（昭和 9 年）						
1	早稲田大	12.58.24	1	6.37.02	2	6.21.22
2	日本大	13.05.13	4	6.43.53	1	6.21.20
3	慶應義塾大	13.13.00	2	6.38.32	4	6.34.28
4	法政大	13.17.56	3	6.39.22	5	6.38.34
5	中央大	13.22.26	8	6.58.07	3	6.24.19
6	明治大	13.50.47	5	6.56.55	6	6.53.52
7	東京文理科大	14.04.02	7	6.57.32	7	7.06.30
8	日本歯科医専門学校	14.14.54	6	6.57.23	10	7.17.31
9	東京農業大	14.28.13	9	7.19.16	9	7.08.57
10	専修大	14.40.05	12	7.32.36	8	7.07.29
11	立教大	15.03.39	10	7.21.15	12	7.42.24
12	拓殖大	15.23.13	13	8.00.52	11	7.22.21
13	東洋大	15.26.49	11	7.30.20	13	7.56.29

●第16回大会 1935年（昭和10年）						
1	日本大	12.52.59	1	6.27.35	1	6.25.24
2	早稲田大	13.04.46	2	6.31.19	3	6.33.27
3	慶應義塾大	13.24.58	8	6.53.51	2	6.31.07
4	中央大	13.25.21	6	6.48.07	4	6.37.14
5	明治大	13.27.11	3	6.37.36	6	6.49.35
6	専修大	13.31.52	5	6.46.43	5	6.45.09
7	日本歯科医専門学校	13.45.27	4	6.46.37	9	6.58.50
8	法政大	13.48.09	7	6.52.54	8	6.55.15
9	東京文理科大	13.52.11	9	6.58.45	7	6.53.26
10	東京農業大	14.40.53	12	7.25.26	10	7.15.27
11	東洋大	15.08.07	11	7.06.33	12	8.01.34
12	拓殖大	15.20.36	13	7.28.32	11	7.52.04
13	立教大	15.49.56	10	7.05.12	13	8.44.44

●第17回大会 1936年（昭和11年）						
1	日本大	12.54.22	1	6.37.02	1	6.17.20
2	早稲田大	13.00.39	2	6.42.12	2	6.18.27
3	中央大	13.21.49	4	6.50.10	4	6.31.39
4	慶應義塾大	13.23.23	5	6.53.30	3	6.29.53
5	法政大	13.35.48	7	7.00.06	5	6.35.42
6	東京文理科大	13.37.44	3	6.49.46	7	6.47.58
7	専修大	13.41.18	6	6.58.12	6	6.43.06
8	明治大	14.11.11	9	7.06.53	9	7.04.18
9	日本歯科医専門学校	14.27.11	8	7.05.08	11	7.22.03
10	拓殖大	14.38.04	11	7.21.58	10	7.16.06
11	東洋大	14.48.57	10	7.14.26	14	7.34.31

歴代参加校全記録

＊棄＝棄権、参＝オープン参加、失＝失格

		総合記録	往路記録		復路記録	
●第１回大会　1920年（大正９年）						
1	東京高等師範学校	15.05.16	2	7.39.03	1	7.26.13
2	明治大	15.05.41	1	7.30.36	3	7.35.05
3	早稲田大	15.15.31	3	7.47.13	2	7.28.18
4	慶應義塾大	16.50.56	4	8.53.31	4	7.57.25

●第２回大会　1921年（大正10年）						
1	明治大	14.39.01.8	2	7.26.20	2	7.12.41.8
2	東京高等師範学校	14.45.02.4	3	7.33.30	1	7.11.32.4
3	早稲田大	14.56.40	1	7.22.50	3	7.33.50
4	慶應義塾大	15.49.43.6	5	8.03.15	4	7.46.28.6
5	東京農業大	15.52.14.8	6	8.04.05	5	7.48.09.8
6	法政大	16.07.18.6	4	8.01.00	6	8.06.18.6
7	中央大	16.29.40.6	7	8.13.25	7	8.16.15.6

●第３回大会　1922年（大正11年）						
1	早稲田大	14.12.21	2	7.14.07	1	6.58.14
2	東京高等師範学校	14.38.26	1	7.12.36	4	7.25.50
3	明治大	14.47.08	5	7.36.41	2	7.10.27
4	中央大	15.00.46	4	7.29.07	5	7.31.39
5	東京農業大	15.02.59	6	7.50.40	3	7.12.19
6	慶應義塾大	15.10.41	3	7.21.54	8	7.48.47
7	法政大	15.46.14	8	8.04.25	7	7.41.49
8	東大農学部実科	15.47.34	7	7.57.45	9	7.49.49
9	日本歯科医専門学校	16.26.41	9	8.45.12	6	7.41.29
10	日本大	18.50.07	10	9.14.51	10	9.35.16

●第４回大会　1923年（大正12年）						
1	早稲田大	14.15.49.8	2	7.19.24	1	6.56.25.8
2	中央大	14.29.46	4	7.28.05	2	7.01.41
3	東京農業大	14.37.10.6	5	7.34.07.6	3	7.03.03
4	明治大	14.38.50.4	1	7.17.11	5	7.21.39.4
5	東京高等師範学校	14.41.54.6	3	7.27.34.4	4	7.14.20.2
6	慶應義塾大	15.14.30.2	6	7.47.31	6	7.26.59.2
7	法政大	15.24.52.2	7	7.47.49.2	7	7.37.03
8	東大農学部実科	16.14.54.8	8	8.17.41.8	8	7.57.13
9	日本大	16.52.04	9	8.41.27	9	8.10.37

●第５回大会　1924年（大正13年）						
1	明治大	14.25.09.6	2	7.29.26.6	1	6.55.43
2	東京高等師範学校	14.27.55.2	1	7.26.42.2	3	7.01.13
3	早稲田大	14.35.02.8	3	7.34.06.4	2	7.00.56.4
4	東京農業大	14.52.01.8	4	7.36.41.4	4	7.15.20.4
5	慶應義塾大	15.09.11.1	5	7.46.53.4	6	7.22.17.8
6	法政大	15.13.50.6	6	7.52.47	5	7.21.03.6
7	東大農学部実科	15.49.17.4	7	7.55.16.4	7	7.54.01
8	日本歯科医専門学校	16.09.34	8	7.58.30.4	9	8.11.03.6
9	日本大	16.15.57.8	9	8.07.35	8	8.08.22.8

●第６回大会　1925年（大正14年）						
1	明治大	14.09.54.8	2	7.26.20.8	1	6.43.34
2	早稲田大	14.37.05.2	4	7.37.55.8	2	6.59.09.4
3	中央大	14.39.01.2	1	7.20.46.6	4	7.18.14.6
4	東京高等師範学校	14.41.24.2	3	7.32.51.6	3	7.08.32.6
5	慶應義塾大	15.15.50	8	7.55.00.2	6	7.20.49.8
6	東京農業大	15.17.34.2	9	7.58.34.4	5	7.18.59.8
7	日本大	15.20.47.8	5	7.40.57.6	7	7.39.50.2
8	日本歯科医専門学校	15.38.35.6	7	7.54.22.2	8	7.44.13.4
9	東大農学部実科	15.40.18.4	6	7.43.34	10	7.56.44.4
10	法政大	16.00.03.6	10	8.12.20.8	9	7.47.43.4

●第７回大会　1926年（大正15年）						
1	中央大	14.17.31	1	7.17.46	2	6.59.45
2	明治大	14.18.12.6	2	7.25.34.2	1	6.52.38.4
3	日本歯科医専門学校	14.50.39.2	3	7.37.15.8	4	7.13.23.4
4	慶應義塾大	14.56.02.4	6	7.49.19.8	3	7.06.42.6
5	法政大	14.59.49.4	5	7.45.35.6	5	7.14.13.8
6	東京農業大	15.00.40.8	4	7.42.47.4	6	7.17.53.4
7	東大農学部実科	16.21.48.2	7	8.16.11	7	8.05.37.2

●第８回大会　1927年（昭和２年）						
1	早稲田大	14.25.37.4	1	7.19.11	1	7.06.26.4
2	中央大	14.50.51.8	3	7.40.45	2	7.10.06.8
3	明治大	14.55.35.2	2	7.30.42	3	7.24.53.2
4	法政大	15.13.42.2	4	7.43.36	4	7.30.06.2
5	日本大	16.30.59	5	8.21.03	5	8.09.56

●第９回大会　1928年（昭和３年）						
1	明治大	13.54.56	1	7.02.41	2	6.52.15
2	早稲田大	14.02.12	2	7.10.46	1	6.51.26
3	日本大	14.18.37	4	7.16.13	6	7.02.24
4	東京農業大	14.18.56	3	7.15.14	7	7.03.42
5	東京高等師範学校	14.23.39	6	7.24.50	4	6.58.49
6	法政大	14.29.00	5	7.23.16	8	7.05.44
7	慶應義塾大	14.33.16	9	7.37.42	3	6.55.34
8	中央大	14.35.49	8	7.33.54	5	7.01.55
9	関西大	14.35.58	7	7.28.28	9	7.07.30
10	日本歯科医専門学校	16.19.16	10	7.45.36	10	8.33.40

●第10回大会　1929年（昭和４年）						
1	明治大	13.32.50	2	7.01.06	1	6.31.44

◆本書は、『読売新聞』二〇二三年一月二〇日～八月一九日に掲載された「襷のメモリー」第1部～第8部をもとに、単行本化にあたり大幅な加筆を行いました。

◆本書の取材・執筆は以下の7名が行いました。
近藤雄二（東京本社編集委員）
佐藤謙治（大阪本社運動部次長）
田上幸広（東京本社運動部記者）
小石川弘幸（東京本社運動部記者）
塩見要次郎（東京本社運動部記者）
井上敬雄（大阪本社運動部記者）
工藤圭太（東京本社水戸支局記者）

◆特に記載のない写真は読売新聞写真部撮影です。

装幀　中央公論新社デザイン室
カバー写真　　読売新聞写真部

箱根駅伝《はこねえきでん》――襷《たすき》がつなぐ挑戦《ちょうせん》

2023年10月25日　初版発行

著　者　読売新聞運動部《よみうりしんぶんうんどうぶ》

発行者　安 部 順 一

発行所　中央公論新社

〒100-8152　東京都千代田区大手町 1-7-1
電話　販売 03-5299-1730　編集 03-5299-1740
URL https://www.chuko.co.jp/

ＤＴＰ　市川真樹子
印　刷　大日本印刷
製　本　小泉製本

Published by CHUOKORON-SHINSHA, INC.
Printed in Japan　ISBN978-4-12-005700-7 C0075